阅读成就思想……

Read to Achieve

THE
BUSINESS MODEL
NAVIGATOR

The Strategies
Behind the Most
Successful Companies

Second edition

P Pearson

商业模式创新设计大全

90%的成功企业都在用的60种商业模式

第2版

奥利弗·加斯曼
（Oliver Gassmann）

[瑞士] 卡洛琳·弗兰肯伯格　　著
（Karolin Frankenberger）

米凯拉·乔杜里
（Michaela Choudury）

聂茸 贾红霞 粟志敏　　译

中国人民大学出版社
· 北京 ·

图书在版编目（ＣＩＰ）数据

商业模式创新设计大全 ： 90%的成功企业都在用的60
种商业模式 ： 第2版 ／（瑞士）奥利弗·加斯曼
(Oliver Gassmann)，（瑞士）卡洛琳·弗兰肯伯格
(Karolin Frankenberger)，（瑞士）米凯拉·乔杜里
(Michaela Choudury) 著 ；聂茸，贾红霞，粟志敏译
. -- 北京 ：中国人民大学出版社，2023.6
书名原文: The Business Model Navigator: The
Strategies Behind the Most Successful Companies,
Second edition
ISBN 978-7-300-31637-6

Ⅰ．①商… Ⅱ．①奥… ②卡… ③米… ④聂… ⑤贾
… ⑥粟… Ⅲ．①商业模式－研究 Ⅳ．①F71

中国国家版本馆CIP数据核字(2023)第066506号

商业模式创新设计大全：90%的成功企业都在用的60种商业模式（第2版）

奥利弗·加斯曼（Oliver Gassmann）

[瑞士] 卡洛琳·弗兰肯伯格（Karolin Frankenberger）　著

米凯拉·乔杜里（Michaela Choudury）

聂茸　贾红霞　粟志敏　译

SHANGYE MOSHI CHUANGXIN SHEJI DAQUAN : 90% DE CHENGGONG QIYE DOU
ZAI YONG DE 60 ZHONG SHANGYE MOSHI （DI 2 BAN）

出版发行	中国人民大学出版社		
社　　址	北京中关村大街 31 号	邮政编码	100080
电　　话	010-62511242（总编室）		010-62511770（质管部）
	010-82501766（邮购部）		010-62514148（门市部）
	010-62515195（发行公司）		010-62515275（盗版举报）
网　　址	http://www.crup.com.cn		
经　　销	新华书店		
印　　刷	北京联兴盛业印刷股份有限公司		
开　　本	720 mm×1000 mm　1/16	版　次	2023 年 6 月第 1 版
印　　张	27.75　插页 2	印　次	2023 年 6 月第 1 次印刷
字　　数	420 000	定　价	119.00 元

商业模式和产品创新相互交织，密不可分。《商业模式创新设计大全》是必不可少的指引者，能指导我们系统且全面地进行创新。

比詹·克什里（Bijan Khezri）
马夸德传媒集团（Marquard Media Group）CEO

最成功的创新者懂得如何创造和获取价值。《商业模式创新设计大全》一书提供了 60 种获取价值的模式，是经理人的必读佳作。该书为商业模式创新提供了最为全面的指导。

斯特芬·托姆卡（Stefan Thomke）
哈佛商学院（Harvard Business School）商业管理教授

《商业模式创新设计大全》是质疑和提升自身框架的卓越工具，它将促使我们从顾客的观点这个最重要的角度来反思自身的业务。

路易吉·佩德罗基（Luigi Pedrocchi）
米迪拜尔集团（Mibelle Group）CEO

《商业模式创新设计大全》一书提供了众多强大且切实有效的工具，能帮助我们对自身业务进行再造，发现可创造增长的角度。读者读完这本书后，其书中的观点可终生适用。

克劳迪娅·普勒彻（Claudia Pletscher）
瑞士邮政（Swiss Post）首席发展和创新官

不管规模大小，公司在改革其创造和获取经济价值的方式时，《商业模式创新设计大全》会是它们绝佳的灵感源。在公司为应对商业模式创新的挑战而寻找全新独特的解决方案时，本书详细介绍的 60 种商业模式将帮助它们发现深刻的全新商业视角。一些见解和解决方案很可能直接适用于它们的情况，也有可能会改变它们所处行业的竞争本质。

拉蒙·卡萨德苏斯 - 马萨内尔（Ramon Casadesus-Masanell）
哈佛商学院商业管理教授

《商业模式创新设计大全》一书中的商业模式创新方法为大家提供了全新的创新视角。我们是一家立足于顾客的组织，本书中的概念是我们推动变革的重要支柱之一。

乔纳斯·卡勒特博士（Jonas Kahlert）
谷歌公司谷歌云（德语区）专业服务部经理

《商业模式创新设计大全》一书分析了商业模式设计的基本要素。我非常喜欢第 1 版，但第 2 版在第 1 版的基础上更为关注如何创造切实的价值。这本商业书籍不容错过。

克里斯蒂安·尼尔森（Christian Nielsen）
奥尔堡大学（Aalborg University）商学院教授
《商业模式期刊》（*Journal of Business Models*）联合主编

《商业模式创新设计大全》这本书能有效地改变大家的信念。该书重点关注产品功能之外的创新。这种创新能创造真正的价值！

瑟伦·廷斯·劳因格（Sören Jens Lauinger）
德国蛇牌（Aesculap）公司内部创业和共创副总裁

我们与加斯曼教授的团队合作多年。这种合作推动了我们立足于自身的技术去思考商业模式的问题。这本书太棒了，所有创新者都必须拜读！

达尼埃拉·凯泽博士（Daniela Kaiser）
德国弗劳恩霍夫协会（Fraunhofer-Gesellschaft）会长

这是一次非常出色的更新。新版中既有当今在商业模式创新中领头羊公司的案例，也有新的商业模式范例，这些都是我们高质量的灵感源泉。

菲利普·萨特（Philipp Sutter）
Zuehlke 集团总裁

《商业模式创新设计大全》的第 2 版回答了众多创新者在阅读第 1 版后提出的问题：在选择了一种新的商业模式后，我能以何种方式系统性地加以实施？

彼得·布鲁格（Peter Brugger）
BMI 集团总经理

在欧安诺（Orano）集团启动和成功维持其商业创新与企业风险投资建设工作中，《商业模式创新设计大全》和瑞士圣加仑大学商业创新生态系统发挥了决定性的作用。

尼古拉斯·布赫（Nicolas Buche）
欧安诺集团企业风险投资建设经理

《商业模式创新设计大全》一书精彩地展现了开发新商业模式的艺术。

任何创新者都不能错过这本书。

莫尼卡·施图尔姆教授（Monika Sturm）

西门子能源公司（Siemens Energy）数字化负责人

创新大师加斯曼教授及其团队开发了鼓舞人心且切实可行的强大工具。这个工具堪称商业模式设计的"瑞士军刀"。

巴斯蒂安·格哈德（Bastian Gerhard）

瑞士阿尔皮克公司（Alpiq）牡蛎实验室主任

要获得可持续的盈利能力的前提是培养复原力、适应力和转型敏捷度。任何商业模式的演变和革命都有一个先决条件，即必须对其商业机制有一个全面的了解。《商业模式创新设计大全》一书为大家提供了权威的参考框架，推动企业家、战略师和设计师去直面眼前的塑造性力量或颠覆性力量。该书为我们展现了精心研究的见解，揭示了潜在的模式，提出了中肯的问题，并且介绍了大量可加以借鉴的经验，帮助读者打造商业创新和未来的成功！

马克斯·普雷茨尔（Max Pretzl）

宝马金融服务公司（BMW Financial Services）

亚太非洲地区 IT 服务负责人

他们又出手了，加斯曼的团队为大家带来了关于商业模式创新的精彩入门指南。《商业模式创新设计大全》一书为该主题未来的所有书籍树立了优秀的榜样。

马克斯·范·策特维茨（Max von Zedtwitz）

哥本哈根商学院（Copenhagen Business School）教授

在第 2 版中，作者们进一步丰富了他们关于商业模式的宝贵见解和创造力，也提升了本书对教育工作者和商业人士的价值。本书立足于高质量的研究，所阐述的知识对各层次的读者来说都简明易懂，并且提供了众多工具去探索商业模式的各种可能性，帮助读者清楚了解商业模式创新的背景，本书也成为所有人的必读之书。

劳伦斯·杜利博士（Lawrence Dooley）
科克大学（University College Cork）讲师

本书的确值得一读。书中所举案例都精彩地展示了理论的应用，书中的工具可直接与企业实务加以整合。动荡时期的商业领导者不可错过这本书。

弗兰齐斯卡·楚迪 - 绍贝尔（Franziska Tschudi-Sauber）
魏德曼集团（Weidmann Group）CEO

在我们众多研讨会上，《商业模式创新设计大全》一书充分释放了参与者创造性思维的潜能。我们得以系统性地对现状加以质疑，提出创造性的理念，这些直接影响了我们为顾客提供的服务。这本书的确能给大家带来改变。

巴斯蒂安·维德迈尔博士（Bastian Widenmayer）
瑞士百超集团（Bystronic Group）商业发展高级经理

我多年来都使用该书内容讲授商业模式课程，其精彩的内容深深吸引了学生们。

萨沙·弗里辛克（Sascha Friesike）
德国柏林艺术大学（Berlin University of Arts）教授

要将业务提升到下一层次，商业模式的创新必不可少。在博世公司、欧司朗（OSRAM）公司和ABB公司工作时，我始终借助《商业模式创新设计大全》一书来推动可持续的创新型商业模式，充分挖掘企业内隐藏的潜能。今后，商业模式的革命将会成为企业在市场胜出的关键所在。企业应该对作者介绍的60种商业模式加以创造性的综合使用，打造"新常态"。该书绝对是商业模式领域最佳指南！

托尔斯滕·米勒博士（Thorsten Mueller）
ABB集团全球产品生产负责人

大海航行靠舵手。《商业模式创新设计大全》一书为读者提供了在商业世界里前行所需的一切，在充满变数的时期内前行时尤其能发挥作用。

伊恩·比特兰（Iain Bitran）
国际专业创新管理协会（ISPIM）执行会长

我们的顾客非常感谢《商业模式创新设计大全》一书帮助他们释放自身的创造力，创造永不过时的商业模式。第2版的问世让他们备感开心，这一版也将为大家提供切实可行的技巧，帮助大家应对从提出创意和市场启动这一系列流程。

格奥尔格·范·德·罗普（Georg von der Ropp）
BMI集团CEO

在欧安诺集团，我们要不断提升自身的竞争力和生产力，开发一流的新产品和服务，同时还必须打造新商业模式，把握未来新的增长机会。《商业模式创新设计大全》提供了详尽的模式，可带领大家探索新商业模式。该书能有力地激发大家探索新商业模式的兴趣，同时也能协助公司培养新商业创新思维。

纳塔莉・科利尼翁（Nathalie Collignon）

欧安诺集团创新总监

未来，不断修正的新商业模式将会定义我们大部分的日常生活。《商业模式创新设计大全》一书作为一种强大且灵活的工具，能振奋人心，帮助我们迎接未来。

鲁珀特・霍夫曼博士（Rupert Hofmann）

奥迪公司趋势研判与商业创新负责人

可持续性和数字化正在定义当今的商业环境，商业模式创新也变得势在必行。《商业模式创新设计大全》一书为大家提供了切实可行且系统化的方法，可以帮助大家以此为起点迈步向前。它已经帮助我们成功起步。

赫尔曼・巴赫（Hermann Bach）

德国科思创公司（Covestro）创新管理和商业服务高级副总裁

只有当技术创新和商业模式创新并驾齐驱时，科技才能造福人类。技术创新和商业模式创新两者不可分割。本书关于商业模式的知识丰富详尽，极其难得。

翁晓冬

浙江吉利铭泰科技有限公司法定代表人

信息技术的发展已经逐步达到巅峰，发展所带来的产业革命也开始迈入下半场。在下半场，所有产业都将难逃智能计算、广泛的连接性、大数据处理和其他信息技术的影响。我们将看到剧变的出现。正是整个社会的这种剧变让企业更应该重新考虑创新型商业模式，而不能只局限于产品和流程的创新。奥利弗·加斯曼博士在这本书里既探讨了商业模式的基本要素，也展示了核心的商业模式，对商业模式的创新进行了系统性的整理和总结。我们这个时代的经理人必须理解这些内容。只有对商业模式的本质和形式有深刻的了解，我们在面对充满变数的未来时才能胸有成竹。毕竟事物在变化，但人性和商业法则不变。

宋一新
华为公司前高级副总裁
华为大学前副校长

要预测未来，最佳方法依然是主动去塑造未来。"塑造"意味着要去寻找完善既有业务的机会，探查行业新进入者带来的战略威胁并加以应对，或者是改变自身在业内的角色。《商业模式创新设计大全》手把手引领创新者、战略家、分析师和商业发展人员穿越商业模式创新的丛林，一步一步为大家进行展示。这种方式可以让读者清楚明了地懂得如何塑造未来。这本书汇集了多种多样的商业模式并进行了系统化的介绍，参与商业模式塑造的任何人都可以从本书中获得参考与帮助。

巴斯蒂安·班泽米尔（Bastian Bansemir）
宝马集团商业模式开发经理

10 年前，我们开始探索商业模式创新。如今，这个概念已不再需要推广。《商业模式创新设计大全》一书在全球出售，被翻译成数十种语言，而且最重要的一点在于，本书内容在数百家公司得到了成功应用。我们的方法和商业模式模型取得了巨大的成功，促使我们对该概念进行更新和进一步的开发，给企业带来革命性的创新。

在过去五十年中，绝大部分革命性商业模式创新都诞生于美国，这的确要归因于美国人充满活力和积极进取的性格。我们在硅谷的时光启发了我们开始研究一套适用于商业模式创新的方法。每个模式设计师的研究都囊括了已有的设计方法，尽管他们的研究不能保证产生完美的结果，但肯定能极大地提高成功的概率。在商业管理领域，我们试图寻找某种工具或方法以帮助完成商业模式创新这项最困难的任务，却都徒劳无功。这使得我们花费数年时间自行研究创新模式的设计方法，并在已意识到该方法实用价值的领先行业企业中进行检验。

瑞士圣加伦大学是欧洲顶级的商学院之一。在这里，我们致力于商业模式创新方面最前沿的研究。基于学术层面和实践视角长期积累的经验，我们创作了本书即将介绍的方法。许多顶级咨询公司运用的概念和工具已由类似的学术研究机构提出。例如，由罗勃特·G.库珀（Robert G. Cooper）创立的用于新产品开发管理技术的门径管理系统（the Stage-Gate process）和由迈克尔·E.波特（Michael E.Porter）提出的五力模型概念（Five Forces）。这些成功的方法论产生于扎实的研究，拥有可信的理论基础。在这些方法的基础上，我们有理由相信商业模式创新导航将大大扩展和丰富这一领域。

我们在此提出的商业模式创新设计方法不仅具有实践价值，还具有广泛的实证研究基础。通过研究过去 50 年中最具革命性的商业模式创新案例，我们确定了哪些可预见的、系统化的模式是这些创新的核心。出乎意料的是，我们发现90%以上的商业模式创新只是简单重组了其他行业已存在的想法和概念。就像工程师利用某些符合物理规律、技术规则和启发法的设计方法一样，这一认识也可以为我们所用。当你努力进行商业模式创新时，可以使用《商业模式创新设计大全》中介绍的60种成功的商业模式，为你设计蓝图。

接着，我们把研究成果应用于更深入的研究以及多个国际领先企业的咨询项目中，这些企业涉及多个行业，比如化学、制药、生物科技、机械工程、电子、电学、能源、服务业、贸易、信息技术、电信、汽车工业、建筑和金融服务等。我们研究联盟中的学术界人士与产业之间密切的合作关系，以及企业实施的双边项目对进一步改善我们的方法论起到了非常重要的作用。同时，与斯坦福大学设计研究中心的合作也给予了我们很大的启发。本书的两位作者都曾在该设计研究中心进行了数月的研究。"设计思维"的创始人启发我们将迭代的、以用户为导向的和触觉化的设计吸纳到我们的方法论中。我们还获得了圣加伦大学EMBA学员们极具价值的反馈意见。多年来，我们一直在该大学教授"商业模式创新导航"这门课程。

不管是企业高管还是同圣加伦大学商业模式创新实验室（BMI-Lab）的合作项目，他们都提供了大量的反馈意见，深深影响了本书新版的修订。我们对《商业模式创新设计大全》进行了大幅修订和更新，编写了第2版。除了增加五种新商业模式之外，我们也发现了许多正在彻底改变其所处行业的新商业模式创新者。此外，我们也特别强调测试方法，为此开发了一套测试模型工具包，为商业模式创新的实施过程提供支持。我们针对测试模型与众多公司共同努力了近两年的时间，了解每种方法的最佳着手点。相关测试结果在归纳总结后形成了新的测试章节。

本书由一脉相承的三个部分构成。

第一部分着力于介绍商业模式创新的核心元素和基本原理。为此，我们提供了有助于理解相关商业模式设计概念的框架，并帮助读者做好对商业模式创新设计进行思考的准备。本部分除了介绍以结构化方式呈现的

"开发创新型商业模式四步法"外，还一并介绍了神奇的三角描述法，用以描述商业模式的逻辑和维度。在本部分的最后，我们归纳了一系列与成功的商业创新项目具有高度相关性的关键因素，从而圆满结束了本书的第一部分。

本书第二部分进一步阐述了关于商业模式创新核心要素的深刻洞见，即 60 种商业模式的具体描述。这些强大的工具能够创造出关于商业模式创新的新思想，为具有创意的模仿和概念的融合提供了共同基础。

对于较为迫切的读者，第三部分能够立即让你将商业模式创新导航和 60 种模式应用于自己的商业模式创新中。读完"商业模式创新的 10 个建议"后，你就能马上形成关于自己的商业模式创新的基本想法。

我们目前的研究主要针对从业者，因而刻意回避了一些复杂的理论层面的争论，没有在正文中引用参考文献。感兴趣的学者和从业者可以登录我们的官方网站 www.bmilab.com，我们将在网站上定期更新研究进展和其他工具。

本书介绍的方法非常好用，并已在许多公司和组织中获得了成功。从业者与我们一样，几乎沉迷于这本《商业模式创新设计大全》。希望我们的努力能为未来商业模式创新的逐步发展贡献绵薄之力。我们的方法虽然无法保证你获得成功，但肯定会提高你成功的概率。要记住的是：没有冒险，就没有收获。

祝你一切顺利！

目录

第三部分 商业模式创新实践

The Business Model Navigator

如何推动商业模式创新

本书旨在向你介绍一种方法论——商业模式创新导航，它将帮助你以一种结构化的方式创新你的商业模式。我们的研究表明，商业模式创新通常基于 60 种常见的商业模式，它最初作为一种技能而存在，如今已发展成了一门科学。

本书直入商业模式创新的核心。第一部分强调了在当今不断变化的世界中创新商业模式的重要性，并为定义商业模式提供了统一的理论依据。通过对以下四个方面的描述，即客户（谁）、价值主张（是什么）、价值链（如何做）和盈利机制（价值），使一家公司的现行商业模式变得清晰明了。此外，本部分还介绍了阻碍公司创新其商业模式的主要障碍，以及因商业模式创新而带来的益处。

商业模式创新导航的核心机制在于应用这 60 种商业模式进行重组和创造性模仿时所产生的强大力量。本章对重组和创造性模仿的实施原则以及这些原则如何在商业模式创新导航中发挥效力做了详尽介绍。

本部分要点如下。

- 商业模式全方位描述了一家公司是如何通过界定企业客户、价值主张、价值链和盈利机制来创造并获取价值的。要进行商业模式创新，就意味着至少要改变其中的两个方面。
- 商业模式创新的一个关键挑战是要战胜行业主导的公司和行业逻辑。
- 商业模式创新导航能帮助你成功构建起创新型商业模式并全程为你提供指导。
- 商业模式创新导航的核心在于对 60 种商业模式的重组和创造性模仿，这也是打破常规，为创造新的商业模式酝酿灵感。
- 在任何商业模式创新项目中，测试阶段是非常重要的一个步骤。新商业模式是否会有足够多的客户？它能创造足够丰厚的价值吗？顾客是否愿意为新商业模式买单？他们能接受的价位是什么？是否还存在其他方来购买相应的产品或服务？
- 变革管理是任何一个商业模式创新项目得以成功的关键因素，认清障碍和促进因素对公司实现商业模式创新至关重要。

什么是商业模式以及为何要进行商业模式创新

在当今社会，许多公司都致力于开发技术精湛的尖端产品。德国通用电力公司（AEG）和根德公司（Grundig）曾是德国家喻户晓的品牌；日本中道（Nakamichi）曾是知名的高保真音响品牌；诺基亚曾经多年在手机领域内一家独大；托迈酷客（Thomas Cook）曾是全球最成功的旅游公司之一，但在 2019 年破产。尤其是在发达国家，许多企业的创新能力一直都令人印象深刻。但为何无论在东方还是西方，这些企业都会突然丧失它们的竞争优势呢？一些实力雄厚的公司，诸如德国爱克发（Agfa）、美国航空公司（American Airlines）、美国数字设备公司（DEC）、罗意威（Loewe）、利多富电脑公司（Nixdorf Computer）、摩托罗拉、武富士（Takefuji）、黛安芬、柯达等，都在连续成功经营数十年后突然间风光不再。这些公司的问题究竟都出在哪里？答案虽然令人心痛但却非常简单——这些公司都没有及时调整它们的商业模式来适应环境的变化，而是满足于昔日的成就，故步自封。数十年来，波士顿咨询公司一直标榜它们的"现金牛"（cash cow）业务。它通常会建议公司从已经成功开发的业务中攫取利润，而如今这一业务已经不再是其生存的保障了。

今天，一家公司能否在长期竞争中保持成功，取决于它构建创新型商业模式的能力。说到商业模式创新的优秀案例，当属雀巢公司的奈斯派索

（Nespresso）业务，以及喜利得集团（Hilti）在建筑行业内针对电动工具采取的一揽子管理模式。许多成功的商业模式创新来自美国。说到这儿，你立刻就能想到诸如亚马逊、谷歌、苹果、微软和 Salesforce 等知名企业。而将时间再拉近一点，你会看到越来越多的创新者来自亚洲，例如阿里巴巴和腾讯。这些公司不仅仅只是将成功的商业模式引入东方，同时还自主创造了强大的新商业模式。因此，目前最急迫的问题是：我们的公司如何才能变成游戏规则的改变者？如何才能成为行业领头羊？我们如何成为商业模式创新者？

商业模式创新时代

如果 20 年前有人问你，是否相信消费者会愿意以每千克 80 欧元的价格从雀巢公司购买奈斯派索咖啡胶囊；或者你是否相信世界 30% 以上的人口愿意将他们的私生活细节在网络论坛上曝光，每天都会有好几百万人来访问，就像今天的社交网站 Facebook 那样，你可能会认为提问者疯了；再或者你会相信将来人们在世界各地都能免费打电话吗？会相信花上区区几欧元、几英镑或几美元就能买到机票吗？ 20 年前，谁能想到由一家叫作谷歌的初创公司在 1998 年发明的搜索算法所带来的收益，比某些如戴姆勒或通用电气等大的跨国公司，依靠它们所有的产品、技术人员、全球子公司和品牌效益创造的收益还要多。

引发这些发展变化的因素几乎存在于每个行业中，而这一因素正是商业模式创新。在传统商业运营环境下，几乎没有任何事情能像商业模式创新一样引起如此大的震动，也没有任何话题能像商业模式创新一样，如此频繁地登上商业报刊的头条。到底是什么使得商业模式创新具有如此大的影响力呢？

创新一直是推动经济增长和提高竞争力的关键因素。在过去，一个杰出技术方案的提出或者一个非凡产品的推出都足以让你获得成功了。正因为如此，许多精通工程的公司一直都热衷于"快乐工程"的理念，生产大批功能先进的尖端产品并把它们推向市场。但今天对大多数行业来说，仅仅关注产品和工艺创新已经远远不够了。如今，驱动社会发展的种种因素，例如日趋激烈的竞争压力、持续的全球化进程、竞争对手的崛起和产品商业化等，都正在削弱着产品和工艺以往在行业中所占据的突出地位。在新兴技术、日益模糊的行业界限、不断变化的市场、新近涌现的"玩家"和瞬息万变的市场规则等因素的共同作用下，产品和工艺不断更新换代。无论我们喜欢与否，大多数行业的游戏规则都正在经历着一场变革。

实证研究明确表明，比起单纯的产品创新或工艺创新，商业模式创新更具有成功的潜力（见图 1-1）。美国波士顿咨询公司的一项研究显示，在为期 5 年的时间里，商业模式创新者比同一时期产品和工艺创新者要多获得超过 6% 的利润。同样地，在世界上最具创新性的 25 家公司中，有 14 家是商业模式创新者。这些调查结果与 2012 年 IBM 公司进行的一项研究不谋而合。IBM 公司的研究显示，那些表现卓越的行业管理者们对其所管理的公司商业模式的创新频率是经营不善者的两倍。

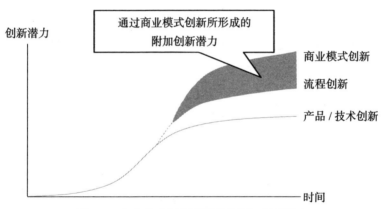

图 1-1　商业模式创新所形成的附加创新潜力

要了解商业模式创新及其重要性，另一个角度就是可持续性。我们都知道，我们这个社会正面临着严峻的气候变化挑战，要想战胜这些挑战，企业必须提高自身的可持续性。我们已经拥有解决大型环境问题所需的多数科技技术，但很多公司现在的难题是商业模式的改变。仅仅只是优化价值链并减少二氧化碳的排放还不够，公司还必须反思其整个商业模式。循环生态系统这类主题要求公司对其商业模式进行彻底的改变。波士顿咨询公司和麻省理工学院斯隆商学院在 2013 年合作开展的一项研究也同样表明：商业模式创新是推动可持续性创新成功的关键因素。[①]

当然，毋庸置疑的是，优质的产品和优良的生产工艺依旧十分重要，但是它们不再是决定一家公司将来成败的关键。如今，我们确实已进入商业模式创新时代，一家公司的命运越来越多地依赖于其运用恰当的创新型商业模式的能力，正是这一能力使其从那些平庸的竞争对手中脱颖而出。

The Business
Model
Navigator
创新观察

> 未来，公司的竞争优势将不再基于创新型产品和工艺流程，而是创新型商业模式。

事实上，如果追本溯源，许多成功案例都可以追溯到一个创新型商业模式，而非单个非凡的产品。

- 亚马逊虽然没有太多实体店，但如今它已成为世界上最大的零售商。
- Airbnb 公司旗下没有任何实体酒店，但它却是最大的酒店连锁品牌。
- 在过去 10 年中，皮克斯公司的所有电影中都没有出现过任何一位真人演员，但它却获得了 11 次奥斯卡金像奖。
- 尽管奈飞公司没有任何一家实体录影带租赁店，但它却彻底改变了录影带租赁业务。
- 虽然 Skype 不拥有任何网络基础设施，但它却是全球最大的电信供应商。
- 星巴克是世界上最大的咖啡连锁店，却以高价售卖着标准化的咖啡产品。
- Uber 旗下没有任何出租车，但它却是美国最大的出租车服务提供商。

---

① 关于循环经济和商业模式创新，推荐大家前往 www.ifb.unisg.ch 网站查询。我们会通过该网站发布关于商业模式创新和循环经济融合的新研究成果。

不妨偏执一点

　　创新竞赛对公司的影响是巨大的。波士顿咨询公司所信奉的榨取现金牛策略已经越来越无足轻重了。即使当前现金牛产品仍然风头正盛，但定期检验商业模式对公司来说依然非常重要。稍微偏执点不会造成任何伤害，而且，就如同史蒂夫·乔布斯所言，即使你的公司现在运营得非常好，勇于质疑今天成功的支柱，并对公司可能的失败做好充分思想准备也依然是至关重要的。我们处于一个暂时具有竞争优势的年代：只有不断检验并培植成功的根基，才能维持长久的成功。

商业模式的要素

　　"商业模式"一词已经成为人们热议的流行词。我们既可以用它描述一家公司的现行活动，也可以用它来强调一次突破，例如，你可以这样说："如果我们想保持成功，就必须改变我们的商业模式。"有时，你甚至很难找到一个从未使用过"商业模式"这类词的职业经理人。然而，即使是在某家特定的公司内部，对于这个词确切含义的理解也经常存在着相当大的分歧。换句话说，虽然人们在一起讨论他们的商业模式，但他们对正在讨论的究竟是什么，定义也大相径庭。毋庸置疑，诸如此类的讨论很少会有结果。

　　在本书中，我们自己创造了描述商业模式的定义，该定义虽简单却很全面。作为一个操作工具，这一简化系统比复杂的系统要方便得多。

　　我们的整体模式设计由四个方面组成，并将其以"神奇三角"的形式表现出来（见图 1-2）。

- 客户：谁是你的目标客户？准确理解与你相关的客户群至关重要，要分清哪些客户适用于你的商业模式，哪些不适用。毫无疑问，每个商业模式的核心都是客户!

- 价值主张：你们为客户提供什么？这一方面详述了贵公司所能为客户提供的东西（包括产品和服务），并介绍了如何满足目标客户的需求。

- 价值链：价值主张是如何形成的？你需要通过一系列流程和活动来实现你的价值主张。这些流程和活动及其相关的资源和资质，包括依据公司的价值链所做出的协调，构成了商业模式设计的第三个方面。

- 盈利机制：商业模式为何会创造利润？第四个方面包括成本构成、利润生成机制等方面，阐述了最终使商业模式在经济上可行的原因。它解答了每家公司都必须回答的核心问题，即我们如何为股东和利益相关者创造利润？简言之，就是为什么商业模式具有商业可行性？

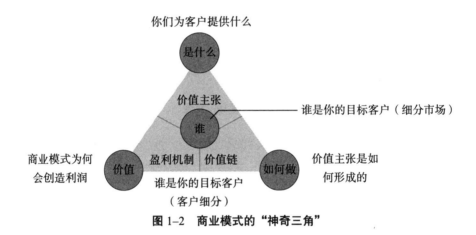

图1-2　商业模式的"神奇三角"

图1-2的目的旨在阐明一家公司的客户群、价值主张、价值链以及盈利机制，从而使商业模式更加具体且易于理解，同时为将来的模式创新奠定基础。我们把这一图解称为"神奇三角"，它之所以神奇是因为无论调整其中的任何一个角（例如优化左下角的盈利机制），其余两个角便会自动做出相应的调整。

谁—是什么—如何做—价值

总之，商业模式定义了谁是你的客户、你卖什么产品、你如何生产产品，以及你的公司为什么能够盈利等。"谁—是什么—如何做—价值"这一四方面定义法对商业模式做出了描述。其中前两项（谁和是什么）针对的是商业模式外在的方面，而后两项（如何做和价值）针对的则是其内在的方面。

某个商业模式的创新要求对上述这四个方面中的至少两个方面进行改进。例如，仅创新其中的价值主张这一项只能实现产品的创新。以下所列的三个实例足以说明公司是如何根据所处行业的主导逻辑或它们现有的商业模式，来对其中两个甚至更多方面进行创新的。

- **戴尔公司**。戴尔电脑科技公司自 1984 年创立以来，一直致力于直销模式。相对于其他竞争对手，如惠普和宏碁，戴尔公司一直没有中间商介入（如何做），因此它能够以更低的成本为客户提供定制化产品（是什么）。戴尔公司直接接收消费者的订单，因此能够掌握客户的实际需求，从而更有效地管理自己的库存，经营自己的合作伙伴网络（如何做）。此外，它还借助"附加"的营销理念创造出更多的利益（关于"附加"的商业模式会在本书第二部分中进行描述）。通过这一理念，客户能够自行选择与基本产品相匹配的附加配件，从而组装起属于自己的个性化电脑（价值）。戴尔参照了行业的主导商业模式，改进了神奇三角，打造出一个全新的创造和攫取利润的新逻辑。

- **罗尔斯·罗伊斯公司**。这家英国飞机引擎制造商推出了一种创新型商业模式："时间动力"（有关"绩效契约模式"的商业模式会在本书第二部分中进行介绍），这一模式表现为航空公司不是一次性购买飞机引擎，而是购买飞行小时（是什么以及价值）。迄今为止，引擎制造商一直采用按成本定价一次性购买的机制。与之相反，罗尔斯·罗伊斯公司在保留引擎所有权的同时，负责引擎的维护和修理（如何做），以此创造了持续的收益来源，并通过改进服务效率来降低成本。但鉴于该公司的主要目的是要生产维护成本低的引擎，这一"绩效契约合同"商业模式还改变了其员工的思维模式，因为引擎修理是公司以往的直接收入来源，同时，这一模式也造成了发展目标的不确定性。

- **阿里巴巴**。作为全球最大的 B2B 电子商务平台，这家中国公司扮演着双边市场的角色（双边市场模式，将会在本书第二部分中进行介绍）。阿里巴巴在买家和卖家（谁）之间牵线搭桥，推动两者之间的商品销售（是什么）。作为中间人，阿里巴巴通过其庞大的线上网络（如何做）来开展这些工作。这是一个免费市场，买卖双方完成交易都无须缴纳费用。卖家付费来让自己在网站内部搜索排名靠前，为阿里巴巴创造广告收益（价值）。阿里巴巴的商业模式类似于线上市场（例如 eBay）的前端，采用的是在线搜索引擎的创收逻辑（例如谷歌），利用买卖双方的数据来实现价值主张和获取价值。

- **Zopa**。Zopa 这一金融服务行业的商业模式领航者成立于 2005 年，是世界上首家社会化借贷平台（有关 P2P 商业模式的描述见本书第二部分）。这一平台使得民间个人之间发放贷款成为可能（是什么）。Zopa 将有意愿的债权人和潜在的债务人连接在一起，债务方提前说明他们想借贷的数目和可以接受的条件（如何做）。这种借贷方式使得没有银行参与的贷款成为可能，对借贷双方都大有好处，因为这种借贷的利率使借贷双方都受益。Zopa 通过收取债务人手续费来盈利，而债权人无须支付手续费（价值）。相比其他传统的银行和金融业务，Zopa 除了创造新的价值主张（即民间个人可以取代银行的角色，并创造更吸引人的利率）之外，还改变了它的盈利机制和价值链结构。

以上例子均说明，一个商业模式的创新至少要涉及之前所提及四方面中两方面的改变。

The Business Model Navigator 创新观察	总体说来，商业模式创新与产品和工艺创新的区别在于，它极大地影响了"谁—是什么—如何做—价值"这一四要素链条中至少两方面的要素。

每一个商业模式的目的都旨在"创造并获取价值"。但有趣的是，大多数商业模式创新者都非常善于为他们的顾客创造价值，但却未能为他们自己创造价值。让我们以社交网络平台 Facebook 为例。该公司的商业模式取得了巨大的成功。虽然公司保持了稳定的增长，但其股价却在 2012 年首次公开发行时遭遇暴跌。其中一个原因是，Facebook 已不能再像从前

一样尽可能多地获取价值。客户纷纷使用智能手机，其流动性增强，导致 Facebook 的广告业务越来越缺乏吸引力，因为比起大型电脑屏幕，移动手机上的广告效果要差很多。2014 年，Facebook 以 190 亿美元的价格收购 WhatsApp。在当时，这个价格分摊到 WhatsApp 的每个用户身上大概达到了 40 美元，这点通常被分析师们痛批，因为他们并不懂得整个商业模式。Facebook 的目的是为了进一步增加从现有交易中所获得的价值，从而保证公司能在其为客户所创造的价值中占有足够大的份额。

The Business
Model
Navigator
创新观察

成功的商业模式创新不仅能为客户创造价值，同时还能为公司获取价值。但就后者而言，很多商业模式都做得不够成功。

商业模式创新所面临的挑战

曾经整整一代的管理者都受训于迈克尔·波特的"五力理论"。从表面看，这一做法并没有什么不妥。波特方法的核心思想是对行业进行深度剖析，进而确定企业相对于其他竞争者的最优位置，从而获得竞争优势。2005 年，金教授与莫博涅教授（Kim and Mauborgne）第一次运用他们的"蓝海战略"跳出波特的模式来思考。他们的主要观点是：如果想要成功创新商业模式，就必须脱离竞争激烈的红海，创造出一片蓝海，即一个全新的少有人涉足的市场空间。商业模式创新者的口头禅是"在无意间打败你的竞争对手"。

创建一个新的商业模式的唯一方法就是停止关注你的竞争对手们在做什么：宜家凭借其价位低且不失时尚的设计和全新的售卖方式为家具行业带来了革命性的变革；英国摇滚乐团电台司令（Radiohead）允许粉丝以他们自己所愿意的任意价格购买专辑《彩虹之中》（*In Rainbows*），此举在英国乐团引起巨大轰动。但这一大胆的策略极大地提高了电台司令乐团的名气，他们的演唱会门票和早期专辑的销量都有所增加；Car2Go（现更名为 ShareNow）通过一个创造性的汽车共享理念，即用户可按分钟计时来租赁车辆，完全颠覆了租车行业。

那么，为何不是所有公司都在创新其商业模式，冒险挺进蓝海呢？事实上，各大跨国公司在实际商业模式开发项目上的投资均不超过其创新预算的十分之一（见图1–3）。以壳牌公司为例，它仅花费了其研究与发展预算的2%用于"游戏改变者"项目，就已经获得了行业的认可，被誉为勇敢且富于创新的楷模。而中小型企业花费在模式创新上的钱通常就更少，他们中的大多数甚至完全忽略了商业模式创新。

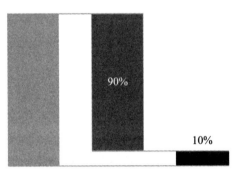

图 1–3　创新投资

然而，上述问题的答案绝不是企业不愿意进行创新，确切地说，是因为企业对商业模式缺乏了解，从而阻碍了它们的创新。针对这一点，我们概括出公司在进行商业模式创新时所遇到的以下三个核心挑战。

● 跳出本行业的主导逻辑进行思考并非易事。思想禁锢会阻碍新想法的萌发。

● 从商业模式而非技术和产品角度进行思考的难度。人们往往更愿意着手于真实可见、易于理解的技术和产品。对多数人来说，从更加抽象的商业模式层面进行思考更具挑战性。

● 系统思考工具的缺乏。围绕创新的一个主要谬见认为，创新必定是一个杂乱无章的过程，只有创新天才才能将真正具有革命性的创新推向市场。正如一个理发师离不开一把好剪刀，一个木匠离不开一把质量上乘的锯子，企业管理者们需要一系列功能卓著的工具和方法来帮助其完成商业模式的创新。

挑战1：跳出本行业的主导逻辑进行思考并非易事

陶醉在公司以往的辉煌成就中，很容易阻碍新创意的产生。即使是思想非常开明的领导者在突破自己行业的主导逻辑时，也有可能会困难重重。如今的现金牛产品和竞争者们仍然对公司管理层的心态具有很大影响。没有人生活在真空里，每家公司都属于一个行业分支，都需要遵循某些现有价值链和在竞争对手相互作用下形成的组织结构。无论公司是否明确构建出这些结构，都会深受它们的影响，以至于公司的商业模式创新不可避免地被限制在一定的范围之内。作为人类，我们总是习惯于照章办事，一直以来我们所受的教育也是如此。我们所学的越多，就越会受制于现有的思维模式。对企业而言，近几十年来有关管理的著作都在不停地大肆吹捧这种统一的单向思维，认为其展现出一种强大的"企业形象"，并且有利于增强竞争优势。

主导的行业逻辑频频受到行业新手的挑战，这些行业新手们的思维并没有同样受到禁锢。他们向雇主所提的问题也只有他们自己才能想到。经验丰富的行业权威会颇为耐心而宽容地解释说："我们行业是不同的，这是我们的经营方式。我们的客户不会接受其他任何逻辑。"公司的基本信条被社会学家们赋予了"正统"的标签，于是这些基本信条就变成了铁的定律。所谓正统，是由一群人接受并分享的信条，历史悠久，不予改变。

只有如雀巢等极少数公司系统地分析了这些来自其他行业的新手们所提的问题，并把它们看作新创意的源泉。引进公司以外的创意是经营者突破其思维定式最具前途的方式。不幸的是，这些想法经常会受到"非我所创症候群"的挑战，并且在它们对企业发挥真正影响之前就已被扼杀。这一症候群的实质是一种既定团体或机构拒绝接受任何外来观念的心理现象。因此，任何商业模式的创新方法，必须在综合外来观念的必要性和允许公司内部管理层开发自己的创意之间找到平衡。

企业领导者们经常无法理解为何他们应该冒险走出企业的舒适区，毕竟现行的商业模式仍在持续盈利。但是，收益一旦缩减，就应该认定引进新型商业模式的时机已经成熟。如果起步太晚，公司即将濒临破产，这意味着董事会除了降低成本和重组之外没有别的选择了。迈克尔·戴尔曾说过"创新要趁早"，可谓一针见血。

柯达公司因未能及时突破行业主导逻辑而宣告破产。其实早在 1975

年，柯达公司就已经开发出了世界上第一台数码相机，但却从未将其推向市场，因为它担心数码相机的推广会削弱其公司的主导业务——胶片摄影。当时，柯达的大部分收入都来自销售和冲洗胶卷，而相机制造业则在柯达的商业模式中发挥着相对次要的作用。柯达坚信胶片摄影不会受到数码相机的影响。1999 年，当数码相机的新技术席卷市场时，柯达公司曾公开预测，10 年内数字摄影绝不会超过整体摄影市场份额的 5%。这一错误判断被证明对柯达的影响是毁灭性的：结果反倒是到 2009 年，胶片摄影仅仅占到了市场份额的 5%，而剩余的 95% 全部被数字摄影所占据。尽管柯达公司与微软公司早在 20 世纪 90 年代就开始合作开发数字成像技术，但并未投入全力，也未对其业务有多少帮助。等到 2008 年，柯达用烈性炸药炸毁位于罗切斯特的研发中心时，已为时太晚了。柯达受制于自己的主导逻辑，于 2012 年申请破产。

环球、华纳、贝塔斯曼、索尼和百代唱片公司这五个"巨头"也有和柯达类似的经历。这五大公司都因未能及时突破它们的主导行业逻辑，而只能拼命维持现状。弗劳恩霍夫研究所于 1982 年研发的 MP3 科技使音乐文件共享变得轻而易举，超乎 20 世纪 90 年代所有人的想象。一时间无视版权的非法在线文件共享像野草一样迅速传播开来。然而，这五巨头并不承认 MP3 科技正在彻底改变着唱片行业，相反，它们卷入了与新兴市场竞争者们的司法争论，如纳普斯特（Napster）。而苹果公司推出合法的音乐文件下载服务最终让五巨头意识到，现在行业的主导逻辑是彻底开放的，但它们已回天乏术了。毋庸置疑，苹果公司通过 iTunes 赢得了音乐直销之战。可是几年后，这种模式再次受到了 Spotify 的免费增值商业模式的挑战。

The Business
Model
Navigator
创新观察

要为不断创新的商业模式提供创意，就一定要克服存在于一个行业或公司内部的主导逻辑。只有突破现有观念的限制，才能萌发新的创意。

停车技术公司——街线（Streetline）是克服主导行业逻辑的一个成功案例，当然这背后还要加上 IBM 公司的谨慎参与。停车场行业有着 250

亿美元的营业额，而且迄今为止少有创新。街线在美国拥有上万个停车位，在德国也有相似规模的停车位，并拥有超低功耗、经济有效的传感器。传感器能够随时监测到车位是否空闲，是否有车辆占用，如果有的话，该车是停在那儿还是在行驶中，并通过无线网络把信号发送到和路灯相连的传送器上。传送器会实时把信号传送到互联网和恰当的应用程序中。

街线没有将驾驶人作为主要客户，而是将目光对准了重点城市和直辖市。凭借这一系统，一个城市可以获得巨大的收益，因此一定会对这一商业模式非常感兴趣。五到八成的司机不缴纳停车费已是司空见惯的事。借助这一系统，政府可以直接确认违法者并采取直接措施来对他们提起诉讼。超过规定停车时间的车辆将会在终端上记录在案。这一系统成本低廉，但能给城市带来巨大的收益。因为在它的帮助下，捕捉违法停车者所需的人力投入变少了，随之而来的结果是使每个停车位的利润显著增加。

挑战 2：从商业模式而非技术和产品角度进行思考的难处

这一挑战和商业模式创新往往源于对迷人新技术的谬见，二者同为商业模式创新的阻碍之一。更为常见的情况是，它们在实质上不受商标保护，诸如互联网、自动识别技术（如无线射频识别）、云计算等新技术都已广为人知且对所有人开放。这一创造性飞跃在于它们被使用或应用于自己的企业，并因这些新技术的使用使企业得到了彻底改变。真正的革命在于发现新技术潜在的经济可行性，换句话说，就是发现正确的商业模式。

The Business
Model
Navigator

PAYD（Pay As Your Drive）：保险行业中的按里程付费原则

多年来，许多汽车保险公司都纷纷推出汽车保险政策，提议有针对性地使用多种先进技术。远程信息处理汽车保险的基本原则是直接监测驾驶人并把信息反馈给保险公司。为了实现这一目的，保险公司通常会在车辆上安装一个盒子，用以监测并传送各项数据，例如制动力、时间、旅程的距离等。保险公司根据这些数据估算出不同驾驶人的事故风险，并因此对他们的保险费用做出相应调整。此外，还通过 GPS 功能、快速定位事故现场功能以及其他诱人特性完善这一系统。

尽管按里程付费系统所涉及的技术很先进，但它远没有人们想象的那样成功，因为只有将这一系统应用到恰当的商业模式框架内才是至关重要的。2004 年，由于顾客人数不足，诺威奇联合保险公司（Norwich Union）和其他一些保险公司终止了它们的按里程付费计划。诺威奇联合保险公司的按里程付费提议所存在的问题在于其复杂性。保险公司就像一个监督机构，知晓投保人在何时、何地，以何种方式在开车。最重要的是，这种收费模式是为了惩罚胆大妄为的客户，他们需要支付溢价。总而言之，这种模式尚未经过深思熟虑，很难吸引到新顾客，正因为如此，这一方案注定不能成功。

随后而来的智能汽车保险市场的服务供应商们，从前人的错误中汲取经验，以引进服务热线和新功能作为开端，大幅降低了它们的保险政策的复杂性。如奥地利的优尼卡保险公司（UNIQA）、瑞士的安联保险集团（Allianz），它们推出了服务热线和三项简单的功能：应急按钮、碰撞传感器和汽车搜索。这一技术以简单的网络电话、传感器和 GPS 为基础，一旦汽车出现紧急情况，发生交通事故或者被盗，系统就会在事故现场提供快速帮助。这一商业模式相对于它之前的模式更为智能，体现在服务条款更加容易理解，投保人所缴纳的保险费用显著减少，过程更透明，而且保险公司承诺在正常情况下，不会对车辆实施监控，也就是说在没有收到急救电话的情况下不会监控车辆。此外，收费模式也更加合理，车载监控盒子由保险公司负责免费安装，服务费按月支付。

在此基础上，很多公司研发了工艺更为简单的事故记录仪，并把它推向市场。万一投保人遭遇事故，该事故记录仪就会记录30秒内车辆的横向和纵向加速度、事故发生的时间以及当时的各项数据。这些数据能够快速重现事故场景，并为确认事故责任提供客观证据。这一商业模式与求助热线相类似：它有助于确保更大的法律确定性，降低其他保单的保险费用，不会永久保存数据，且免费提供、免费安装，并把它作为保险协议的一部分。

之后不久，美国前进保险公司（Progressive Insurance Company）推出了一项精心设计的商业模式，这一模式基于一款快照（Snapshot）设备。顾客可以安装即插即用的设备来监控他或她的驾驶习惯，但不能记录行车地点和行驶速度，也不诉诸 GPS 技术。记录的参数包括时刻、行驶里程数以及司机急刹车频率。这一信息直接影响了保险费的成本，使成本相应地缩减。从推出这一模式开始，美国大约有 100 万用户选择使用快照技术。

此时，英国保险公司——保险盒子（insurethebox）为保险市场提供了最具创新性、最有前途的商业模式。保险盒子将按里程付费技术与现有模式，如顾客忠诚度、附加、关联和经验销售等（见本书第二部分）结合起来，实现了按里程付费以来最快的增长率，并获得了2013 年度英国保险业奖，以下是保险盒子的具体操作模式。

- 车辆内置的"内嵌电信盒子"记录下驾驶人的驾驶习惯，并把记录上传至驾驶人的私人网站上。盒子的安装是免费的，而且迄今为止，操作程序也都是符合标准的。
- 保险盒子推出了许多非常有趣的功能。首先，驾驶人选择他或她一年内期望行使的英里数，并以此来计算统一的保险费用。没有使用的英里数，不能折抵现金，因此就作废了。
- 英里数和激励保险模式联合起来，积极的驾驶行为会额外奖励每月 100 英里的红利，可以在以后的旅程中使用，或者用于降低第二年更新电机盖的价格。以快照技术为例，顾客获得的不是直接的经济利益，而是一种类似于高端项目"飞常里程汇"（Miles & More）所带给顾客的优越感。

- 根据附加原则，任何额外购买的里程都会更加昂贵。

- 此外，保险盒子创立了一个合伙伙伴计划，投保人可以通过购买平台上所提供的关联模型项目来累加里程数，合伙人可以支付一定的费用来加入该平台。

- 最后，此项设计有一些非常人性化的设计：如链接到 Facebook 等，使得累加保险里程在英国成了一项普遍的社会体验。

按里程付费项目证明了成功并非总是由技术带来的，也可是将技术创造性地应用于一个创新型商业模式的结果。

挑战 3：系统思考工具的缺乏

我们的研究已经明确了商业模式创新所面临的第三大挑战是系统思考工具的缺乏。系统性工具能够促进创造力、发散思维，并且对开发创新型商业模式至关重要。美国科学家乔治·兰德（George Land）致力于研究年龄和发散思维之间的关系，为此，他研究了 1600 名不同年龄段的儿童在创造力测试中的表现。这一测试是由美国国家航空航天局所开发，旨在招募富有创新精神的工程师和科学家。测试问题根据儿童的年龄做了修改，那些获得 10 分满分的孩子被归为创新天才组。测试结果令人震惊，测试结果中天才的比例如下：

- 3~5 岁年龄段：98%；

- 8~10 岁年龄段：32%；

- 13~15 岁年龄段：10%；

● 成人：2%。

兰德在 1993 年曾写道："我们所得出的结论是，非创造性行为是后天学来的。"换句话说，就是成人的创造力相对较弱，需要创新技术的支持。

有趣的是，我们见过很多工具，但没有一件适用于商业模式领域。

总之，商业模式创新仍然是一个充满神秘的任务，使许多管理者闻之却步。以下所列有关商业模式创新的谬见在管理者中相当普遍（见图1-4）。

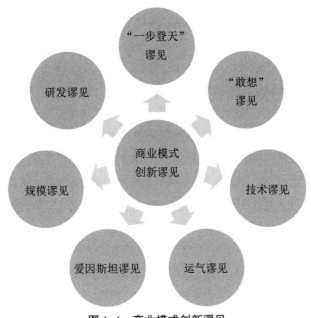

图 1-4　商业模式创新谬见

● "一步登天"谬见。其认为"商业成功始于前所未有的创意"。事实上，新的商业模式往往是从其他行业借鉴过来的。例如，查尔斯·梅里尔（Charles Merrill）有意将超市运营概念应用于金融行业，并由此创立了美林证券公司，就这样，他开创了金融超市商业模式。

● "敢想"谬见。其认为"商业模式创新总是激进和新颖的"。大多数人会把新的商业模式和互联网公司的巨大飞跃联系在一起。事实上，与产品创新的方式相同，商业模式创新也可以是渐进式的。例如，奈飞公司给客户邮寄 DVD 的商业模式创新方式无疑就是一步步循序渐进的，但是却给公司带来了巨大的成功。互联网为奈飞公司开辟了新的途径，使它逐步发展成一个在线的流媒体服务供应商。

- 技术谬见。其认为"每一个商业模式创新都是靠卓越的技术催生新产品的"。事实上，当新技术确实可以推动商业模式时，它们就具有了通用的本质。创造力产生于运用新技术对商业模式进行彻底的变革当中。商业应用和技术的具体使用造就非凡。纯粹地为技术而技术却是创新项目失败的首要因素。真正革命性的举措是发掘新技术的经济潜力。

- 运气谬见。其认为"商业模式创新只关乎运气，不能系统地进行"。事实上，想要创建新的商业模式，你需要付出和开发新产品、新技术、售后流程和物流理念一样多的努力。商业模式创新需要毅力和动力。就像对未知领域的探险一样，你必须提前计划，并为它做好准备。虽然系统化进行并不能保证什么，但它会显著增加成功的可能性。

- 爱因斯坦谬见。其认为"只有创新天才才能想出真正具有创新意义的点子"。今天，成功越来越少地依赖于个人策划，跨领域团队已经延伸到各功能仓和公司，取代了过去像爱迪生和怀特一样的象牙塔里的发明家。创新不再是个人行为，而是团体性运动。商业模式创新尤其如此。对商业模式创新来说，缺少合作意味着再好的创意也只是一个创意而已。与现在流行的看法相反的是，iPod 并不是史蒂夫·乔布斯独自发明的。托尼·法德尔（Tony Fadell）是一位外来的 IT 自由职业者，最初想出了 iPod 和 iTunes 的创意，并凭借该创意加入了苹果公司。此后，在苹果公司的指引下，一个由 35 名研究人员组成的研发队伍创造出了第一个产品原型。这个研发团队包括苹果公司员工、艾迪欧设计公司（IDEO）、Connectix 公司、通用魔法公司（General Magic）、网络电视（WebTV）和飞利浦。欧胜微电子（Wolfson）、东芝公司和得州仪器公司（Texas Instruments）联合负责这一门户播放器的技术设计，每卖出一个 iPod，它们会从中赚取 15 美元。iPod 的成功故事是由一个多元化的团队所书写的，这一团队的成员能力非凡，共同促成了这一项目的成功。

管理大师们大可以书写个人天才和灵光乍现的神话，因为这样我们会赞美英雄。事实上，如果没有其他人员的决定性参与，这些英雄很难取得成功。

- 规模谬见。其认为"大突破需要大量资源的投入"。事实上，小型初创企业负责最重要的商业模式革命。只要看看全球点击量最多的网站及其背后的公司，排在前三的网站都是由行业外的其他公司所持有。谷歌公司是由拉里·佩奇和谢尔盖·布林于 1998 年创立的，Facebook 是由马克·扎克伯格于 2004 年创立的，YouTube 则是由查德·赫利（Chad Hurley）、陈士骏（Steve Chen）和乔德·卡林（Jawed Karim）于 2005 年创立的。英国在线广播公司（BBC Online）是排名最高的"老牌经济"的代表，在全球点击量最高的网站排名中竟只排在第 40 位。排名中所有其他的公司都是白手起家的新兴公司。贯彻并传播这些商业模式需要巨大的投入，但绝大多数成功的互联网公司起步时都是微小而智能的。AutoScout 24 的创始人、成功创建过许多公司的企业家约阿希姆·萨尔茨（Joachim Schoss）曾经说过："已建立的公司不能做到这一点，恰恰是因为它们拥有太多的资源。"恰当的创意和适量的勇气比资源要重要许多。

- 研发谬见。其认为"研发部门是重要创新的源头"。事实上，商业模式创新本质上是跨学科的。技术只有与商业模式结合起来才能发挥至关重要的作用。改变的动力可能来源于一家机构内部的任何地方，就像商业模式的四个方面所展示的那样（谁—是什么—如何做—价值）。虽然研发部门通常负责新产品的研发，但创新不仅仅来源于研发部门。其他部门（包括战略部、市场部、售后服务部、信息技术部、生产部、物流与采购部等）的创新也都日益重要。"一个人，无论他是大股东还是看门人，商业模式创新都是他个人职业描述的一部分。"费斯托气动设备公司（Festo Didactic）的董事总经理西奥多尼·尼豪斯（Theodor Niehaus）如是说。

本书的目的就是立足于我们的实证研究和实践经验，通过系统性的方法揭穿这些谬见。创新是所有管理者的首要任务。在业务层面上激励和推动创新是将一般的管理者和鼓舞士气的领导者区别开来的关键要素。这些领导者需要的是创业者的思维和创新能力。本书旨在为具有创业精神的创新者提供一套系统性的工具箱，帮助他们质疑行业主导逻辑，开发新的商业模式。

02

**The Business
Model
Navigator**

商业模式创新导航

　　商业模式创新导航的原则与机械工程行业中的一项产品开发工具——TRIZ 已建立的设计规则类似。TRIZ 是"发明问题解决理论"俄语单词首字母缩写。TRIZ 型问题解决理论的主要功能是识别、详述并消除技术系统中存在的技术和物理冲突。阿奇舒勒（Altshuller）对大约 4 万项专利进行了分析，分析结果表明，在各行各业中发现的技术问题其实只用有限的几个基本原则就可以解决。基于这项分析结果，一个最知名且最直观的 TRIZ 工具应运而生，那就是用以解决技术问题的 40 个发明原则。此处列举几个原则作为说明："划分或分割"原则，"除去损坏部分"原则，"使用非对称性"原则，"组合相似部分"原则，"采用对抗手段或激励措施"原则等。以软件为基础的 TRIZ 工具已成为现代工程学的核心要素。

　　我们的研究正是要为商业模式创新创建一个类似的工程方法。我们所分析的商业模式包含了过去 50 年间成功开发的绝大多数模式。本书所介绍的 60 种商业模式模型类似于乐高的积木，可用于对既有商业模式进行创新，或自主开发新商业模式。

　　商业模式创新导航是一个行动导向的方法论。任何公司都可以借助它来突破本行业的主导逻辑，并对其商业模式进行创新。已有证据表明这一方法论在各大组织、行业和公司都是可行的。它的核心理念是：成功的商业模式可以通过创造性模仿和重组来构建。

创造性模仿和重组的重要性

创新往往是其他地方，如其他行业、市场或环境中已经存在的一些东西的变体。没有必要每进行一个项目和一个创新举措，都去做一些无谓的重复劳动，重复做无用功常常会因为忽略向其他人学习而走进死胡同。相反，你会从已有的东西中获得很多灵感。我们的研究表明，实际上大约 90% 的成功商业模式创新都是对已有商业模式要素进行了重组。创新的部分在于你要理解这 60 种模式成功的形态，并通过转化、重组和转变等方式将这些成功的形态应用到自己的行业。这并不是一个简单的盲目性模仿，它能让公司学习其他人的成功经验，从而彻底改造自己的行业。

The Business
Model
Navigator
创新观察

90% 的新商业模式其实并不新。它们都是建立在现有的 60 种模式之上。创造性地模仿其他行业的商业模式，能够使你的公司成为行业内创新的领头羊。只需记住：学习和理解比单纯的复制更重要。

认识到这一点，让我们研究人员喜出望外，因为我们原以为商业模式创新是相当激进的。事实证明这种激进是相对的，因为情况往往是这样的：商业模式创新对单个行业来说是激进的，但对整个商业界来说并不都是激进的。关键是要理解其他行业的商业模式要素以及它们之间的关系，并把它们应用到自己的行业中，一句话，就是要创造性模仿。

一种商业模式就是对商业模式四要素"谁—是什么—如何做—价值"的一个独特的配置，并且实践证明这一配置是成功的。本书的第二部分将对这 60 种不同的商业模式逐一进行详细介绍。

让我们以订阅商业模式和剃刀和刀片商业模式为例，来说明创造性模仿和重组各要素的重要性，其他商业模式和更多的细节将在本书第二部分进行描述。

订阅商业模式

订阅商业模式（如图 2-1 所示）是指客户按月或按年支付费用（价

值）来获得产品或服务（什么）的模式。虽然这种模式早已存在，但只要把它引入今天的新环境，仍然能够带来根本性创新。例如，跨国云计算公司 Salesforce 公司没有一次性向顾客出售软件使用许可证（软件即服务），而是带头向客户提供基于订阅的服务，并通过这一模式，彻底革新了自己行业的商业模式。软件订阅的推出使得 Salesforce 公司跻身于世界十大增长最快的公司之一。

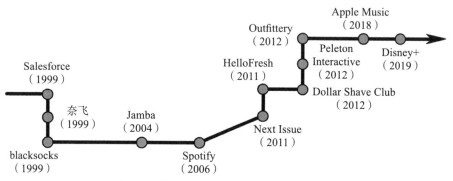

图 2-1　基于订阅商业模式进行创新的公司

其他基于订阅商业模式进行商业模式创新的公司有：Jamba 公司，在欧洲销售手机铃声订阅服务；Spotify 公司为客户免费提供数百万首歌曲，同时允许客户通过购买订阅服务来使用其服务的高级版本。

剃刀和刀片商业模式

吉列公司向顾客免费赠送手动剃须刀，然后高价销售匹配的刀片。剃刀和刀片商业模式（见图 2-2 所示，同时参考本书第二部分的介绍）背后的主要理念是为客户提供一个低价的甚至是免费的基础产品，然后高价出售使用这一基础产品所必需的消耗品（"什么"和"价值"）。为了确保顾客继续购买原公司的产品，需要建立退出壁垒，比如产品专利或强大的品牌（"如何"）。

惠普公司发现了这种模式在印刷行业的潜力，即便宜的打印机和昂贵的墨盒。雀巢公司将剃刀和刀片商业模式应用于奈斯派索咖啡：奈斯派索咖啡机仅售不到 150 美元，但是与之相匹配的咖啡胶囊的价格却比普通研磨咖啡高出 5 倍之多。

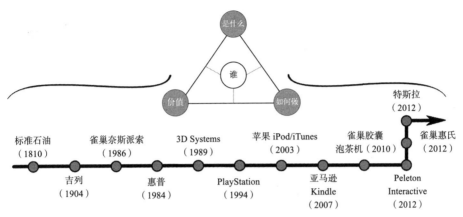

图 2-2　基于剃刀和刀片商业模式进行创新的公司

新商业模式策略

　　以下是过去从 60 种商业模式中生成新商业创意时使用过的 3 种基本策略（如图 2-3 所示）。

- 转移策略。即把现有的商业模式移植到一个新的行业中（例如，将剃刀和刀片商业模式应用于咖啡行业）。大多数公司都在使用这一策略。其主要优势是：有其他公司作为模板，可以避免重蹈覆辙，从而帮你成为行业的创新领导者。这一策略所面临的主要挑战是：要为该模式在新行业中的实验和适应留出足够的空间。因此，不要只是简单地复制和粘贴。

- 合并策略。即将两种商业模式转移和合并起来。特别是有的创新型公司甚至同时使用三种不同的商业模式（例如，雀巢公司将剃刀和刀片模式、锁定模式和直销模式同时应用于奈斯派索胶囊式咖啡机）。主要优势是：协同效应可以降低竞争对手模仿你的商业模式的可能性。其所面临的主要挑战是：规划和执行都会变得非常复杂。

- 杠杆策略。即公司把在一个产品系列内应用成功的商业模式应用到其他产品系列（例如，从雀巢公司的奈斯派索胶囊式咖啡机，到雀巢的胶囊泡茶机，再到雀巢公司的婴幼儿智能营养系统雀巢惠氏）。只有最具创新精神的企业才能做成此事。其主要优势是能够利用经验和协同能力管理风险，其面临的主要挑战是：需要平衡变化性和稳定性。

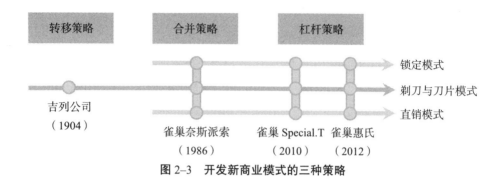

图 2-3　开发新商业模式的三种策略

这些策略既可以单独使用，也可以合并起来使用。若要问企业能从这些见解中学到什么，那就是一家企业必须对外开放并随时做好借鉴其他行业的优秀模式的准备。行业革命以往的成功可能会帮助企业发掘其自身的发展潜力。总之，这 60 种商业模式可以作为激发新创意的源泉。为什么经过其他公司不断改进并实现创新的商业模式，不能同样适用于你的企业呢？当然，完全复制一个商业模式是不可能获得成功的，只有善于学习并能把所学知识进行转化的创造性模仿者，才能真正对自己的行业进行革新，即真正向别人学习。必须能够清楚地识别并理解企业与行业的不同之处，以及择优选择功能加以采用。转移商业模式表面上看只是一个简单的模仿问题，但实际上它是一项极具挑战性和创造性的任务。

The Business Model Navigator
创新观察

　　在我们的商业模式创新线路图中，线条代表了一些流行的商业模式，两边则分布着在自身新商业模式中对这些模型加以应用的部分公司。本图总结了那些合并成功模型的知名公司，也算得上是对历史的回顾。该图可在 www.bmilab.com 网站上进行查阅。

我们的方法引入了许多外来创意，而这些外来创意一定能影响主导行业的逻辑变化。同时我们十分谨慎地保留了足够的灵活性，以适应新的模式，避免受非我所创综合征的影响。我们的商业模式创新导航的核心创意包括：对 60 种商业模式进行重组，以此推进商业模式创新。在第 2 版中，我们立足于最新的技术发展，纳入了新的商业模式，例如传感即服务商业模式。首先分析和创新的部分必须完成。在识别清楚了潜能之后，并在有关企业理念的初步草案拟定之后，执行便开始了：详细列出具体的商业模式要素，在实践中对商业模式加以测试，然后再扩大规模推广。整个创新导航应包含以下四个步骤：启动（initiation）、构思（ideation）、整合（integration）和实施（implementation）。我们称之为 4i 框架。除了新的模型之外，为了更好地说明 4i 框架，我们还在原有框架的基础上纳入了测试领域的新发现，绘制了 4i+ 框架。

图 2-4   4i+ 模型

启动：分析商业生态环境

在开发一个新的商业模式之前，你首先应该确定一个共同的起点和发展的方向。商业模式不是一个孤立的结构，而是一个复杂的关系网，这个关系网与公司不断变化的生态环境之间永远是相互依存的。所以，为了应对商业模式创新所带来的挑战，不仅需要管理者深入了解自己的企业和现有的商业模式，而且还要全面了解各利益相关者和其他多种影响因素所发挥的作用（见图2-5）。商业模式创新的一个良好开端，是对当前的商业模式做一个详细的说明，其中包括它与利益相关者之间的相互作用及其影响因素。

图 2-5　4i+ 模型——启动

　　研讨会的经验告诉我们，理解自己的商业模式比想象中的还要难得多。即使是有着 20 多年行业经验的人，往往也很难描述清楚他们运用的商业模式以及潜在的行业逻辑。所以你需要留出足够的时间来完成这一步。在一些大公司，要做到这一步，就不可避免地涉及要向不同部门、不同职能的人咨询，从而对商业模式的实际情况有一个全面的了解。因此，你需要向相关人员介绍商业模式的概念，以帮助大家对具体情况形成统一的认识。大多数员工往往只熟悉市场营销、财务或各自负责的某一特定业务领域。但是，成功的商业模式创新往往会影响到公司的若干领域，因此参与者需要对自己职权范围以外的领域有一个基本的了解。理想的情况是，要吸纳本行业以外的人才，因为本公司的老员工们可能会因身在其中，而"只见树木不见森林"。

描述你的商业模式时要适当地跳出来，不要迷失在具体的细节中。你的目的应该是对整体的商业模式和行业逻辑进行了解。与此同时，对商业模式的描述必须足够详细，任何一个关键问题都要捕捉到。

The Business Model Navigator
创新观察

有时，对商业模式的分析往往过于详细，以至于经常会陷入对公司日常事务的细枝末节的纠结中。因此，为避免这个问题的发生，最好的方法是，不要从基础的层面，而是要站在一定的高度来审视问题。

定义你的商业模式是做出改变的第一步，这一步非常重要。像这样的分析往往会使以前不那么明显的弱点和矛盾更加突显。同时对现状的检视会为改变积蓄能量，这是创新的重要方面。一种商业模式和行业的主导逻辑之间的不同之处是微乎其微的，认识到这一点，能够唤起人们做出改变的意愿和渴望。大部分高管们都知道像苹果和谷歌这样的公司之所以成功，并不是因为它们能够照章办事，而是它们制定了自己的规则，从而打破了行业的主导逻辑。

我们推荐以商业模式的"谁—是什么—如何做—价值"四个核心维度来描述你的商业模式。以下所列问题会帮助你完成这一任务。

- 谁（客户）
  — 我们服务的主要客户及客户群是哪些？
  — 客户所期待的是一种什么样的关系？我们如何维系这种关系？
  — 我们最重要的客户是谁？
  — 还有哪些重要的利益相关者需要考虑？
  — 我们习惯为客户服务提供的销售渠道是什么？

— 谁会影响到我们的客户（舆论领袖、利益相关者还是用户）？

— 不同部门对待相同客户群的方式也不同吗？

— 我们的客户代表的群体是谁？下一个 10 年这些客户还会在吗？一些交易经常会忽略客户背后所代表的人，尤其是 B2B 电子商务。

- 是什么（价值主张）

— 我们为客户提供什么产品或服务？

— 我们为客户解决什么问题？我们要达到什么要求？

— 为了达到这些要求，我们落实了哪些产品和服务？

— 什么是顾客感知价值？它通常和一个产品或服务的技术规格不是一回事。

— 我们为客户创造了什么价值？带来了什么益处？我们如何让客户感知到这种益处？

— 我们提供的产品或服务和我们的竞争对手有何不同？消费者有什么样的替代品？

— 我们的现行商业模式完全符合客户的要求吗？

- 如何做（价值链）

— 我们的价值主张是如何拟定的？

— 我们的产品或服务和价值主张的背后有什么关键性资源（如物质资源、人力资源、财政资源和知识产权）？

— 我们需要什么样的能力和关键业务？

— 我们的价值链是否充分利用了我们的核心竞争力？

— 谁是我们最重要的合作伙伴？他们和我们的公司是什么关系？他们能带给我们什么？

— 谁是我们最重要的供应商和合作伙伴，他们的贡献是什么？

- 价值（盈利机制）

— 我们的商业模式为什么能创造盈利？

— 我们的主要收入来源是什么？

— 这些收入是如何产生的？客户愿意购买的是什么？

— 我们的主要成本是什么？我们最重要的成本动因是什么？

— 我们现行的盈利模式的主要财务风险是什么？

理解所有的参与者

成功的商业模式创新要求你对自己的商业生态系统中的所有参与者都有一定的了解。事实上，在过去几年中，大多数的重要创新（如 iPod、iTunes 等）都不是完全由机构内部开发的，而是与外部参与者亲密合作的结果。我们的研究合作伙伴 SAP 公司是一家总部位于德国的跨国软件公司，在企业软件市场处于国际领先地位。它阐述了一个商业模式能够良好运行的关系网。他们把这种网络理念体系作为分析和发展一个商业模式的出发点。除了你自己的公司以外，它还包括你的客户、合作伙伴和竞争对手。

我们的客户

对类似生态系统的任何一个分析的基础都是要对客户的需求有一个全面的了解，因为客户是商业模式创新最重要的创意来源之一。这里所说的客户不仅指现在与你有业务往来的客户，还必须把潜在的和将来的客户考虑在内。

例如，星巴克很快就认识到，客户不仅仅是想喝一杯咖啡，还想找一个服务热情、环境舒适的地方喝咖啡。这一认识的结果就是星巴克开了两万多家非常成功的咖啡馆。西班牙时装公司 Zara 改进了它的商业模式，从而使得公司能对不可预知的客户需求快速做出反应。而且 Zara 高度综合化：设计、生产和销售都由本公司负责，在短短几周内就能推出一个新的时装系列，而其他服装公司完成相同的工作通常需要 9 个月的时间。Zara 公司的这一模式彻底改变了时装行业。

近来，许多公司都已经向前迈出了一步，它们邀请客户对公司的产品和服务直接提出反馈意见，甚至邀请客户亲自参与产品的开发。欧洲相片冲洗业的行业龙头 CEWE 根据客户在公司网络聊天论坛上提出的建议进行了一项商业模式创新。公司建立了一个叫作 viaprinto.de 的网站，专门用来处理在线打印文件、传单等业务。许多从 CEWE 预约打印的客户都表示，希望如微软办公文件、PDF 文件等文件的打印更加专业，质量更高。viaprinto.de 成立于 2010 年，并在短期内吸引了众多来自各行各业的客户群。这一商业模式已经获得多个创新奖项。

在 Spreadshirt T 恤制造厂，客户可以购买自己设计的 T 恤。就像该公司的创始人鲁卡茨·加多夫斯基（Lukasz Gadowski）所说的那样："我们授权客户做他们自己的事情。" Spreadshirt 公司遵循"为了 T 恤"的口号，把客户的需要作为公司商业模式的重中之重。

如果在新产品创新和商业模式创新的过程中把消费者排除在外，那么这家公司很可能会面临经营失败的风险。

- 浮空货运公司（CargoLifter）决心以一种新的方式来应用老技术。这家成立于 1996 年的货运公司，一直用齐柏林式飞艇（Zeppelins）来运送不能通过陆路和铁路运送的超重和超大体积的货物。市场调研表明，确实存在这种需求，刚开始的时候似乎很多人都对其表现出浓厚的兴趣。重型机械制造商们，如艾波比集团公司（ABB）、通用电气公司和西门子公司，都能通过这一途径运送它们完成组装并通过测试的大型机械设备。工业预制组件可以直接运送到桥梁施工现场，并在那里进行组装。但生产管理人员、开发人员和物流专家都不是进行咨询的合适人选。在签订合同时，律师指出了在重载货物的航空运输过程中存在的重大风险。试想假如一个庞大的燃气轮机突然撞上一户人家会带来什么后果？除了对类似风险考虑不足之外，浮空货运公司所面临的另一个困难是，它的项目无法获得资金支持，因为不断显现的技术细节使得成本不断增加。由于 CL160 齐柏林式飞艇未能获得足够的资金支持，浮空货运公司不得不在 2002 年申请破产。

- 即使是谷歌这样的大公司，如果不能对它们的客户有足够的了解，也可能遭遇失败。谷歌视频是谷歌公司为了从 YouTube 的业务中分得一杯羹而开发的，但是大多数读者都快不记得它的存在了，因为它对于那些被 YouTube 宠坏了的消费者来说显得太令人费解了。最后谷歌公司不得不关闭它的视频服务，并斥巨资收购了 YouTube。

我们的合作伙伴

除了消费者，其他重要的参与者（如供应商、经销商、方案供应商），或是其他间接参与的研究人员、顾问或协会，都在通过某种有效的途径为客户创造价值。这些合伙人可以像消费者一样为新创意提供灵感，也往往得益于他们的帮助，新的创意才能变成现实。

布勒公司：与合作伙伴共同创新

布勒公司（Bühler）是全球加工工程领域的领导者，也是欧洲当之无愧的隐形冠军公司之一。该公司与一家食品补充剂公司紧密合作，联合开发了一种叫作"营养大米"的强化大米。为了让潜在客户来试用这种新产品，布勒公司与荷兰帝斯曼公司（DSM）成立了一家合资企业来生产这种改良的强化大米，并把这种大米提供给大米加工厂，加工厂无须提前进行技术投资，可直接进入市场。如果市场对这种新米反响热烈，那么加工厂可以选择继续从合资公司购买大米或直接投资改造自己的生产设备。无论是哪种情况，布勒公司都可以从中获利，或者销售强化大米，或者出售它的技术。

总的来说，越来越多的公司认识到外部输入的重要性，并且和合作伙伴一起超越意外收获的创新，努力创造出结构性流程，从而系统地把合作伙伴纳入到他们的创新活动中来。一些公司采用众包商业模式，将一些具体工作外包给外部团体。日用消费品制造商宝洁公司已成为新产品或新商业模式众包创意的专家，它旨在通过其"连接＋发展"计划与世界上最优秀的创新人才一起合作。与其他公司关注传统的内部研发相反，宝洁公司在产品开发和商业化方面更加关注"外部见解"。目前，宝洁公司超过半数的新产品方案源于与外部伙伴的合作。宝洁公司的合作伙伴和他们提出的创意一样五花八门：从各类小企业到大型跨国公司，从专门的研究人员到个体发明者，有时甚至包括世界其他地方的竞争对手。目前，宝洁公司已经从一个内部知识创造者，发展成为一个快速成长的、商业导向的知识中介。

我们的竞争对手

你也可以向你的竞争对手们学习。2001 年，《西班牙地铁报》（*Metro Newspaper*）成为西班牙第一家全部由广告资助的报纸。现有的报业公司纷纷效仿这一商业模式，雷科莱托斯公司（Recoletos）的免费报纸 *Qué!* 就是其中之一。日益激烈的竞争迫使原来的创新者《西班牙地铁报》于 2009 年停止发行其免费报纸，《西班牙地铁报》是国际上非常成功的《地铁报》的子品牌。与此同时，*Qué!* 每天的销量都非常好，每天的发行量几乎可以达到一百万份。这个例子清楚地表明，即使最初的创意是由你的竞争对手提出来的，如果你反应够迅速的话，你仍然可以从中分一杯羹。戴姆勒集团的 Car2go 公司开创了按分钟租赁汽车的业务，许多竞争对手闻风而动。例如，德国联邦铁路公司的 Flinkster 和宝马的 DriveNow 纷纷迅速做出反应，都在越来越红火的汽车共享市场中占有了自己的份额。按 2019 年初拥有的客户数量计算，Flinkster 在德国排行第三，所拥有的客户数为 31.5 万（14%），DriveNow 排名第二，市场占有率为 32%，而 Car2go 凭借 100 万客户数占据了第一的位置（44%）。

分析影响因素

除了深入了解主要参与者外，还必须弄清楚最重要的变化驱动因素是什么，以及这些因素是如何进行转化并最终影响了你的商业模式。生态环境分析需要考虑到的两个主要影响因素：（1）技术；（2）大趋势。

（1）技术

许多成功的商业模式创新都是由技术进步所引起的，并借助技术进步来实现的：一方面，早日采用颠覆性技术或运用瓶颈技术，是开发商业模式的一个主要的成功因素；另一方面，技术的进步也构成了一个重要的风险因素。很多曾经非常成功的商业模式因为没有意识到新技术或替代技术的潜能而宣告失败。前文提到的柯达公司的例子就很好地说明了这一点。但好消息是，通过仔细观察你所处的环境，这种风险是可以避免的，而且还可以成为你独一无二的商业机会。

首先，要时刻想到未来。技术的发展非常迅速，与现在普遍流行的看法相反，这种发展不是线性的，而是呈指数级增长的。今天的技术和几年以前的技术完全不同，并且随着时间的推移，仍然会加速发展。因此，必须时刻注意与技术相关的舆论变化趋势，它们可能对潜在的商业模式创新有所启发。连同研发新技术的内在追求在内，除了不断识别和评估通用技术发展趋势在当前和未来的重要意义之外，没有任何其他的替代方法。可能是合作伙伴和竞争对手的技术进步（例如，一个商业模式可能会因供应商的技术发明而被蚕食）或源于你的客户群的技术发展趋势（例如，B2C电子商务模式现在或过去就已经必须对智能手机的全面普及做出反应）。

还有一点必须要补充，并非所有的技术都会自动为开发它们的公司创造价值。要创造和获取价值需要拥有一个正确的创新型商业模式。哈佛大学的克莱顿·克里斯坦森（Clayton Christensen）教授及其同事在2009年谈到这个问题时说："创新的进程中散布着一些公司，它们握有颠覆性的技术，但因为没有将这样的技术与颠覆性的商业模式结合起来，因此没能成功实现这些技术的商业化。"1982年，在MP3数字音乐格式的成功开发中，德国弗劳恩霍夫研究所起了非常重要的作用。弗劳恩霍夫研究所因这一技术创造了每年上千万美元的收入。2003年，苹果公司将iPod和iTunes推向市场，它们都使用了MP3技术。在iPod和iTunes推出仅仅三年后，苹果公司每年的年收入已经达到了数百亿美元。这对发明MP3技术的弗劳恩霍夫研究所来说确实是一枚难以下咽的苦果。

铱星公司（Iridium）也未能将其非凡的卫星电话技术与相匹配的商业模式结合起来。1998年，铱星公司花费了50亿美元将66颗卫星送入地球静止同步轨道。当时铱星公司的卫星电话昂贵且笨重，而且毫无疑问，每分钟8美元的电话费对广大民众来说过于昂贵。而且，铱星卫星电话在任何地方都能使用，唯独在建筑物里不能用。自然而然地，这一缺陷意味着这一产品对管理者来说基本没用，而铱星公司当初的目标客户群正是公司的管理层。他们预计会有200万的客户，而实际上只有55 000人购买了他们的产品。铱星公司于2000年申请破产。

施乐公司（Xerox）尝试了很多次才成功地将它的新技术与合适的商业模式结合起来。1959年，施乐公司开发了一种新的影印技术，这种技术使得打印速度显著提升。但由于复印机太贵了，销量很少，于是施乐公司找到了一种方法来解决了这一难题：创建一个新的商业模式，客户可以用合理的价格租用复印机，每复印一页就向施乐公司支付一些额外的费用。这种新的商业模式非常成功，施乐公司的收入从1959年的3000万美元增加到1972年的25亿美元。

值得留意的信息技术带来的 10 大商业发展趋势

互联网、区块链、人工智能、云计算和其他由信息技术产业所引发的新发明都在不断推动新商业模式的产生。以下是一些技术发展趋势，这些趋势已经带来一些新的商业模式，也将造就众多服务导向型的创新型商业模式。

1. 社交媒体

社交媒体的传播速度比互联网本身的传播速度还要快很多。社交媒体的使用呈指数级增长。目前，在 1985 年以后出生的用户中，60% 的人在使用手机时主要使用社交网络和各种应用程序，而不是用手机来打电话或者发电子邮件。几年前，社交网络和博客甚至还没有出现，现在却已经成为我们在线体验的一个不可或缺的部分。Facebook 拥有超过 30 亿的用户，占到全球总人口的 35%。LinkedIn 的定位是职业网络，2019 年，其全球用户超过 6 亿。可口可乐公司在 Facebook 上的粉丝超过了 1.07 亿，并因此在 2019 年成为"最受欢迎品牌"。与可口可乐公司一样，现在几乎所有的公司都已经意识到了无处不在的网络平台的利用价值。通过社交媒体和聊天论坛与客户进行互动，获得更好的客户见解，如今已经成为惯例。

2. 共享社区

技术影响着社会，同时也影响着消费者的喜好。互联网促进了在线用户网络的创建，如在线销售二手商品的闲鱼，提供私人贷款的网站 Zopa，以及为假期提供租房服务的网站 Airbnb，在此仅举几例说明。美国每 7 对已婚夫妇中至少有 1 对是在网上认识的。鉴于这一趋势有望在欧洲逐渐流行，PARSHIP 的创始人在 2000 年成立了一家网上约会代理机构，通过个人资料匹配算法将志同道合的伴侣配对在一起。现在 PARSHIP 在欧洲交友网站市场上占有超过 70% 的份额。这一发展变化的原因是外部网络效应，即网络成员的大量增加提高了网络的价值，网络价值的提升又反过来使得该网络对新成员更具吸引力。就像阿巴乐队（Abba）深情演唱的那首名曲《胜者为王》（*The Winner Takes It All*）。因此，要尽早参与到网络社区中去，你可能找不到比这个更有效的入门方法了。

3. 实体免费增值和数字化附加产品

如今的消费者都已被互联网宠坏了，他们在网上能找到免费便捷的服务：维基百科或网络报纸网站提供了各种信息、免费电影和软件，这样的清单不胜枚举。于是消费者越来越期望相对应的实体服务也同样是免费的。除了满足一定条件以后免运费的服务之外，无论是亚马逊、Zalando，还是百思买集团（Best Buy）都为客户提供了免费重新发货服务。

此外，IT 产业还满足了消费者根据产品生命周期灵活使用产品的需求。我们所使用的智能手机能够通过应用程序实现个性化，我们可以选择通过云计算来升级平板电脑的服务器性能或者数据存储容量。那些核心价值主张主要依赖于实体产品的公司，需要仔细研究，从而找到合适的方法将这一概念应用到它们的价值主张中，并通过数字化附加产品来实现其发展。

这类附加产品的一个突出例子是，提供扩展实体产品功能范围的应用程序。在 iOS 和 Google Play 这两大应用商店里，应用程序的下载总数从 2009 年的 40 亿次增加到了 2018 年的 1050 亿次。然而，尽管增长趋势看好，但应用程序开发行业迄今为止并没有成为大家的金矿。举例来说，2014 年，半数 iOS 应用程序开发者收入低于"应用程序收入贫困线"，即每月每个应用 500 欧元。收入在此贫困线以下的安卓系统应用程序开发者更多（64%）。这一切都表明，应用程序行业的增长并不一定是财务上成功的结果，这同时也证明了一点，仅仅依靠一个好的产品或一项新的技术发展趋势不足以构建一个可持续发展的业务，关键是需要一个可行的商业模式。

4. 数字化重载产品

把一些产品推向数字化时代的一个颇具吸引力的方式是为其配备小型在线传感器，从而使它们更加智能，这使得主要的价值主张被赋予了多种服务功能，这是一种可以改变公司做生意方式的发展趋势。

例如，法国应用程序开发公司 Withings 成功开发了一款婴儿监控器、一款血压仪和一款活动跟踪器。它把硬件和移动应用软件程序结合起来，成功创造了一种可行的商业模式。除了监控使用的硬件设备之外，软件应用程序免费提供了几款个人分析工具，以及附带免费分析功能。这些反"剃刀和刀片"和反"附加"商业模式确实为客户的生活赋予了新的价值，Withings 生意兴隆，成为风投们争投的对象。2013 年，该公司获得了 3000 万美元的风险投资基金。而 Limmex 公司也以类似的方式完成了一项获奖创新，给简单的手表添加了紧急呼叫功能，这一创新不仅对老年人来说价值宝贵，而且对于极限运动员或者儿童来说都是一项非常有价值的发明。

许多公司不仅改造了高端车，例如宝马和哈雷戴维森摩托车，还通过提供软件下载服务，提高车辆的马力或者改变马达的声音。这些业务都极具吸引力，因为这样的数字下载服务的边际生产成本接近于零。

5. 集成数字和实体体验

物联网在数字世界和实体世界之间搭建了一座基本的桥梁，企业得以为其客户创造新的数字化增值服务。最初，仿真和虚拟现实只在大型科技企业的内部研发部门使用。随着技术的不断进步和必要设施成本的降低，该技术的应用将下放到以消费者为中心的活动中。增强现实可以当作一个销售增强工具或者作为一种改善服务的方式。例如，宝马公司是研究增强现实技术的领导者，公司为其代理商和服务点研究增强现实技术，在越来越复杂的汽车修理过程中协助技工。增强现实技术很快就能以一种接近真实世界的方式，帮助客户进行个人汽车的虚拟配置。

6. 大数据

数据传输、存储和处理技术的快速进步，以及大量可用的连接设备为构建创新型、服务导向型的商业模式提供了基础。大数据表明，传感器和连接设备不仅局限于定制服务的生产者。现在的挑战是要融合收集到的数据，找出有可能节约成本的地方，并获得更好的客户信息及其他竞争优势，从而为公司获取价值。2014 年，通用电气公司在所有具有商业影响的连接网络产品领域雇用了 800 名工程师，使得离岸风力涡轮机可以进行相互沟通，并支持它们的自我诊断。例如，如果周边机器运行情况良好，那就没有必要关闭中间的涡轮。随着 B2B 商业领域越来越多地采用这种方法，这些商业模式往往会将终端客户添加为新客户。得益于大数据和新网络化产品，世界性的 B2B 电子商务模式正在逐步变成一个集供应商、电子商务服务平台和消费者三位一体的世界（B2B2C）。几乎每个行业的全新商业模式都要通过今天的这些信息技术趋势来实现。

7. 游戏化

在非游戏的场景里使用游戏元素的这种营销工具现在变得越来越常见。游戏化可以通过奖励、排名或进度指标等激励用户完成乏味、不受人欢迎或复杂的任务。这种激励机制会给用户直观的积极反馈，能够推动学习进展（例如学校、公司），促进行为改变（例如医疗卫生、健身），或者是让人期待任务完成带来的成就感（例如报税）。例如，应用程序 PainSquad 通过游戏来让患癌儿童写病痛日记。在游戏中，孩子们是与病痛做斗争的警察队伍中的一员。为了能达到下一级，孩子们必须在早上和晚上完成病痛报告。这些日记的数据非常重要，是制订新治疗方案的参考依据。从这一个例子就可以看出，游戏化和新产品的成功密切相关。

8. 数字识别

众多公司对能抵御欺诈行为的数字识别技术非常感兴趣。此类技术不仅会影响到金融机构和私营企业，也会影响到公共机构。多年来，多家公司在指纹识别和面部识别领域非常活跃。2015 年，阿里巴巴推出了"刷脸支付"，用户可以通过自拍来授权付款。作为一种相对比较年轻的技术，区块链让人看到数字识别领域进一步发展的可能性。区块链技术的数据库是分散的，没有集中管理，所有的信息更改都是可追溯的。例如，加密货币比特币就是基于区块链技术，能保证交易者拥有所要求的比特币数量。因为没有集中管理，当大多数数据存储服务器确认，信息就有效。因此要操控该系统几乎是不可能的事情。这些新形式的数字识别技术开启了商业模式创新的新平台。

9. 数字平台

数字化大趋势之一就是数字平台。Interbrand 公司 2018 年十大最佳品牌中，其中 5 家成功采用了数字平台。这些数字平台可以被归属为三类：（1）交易平台，例如奈飞公司或亚马逊公司；（2）创新平台，例如 SAP 和 Salesforce；（3）混合型综合平台，例如苹果或谷歌的平台，融交易平台和创新平台于一体。在开发平台时，必须牢记以下原则：设计模块性、构建可再利用性、便于使用的匹配功能以及生态系统。生态系统思维与所有平台参与者的利益相关，其重要性日渐增加。总的来说，开发成功的平台难度很大。但在取得成功后，平台可以树立较高的市场进入门槛，Uber 和阿里巴巴就是例子。按照"赢家通吃"的原则，公司应该以最快的速度去抓住平台的优势。平台的使用者越多，其对新用户的吸引力也就越大。

B2B 领域内，平台的难点在于：人人都想建立自己的平台。没有人想被局限于他人的平台中。因此在这个领域内，大家并不一定追求规模经济。除了建立自己的平台之外，必须对注重协作的、有利于竞争的新合作模式进行评估。

10. P2P 交易和智能合约

社会正在朝制造和销售产品与服务的 P2P 服务发展。分散进行太阳能生产，并且通过平台将电卖给邻居们，或者是为地区顾客提供专业化的服务，这些就是该趋势的两个案例。新兴的区块链和其他分布式账本技术让匿名各方能够彼此信任，直接进行交易。由此，在不久的将来，M2M 交易将有更大可能得到实现。当机器足够智能，可以自动进行分析和采取行动，那么将会出现新的商业案例，例如汽车能自动支付停车费。

（2）大趋势

未来的发展和趋势在新商业模式的创造中发挥了核心作用。虽然管理者不能改变这些发展和趋势，但他们应该定期观察这些因素，以便能及时对它们做出反应，甚至能在一定程度上提前预见这些发展和变化。早在公元前 5 世纪，古希腊著名的政治家伯里克利（Pericles）就已经认识到了展望未来的重要性:"我们要做的不是准确地预见未来,而是要为未来做好准备。"以下所举的有关新商业模式的例子,说明了企业如何通过尽早准确把握社会和经济趋势来占据有利位置。

- 随着亚洲市场的不断增长,印度电信公司 Airtel 决定专门针对亚洲客户的需求调整自己的业务模式。它把 90% 的流程外包,并非常积极主动地争取新客户。这样一来,Airtel 公司每分钟的费用仅为西方电信运营商的五分之一。此举使得 Airtel 公司的业务吸引了大批用户,连西方很多客户也使用它们公司的服务。Airtel 公司用户超过 2.3 亿,截至 2012 年,Airtel 公司已成为全球最大的电信供应商之一。

- 预见低收入国家萌芽市场的潜力,格莱珉银行(Grameen Bank)专门针对这些萌芽市场开发了一项银行商业模式。在这一模式下,贷款只发放给共同签署贷款的当地社区团体。这一机制为债务人全额偿还贷款施加了社会压力,因为只有上一组人全部还清贷款,下一组人才能申请贷款。该银行 98% 的贷款都贷给了妇女,因为妇女们证明自己是更可靠的债务人。这种商业模式是由诺贝尔奖获得者、格莱珉银行前 CEO 穆罕默德·尤努斯(Muhammad Yunus)开创的。

  一家公司必须把重点放在它认为对自身的商业模式影响最大的因素和发展趋势上。趋势时刻都在变化,不同市场的趋势各不相同。例如,1 分钟诊所(MinuteClinic)和极客团队(Geek Squad)确定并专注于自己的发展趋势,即在北美地区建立一个提供高水平便捷服务的社会。

- 1 分钟诊所是 CVS 公司(CVS Caremark corporation)的下属企业,它在 CVS/药店为客户提供诸如接种疫苗、处理小伤口、普通家庭疾病等基本保健服务,一年 365 天,无休息营业。这些零售医疗诊所极大地方便了消费者的生活。

- 极客团队关注技术在日常生活中日益显著的重要性,以及人们对技术的依赖性,致力于帮助消费者解决他们在使用消费性电子产品和网络时遇到的任何问题。极客团队公司解决了与计算机和网络、电视、视频、电话、相机和音响设备等相关的问题,而且,你可能想不到,客户们都愿意为这些服务买单。10 年前,百思买以 300 万美元的价格收购了极客团队,现在它创造的年收入已经超过了 10 亿美元。

全球愿景

许多商业模式之所以成功是因为它们正确顺应了社会的大趋势。基于我们的同事皮特·马斯（Peter Maas）的全球研究，我们对2050年的趋势进行了以下预测。

1. 知识社会。在成熟社会中，各种基本需求都在不同程度上实现了高度满足。因此，有关个人价值实现的话题就变得越发重要。

2. 网络和连通性。交通和通信成本的下降将世界前所未有地连接在一起。特别是互联网，它给我们提供了一个机会，去以一种新的方式重新发现我们所生活的社会。

3. 集中化。城市化的进程正在以更快的步伐前进，不仅在富裕国家是这样，在欠发达国家也是如此。

4. 茧式生活。在全球化的世界里，人们都在繁忙的环境和封闭的社会中寻求一个可喘息的机会。

5. 资源短缺。资源的供应量将达到它的极限——当前的二氧化碳和全球变暖的讨论仅仅只是个开始。

6. 身份的追寻。在当今这个多元社会中，每个人都在不断寻求自身的独特性。

7. 安全性。自然灾害、恐怖主义和政治不确定性都将继续引发人们对安全性的需求。

8. 自我管理。作为对全球化的抵制，在某些地区，人们开始重新重视和支持地方分权和地方性议题。

9. 人口结构变化。与金砖国家相反，富裕的工业国家正面临着老龄化和出生率下降的问题。

我们为你列了一个重要问题清单，以帮助你成功攻克生态环境分析中所有的重要方面。

参与者清单和影响因素分析

1. 与我的商业模式有关的参与者是谁?

2. 他们的需求是什么,影响他们的因素是什么?

3. 他们在过去发生了哪些变化?

4. 这些变化对我的商业模式来说意味着什么?

5. 竞争环境的变化会给新的商业模式创造机会吗?如果会,是哪方面的变化?

6. 在我所在的行业中,过去这些年发生了哪些重要的商业模式创新,如果有的话,这些变化的催化剂是什么?

7. 现阶段影响我的商业模式的技术是什么?

8. 技术如何变化?在 3 年、5 年、7 年,或者 10 年后,技术会发展成什么样子?

9. 将来的技术会如何影响我的商业模式?

10. 我的生态系统中哪些趋势与我相关?

11. 这些趋势又是如何影响我的商业模式的参与者的?

12. 参与者是倾向于夸大还是弱化我的商业模式中的优点和缺点?

生态系统分析

- 在由 3 名或 4 名员工组成的小团体中,用神奇三角中所展现的四个方面来详细描述你的商业模式,即谁—是什么—如何做—价值四方面描述法。
- 想清楚你现有的商业模式可能无法生存的原因,它的弱点在哪里。要把参与者以及变化的驱动因素当成你的生态环境要素来进行思考。
- 基于上述发现,为你的商业模式拟写一篇悼词。

● 写下你所学到的东西，并把你的结论介绍给其他小组。

写悼词看似很荒谬，但这项工作具有很重要的用途：即使你的生意现在做得很好，悼词应该能够帮助你预测你的生意会如何走向失败，以及为什么会失败。此时使用一些黑色幽默又有何妨。这是与你的商业模式保持必要的距离、批判性分析你的公司所必须采取的一个重要步骤。

构思：提出新想法

分析你的生态系统和商业模式通常能为你的商业模式创新发掘某些机会。但是，诠释这些发现并将其纳入一个新的商业模式中，是非常具有挑战性的。你经常会面临从多个可行性方案中做出选择的情况。而不做变通、完全遵从客户的想法并不一定会帮你打破常规来思考。亨利·福特的话很有道理，他说："如果我那时候问人们想要的是什么，他们可能会说，想要更快的马。"

商业模式创新的起点可以是任何事，可以是对于潜在价值创造的源头的一个模糊猜测，也可以是你所面临的具体问题。成功的商业模式创新常常是反直觉的。而且大多数公司往往会努力从商业模式类别角度去进行思考，因为他们需要一个更加抽象的方法而非实际的产品，这一做法增强了创新的反直觉性。

我们的调查结果表明，一共有 60 种不同的商业模式，90% 的创新是一个重组的问题。根据这一调查结果，我们建立了一个系统的方法论，我们称之为构思能力的适应性模式（见图 2–6）。方法论的基本宗旨是将这 60 种确定的模式应用到你的商业模式中去，并通过它们为你的企业创造新思路。神经系统科学家和神经元经济学家格雷戈里·S. 伯恩斯（Gregory S. Berns）主张这种做法。伯恩斯认为，为了换一个不同的角度来看待问题，我们必须让大脑思考一些它以前从未考虑过的想法，促使大脑重新分类信息，从而使我们能够突破习惯的思维模式，并最终开始开发全新的思路。这与类推思维和创造力的研究结果很好地联系了起来。

钻研商业模式能够帮助你用一个结构化的方式来开发新的商业形态。

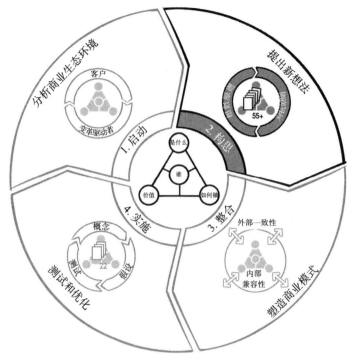

图 2-6　4i+ 模型——构思

首先，这一过程会帮你突破在本行业占主导的行业逻辑。在这一点上，你自己的想法和创意是必不可少的，最终你会在外界的新创意和来自公司内部的、属于你自己的创造力之间找到平衡。

The Business
Model
Navigator
创新观察

为简化模式调整的过程，我们用卡片的形式来对这 60 种成功的商业模式进行归纳（详见图 2-7）。每张卡片都详尽描述了一种商业模式，包括模式名称、模式形态概述，还有在现实商业世界中使用了该商业模式形态的公司，以及其他使用该形态的公司案例。我们所提供的信息数量是针对你构思阶段的需求：不会太少，太少的话，不足以带你走出你的舒适区；也不会太多，太多则可能阻碍你的创造力。[1]

---

[1]　想更多了解能用于研讨会的形态卡片，请访问 www.bmilab.com。

图 2-7　60 种商业模型卡

这 60 种商业模式可以有两种实施方法，即使用相似原则或对抗原则。两种原则各有其优点，也可以同时采用。

使用相似原则来调整商业模式

相似原则从内部开始，逐步向外扩展。也就是说，你从相关行业的商业模型卡开始，向完全不同的商业模式推进，然后你再对其进行调整，使之适应你自己的商业模式。

相似原则的实施步骤如下。

- 定义你的搜索条件来确定相关行业。例如，如果你是一家能源行业的公用事业公司，你可以考虑以下搜索条件：不可储存商品（服务行业）、放松管制（电信行业）、高波动性（金融业）、日用品（化工行业）、从产品到方案（工具制造商）、资本密集型（铁路行业）。
- 然后，根据你预先设定的搜索条件及相关产业，从这 60 种模式中选择已经被你所确定的行业使用过的模式。理想情况下，可以选择 6~8 种模式。
- 现在将所确定的商业模式形态应用到你自己的商业模式中。为每种商业形态制定具体的设想，因为它们可能会在你的公司运行下去，并应对你已经认识到的挑战。

● 如果你在初次尝试时没能找到一个商业模式创新的可行性创意，没关系，重复上述过程。你可能需要扩展你的搜索条件，将其他商业模式囊括到你的分析中。

　　使用相似原则时需要搞清楚的最重要的问题是："如何将××商业模式形态进行调整，使其适应我的公司进行商业模式创新？"

　　相似原则需要一个非常系统的分析方法。逐渐从目前的行业逻辑中抽离出来，并有意识地试着排除来自不相关行业的商业模式形态。例如，快餐行业和电信行业相距甚远。我们的教练对以下思维模式很精通——"不同的公司收购了我们以后会如何开展业务？"我们的观点是，你要想明白如何将商业模式形态应用到你自己的公司中。

　　在相似原则中，你的调查领域被定义得相对狭窄。然而，你仍然需要在构思过程中找到类比。寻找类比的过程就是以结构化的方式增加发现相关的解决方案和创意的可能性。出于这个原因，相似原则更有可能带来的是一些渐进式的商业模式创新。

　　瑞士一家大型印刷公司成功采用了相似原则。和它的许多竞争对手一样，该公司也遭遇了明显的产能过剩。印刷机越来越多，而所完成的印刷任务却越来越少。该公司求助于低成本航空公司所采用的评价服务模式（No Frills），认为通过提供简单、低成本的印刷服务可以利用多余的产能。公司通过网上接单，且必须等到其中一台印刷机有一定的备用容量才进行打印。虽然这一新兴服务对现有客户来说兴趣不大，但它能吸引另一些客户的注意力，他们更灵活，对价格更敏感，且经常需要跨境打印他们的文档。

　　一家食品加工机械制造商，通过与宜家进行类比，采用了自助服务商业模式（就是把部分价值链外包）。该公司决定把设备鉴定业务外包给消费者，它们为客户配备一个自助工具包，通过这个工具包，客户自己就能完成设备的鉴定。因此，制造商通过为消费者提供合适的工具来帮助他们正确地完成设备的鉴定过程，就可以不必再向他们做任何保证。

使用对抗原则来调整商业模式

相似原则是在相关领域进行细致的搜索，从而发现新的商业模式。与相似原则不同，对抗原则更愿意对抗各种极端因素，也就是说，把你现有的商业模式和完全不相关的行业的场景进行比较，然后研究这些极端因素对你自身的商业模式的潜在影响。你会由外及内（你的商业模式）逐步取得进展。你的现状和可供选择的商业模式之间的巨大差距会挑战到你当前的商业模式。这样做的意图是推动参与者突破现有的思维模式，开创出全新的、令人意想不到的创新领域。任何有经验的水手都会告诉你："抛锚时要远离你的船身。当它到达海床时，就会自己找到回到船上的路。"

在你的问题陈述依然不明确或知之甚少的情况下，对抗原则尤其有用。例如，尽管你已经认识到需要采取行动（由于收益递减，竞争日益激烈而利润降低等），但一直没能制订具体的计划，那么就可以采取对抗原则。与此同时，对抗原则为商业模式创新的前瞻性探索提供了一个绝佳的方式。

问一问实业公司满屋子的员工："苹果公司会如何经营这项业务？"刚开始时，他们给出的典型答案很可能是："我们公司与苹果公司完全不同，因此苹果公司的成功因素对我们来说并不适用。"但是，如果你的听众选择参与到这个讨论中，他们一定会产生新的想法。一个由工作坊的参与者所组成的焦点小组，当他们采用对抗原则时所能想出来的新创意和新概念，一定会让人大开眼界。

我们和一家机械工程公司一起创建了一种可能的新商业模式——订阅模式，即用户每月支付一定的费用来购买公司的产品。与这一模式的对抗刺激了新的想法，即培训技工操作本公司自己的机器，然后把机器租赁给客户。与此同时，很明显，这一新的商业模式能够与客户建立起更加密切的关系，这的确也是公司寻求新的商业模式的主要原因。

一家钢铁生产商采用了计费购买模式（Pay Per Use）——用户只需要支付他们实际使用产品或服务的费用——从而产生了一个新的创意，即公司只会向客户收取他们实际使用钢铁的费用，而不是简单地按照每单位钢铁的价格来收费。然后，由公司回收多余的钢铁，在以后的生产过程中再加以利用。

对抗原则的实施步骤如下。

- 第一步，从这 60 种可用的商业模式中选择 6~8 种模式，这些模式与你所在行业中盛行的那些模式有着完全不同的逻辑，凭直觉来选择。在一些工作坊中，我们让团队随意挑选了 10 种模式，然后让他们进行简短的讨论，最后选出一些他们感兴趣的模式，这一尝试取得了积极的成果。通过限制选择的时间，让参与者在给定时间内做出决定，从而加强了他们在选择过程中的自发性和直觉成分。

- 第二步，用你所选择的商业模式去挑战现有的商业模式。我们发现，用现实生活中的实例进行说明效果最佳，并促使团队成员打破他们的常规思维定式。想一下："如果换成 X 公司，X 公司将如何管理我们的公司？"为了增进理解，我们建议重新修订这一问题为：假设 X 公司已经收购了你的公司，它将如何改变公司的管理风格和逻辑。这可能涉及以下问题：

    - 免费增值商业模式：如果是 Skype 公司，它将如何管理我们的公司？
    - 特许经营商业模式：麦当劳将如何管理我们的公司？
    - 剃刀和刀片商业模式：雀巢奈斯派索将如何管理我们的公司？
    - 长尾商业模式：亚马逊将如何管理我们的公司？
    - 订阅商业模式：奈飞公司将如何管理我们的公司？
    - 双边市场商业模式：谷歌将如何管理我们的公司？
    - 用户设计商业模式：Treadless 公司将如何管理我们的公司？
    - 取款机商业模式：戴尔将如何管理我们的公司？
    - 自助服务商业模式：宜家将如何管理我们的公司？

    针对每一个问题，你都需要设想出不止一个创意来。这并不容易，特别是在这些极端案例中。在开始阶段，参与者经常会发现他们不得不强迫自己为每种商业模式提出自己的创意。

    如果在第一轮思考后，你还是没有足够好的创意，那么换一种截然不同的商业模式重复上述步骤，并以此作为前进的动力。

一个团队是不大可能对一种商业模式一见钟情的。你去问问某一工作坊中的汽车供应商们，如果使用麦当劳模式来管理他们的公司会如何，他们肯定会不可置信地摇头。这样的问题看起来好像完全不沾边，但是当你深入钻研麦当劳的商业模式时，你的看法就会有所改变：当麦当劳培训新员工时，可以让员工在短短30分钟内快速熟悉情况，跟上节奏。麦当劳的特许经营业务依赖于它的简单性和可重复性。现在大多数团队成员明白这个问题对他们的公司抑或对其他任何一家公司有多么重要。

深入挖掘才能有"灵光一现"的时刻。所以不要过早放弃！

运用对抗原则通常要求一个团队具有积极的创造性能量。给如此极端的商业形态建立类比是很费脑筋的。乍一看商业模式提供的东西很少，很难继续，必须进行深入钻研。但一位经验丰富的主持人能够提出正确的问题，从而推动对话顺利进行下去。正如所有的创造性练习一样，知识渊博且能提供一些线索、为你指明正确方向的教练是非常有帮助的。

表2-1将相似原则和对抗原则进行了比较，为在何种情况下恰当地使用哪种形态提供了建议。如果商业模式创新是贵公司最重要的战略举措，那么认真思考一下这60种商业模式，这将变得非常有意义。一般情况下，仔细考虑15种商业模式就会启发出一些可行的创意。在对60种模式进行广泛审查后，巴斯夫公司（BASF）的战略小组从中选定了和巴斯夫公司化工B2B业务高度相关的26种模式。但这种选择不能太早做出，巴斯夫公司在商业模式创新项目上耕耘了多年。

表2-1　　　　　　　　　　相似原则和对抗原则的对比

	相似原则	对抗原则
选择标准	• 相似行业	• 极端的变体
格言	• 丧失对你已知事物的熟悉度	• 去了解你不知道的事物
优势	• 组织结构非常好 • 非常适合创新活动的新手	• 打破思维定式 • 开发了意想不到的创新潜力

	相似原则	对抗原则
劣势	• 依赖于问题规划的抽象程度，思维定式只能部分被推翻 • 可能依然无法摆脱已知客户的问题	• 需要有高度的创造力，同样地，它的实施过程要求可能更高
建议	• 创新项目要有一个特殊的问题规划	• 创新项目要有一个开放的问题规划，或者要有一个旨在某种程度上熟悉的规划

成功的构思过程

构思过程是商业模式创新导航的核心要素，因此必须高度重视构思过程。我们通常通过工作坊的方式来完成构思的过程，工作坊的提纲可能会像以下描述的那样变来变去。由于创意的产出高度依赖于工作坊的执行情况，我们也为此提供了非常有用的建议。

我们要试着想出尽可能多的创意。创意的发展有两个阶段：首先，看过商业模型卡后，每个人要单独想出若干创意，然后参与者对这些创意进行讨论，把它们当作进一步发展的基础，对它们进行改进，并为这些创意做出自己的努力。这两个阶段可能相互独立，或者通过反复进行来处理附加的参数。

工作坊可以用不同的方式来组建。

- **相继的还是平行的。**商业模式讨论可以依次进行（一个接一个）或者平行展开（所有的模式同时讨论）。在平行展开的情况下，每个队员都将拿到5~8张卡片，然后依次向组里的其他成员介绍一种或两种商业模式。而在相继讨论的情况下，讨论组作为一个整体认真评估每一种商业模式，并提出创意。相比之下，相继进行讨论更难发现结合商业模式的潜在方法。
- **开放还是封闭。**你还可以调整整个讨论过程的开放度。在开放进行的情况下，创意是由个体通过书面头脑风暴法单独提出，然后立即向小组成员推销自己的创意。这就要求所有参与者都拿出创意，从而真正挖掘讨论组的创造潜力。另一种方式就是封闭式。封闭式也要求个体参与者采用书面头脑风暴的方法，但他们无须立即向小组成员推销自己的创意。一个好的实施办法就是给每个参与者一定数量的商业模式卡，并要求他们针对每种模式想出至少一个创意。这样可以将干扰降到最低，因此早期的创意不会因为心怀不满的员工或持怀疑态度者的干扰而搁置。然而，因为这是一个独立的过程，所以它不会产生像小组讨论那样的创作势头。对于你的第一轮讨论，我们建议采取开放式的讨论。

- **高频率还是低频率**。最后，你可以限制允许参与者投入到每一个商业模式上的时间。研究者认为，最具创造性的创意往往是在看完卡片内容后最初的 3 分钟之内涌现的，之后的过程都是已有创意递增量的变化。对于每个模式，我们给参与者 3 分钟的时间来想创意（如果是单独进行，时间则为 90 秒），以这种方式使事情保持简短而愉悦，有助于营造更加热烈的讨论，但对于一些参与者来说，这样的快节奏可能会过于紧张，而且他们的创新能力会受到心理障碍的影响。工作坊运行速度的快慢将取决于讨论组及其组员的能力。

The Business
Model
Navigator
创新观察

你应该做好打算至少进行 2~3 轮的构思过程：大多数参与者会在第 2 轮达到他们创造力的顶峰。第 3 轮构思是为了释放最终所有的深层次创造潜力。通常每轮尝试一种不同的方法会比较有帮助。

有经验的主持人能很好地把行业主导逻辑和新兴商业模式之间的点连接起来。如果主持人来自行业外部，他们最有可能将构思所需的抽象化维持在一个适当水平。

跨行业的工作坊能将来自不同公司，不存在市场竞争的人召集到一起，如果由一个中立的主持人来主持，会取得卓有成效的结果。在商业模式创新实验室的工作坊和辅导工作中，这种方法的成功性充分得到了验证。[1]

模式调整阶段的成功因素

以下规则被证明对模式调整大有裨益。

1. 全部清除。在开始构思新创意之前，要确保首先清除掉头脑中已有

---

[1] 想更多了解商业模式创新的工作坊形式和专业辅导，请访问 www.bmilab.com。

的所有想法，从而保证参与者能够充分专注于模式的构思，确保他们不会受到旧想法的干扰。

2. 创造力不设限。来者不拒！要确保每一个创意都有其空间，打好这样的基础非常重要。参与者不必担心他们的建议可能是"错误的"，因为这样会抑制创造力，破坏构思的过程。显然，否定的或讽刺性的评论在构思过程中完全没有立足之地。

3. 不考虑版权。在构思阶段，创意没有版权。你的工作有一条基本原则，即每一个创意都是属于大家的，团队所有成员都可以以此为基础，对其进行进一步的开发。谁第一个提出这个创意无关紧要，也没有必要计算每个队员想出了多少创意。创意的产生和发展都是通过团队协作来完成的。

4. 数量优先于质量。在这个阶段，最重要的是要想出大量的创意。那些看似"荒谬的"的创意可能会是最令人激动的创意，而且会把整个讨论组带入一个有趣的新领域。应该鼓励参与者想出尽可能多的创意，晚一点再来评价它们。

5. 避免消极。诸如"但我们已经尝试过了"的反应会起到反作用，在构思过程中没有任何作用。为了让大家深刻认识到这一点，一个颇具创意的办法就是在工作坊开始时让几名这样的"谈话终结者"坐在房间的四周，充当提醒者。

6. 10 秒钟。要想确保创意和联想不会消失，就要在 10 秒钟内把它们写下来。创意的灵光会很快消失在地平线。为了帮助参与者们遵循这条规则，为他们准备充足的笔和纸。

7. 广撒网。不管一个创意是否有可能被实施或是看起来具有重要的战略意义，在构思阶段，要将关注点放在构想出激进的而非简单的增量的创意。把一个激进的创意进行修剪，从而将它变成一个易于实施的、自身的增量版本，这通常是一件相对简单的事情。另一方面，努力将一个增量创意扩大成一个激进的创意几乎是不可能的，因为它会受到我们现有思维模式的限制。

8. 轶事和提出正确的问题。在分析模型卡时，主持人要向参与者提出正确的问题，从而确保每个模式都能被详细地讨论到，这是很重要的。善于使用轶事有助于刺激思维。上面提到的麦当劳的例子可能比较合适，把它的模式投射到自己身上，弄清楚你是如何以相类似的方式彻底简化你的公司的，这无疑会产生大量的改变的创意、遵循精益流程、消除复杂性和可扩展性等原则。在任何业务中以某种方式运用麦当劳的 KISS 原则都能说得通。

上述成功因素必须在讨论会开始前作为游戏规则介绍给参与者，或印在纸上分发给各位参与者。虽然大多数参与者可能对它们都很熟悉，但往往只有把规则明确地阐述清楚了，才能得到遵循。

整合：塑造你的商业模式

应用模式调整原则通常会收获很多关于潜在的新商业模式的构想。如果你想突破行业的主导逻辑，确定并调整新的模式至关重要。这一步骤不能与开发新的商业模式相混淆。在一个新的模式创新成为现实之前，这些新的创意必须被塑造成一个连贯的商业模式（谁—是什么—如何做—价

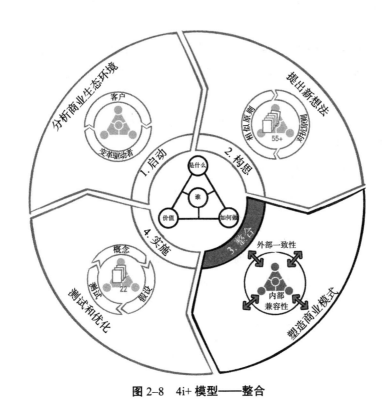

图 2-8　4i+ 模型——整合

值），它既要满足你企业的内部要求，又要与外部环境相一致。一个成功的商业模式创新不仅能够突破行业的主导逻辑，而且即使它不是建立在已有的模式基础之上，也能同时具有高度的内部兼容性。本步骤可以对新设计的商业模式的主观假设进行一致性检查。

外部一致性

外部一致性是指新商业模式是否适合公司所处的环境。新商业模式能在多大程度上满足利益相关者的需求？面对流行趋势和竞争，我们的准备程度如何？因此这一步是要在新商业模式的背景下对公司的环境进行检查。公司的环境在不断地发展变化，我们在开发新商业模式的过程中必须时刻牢记这一点。

内部兼容性

内部兼容性可以定义为在商业模式的四个方面，即"谁—是什么—如何做—价值"之间建立一种和谐关系。管理者们把新创意应用到商业模式中时，往往具有相当大的难度。一家公司的执行总裁曾经告诉我们："改变你的商业模式的一个方面相对比较容易，但难的是要调整剩下的三个方面，使其适应所做出的改变。"通常，人们会发现，在早期阶段，产品和市场方面的调整比较容易实现，而利益和价值方面要在以后的整合阶段才能进行处理。

为了确保关于"谁—是什么—如何做—价值"这四个方面之间实现良好的平衡，我们推荐你以这四个方面为基础，详细描述你的新商业模式。表 2–2 是一个详细的清单，能够帮助你完成这一步骤。

表 2–2 商业模式检查清单

谁	客户	• 谁是我们的目标客户
	利益相关者	• 我们为谁创造（增加）价值
	经销渠道	• 我们通过哪些渠道找到客户 • 这些渠道是否与我们其他的业务活动相融合 • 这些渠道是否符合客户需求

谁	客户细分	• 我们是否已经将我们的客户群进行细分 • 我们在每一个客户细分中寻求哪种业务关系
是什么	价值主张	• 我们试图解决客户的什么问题 • 我们尝试满足客户的什么需求 • 我们为每一细分客户提供了何种针对性产品和服务 • 我们为客户创造了什么价值 • 我们的价值主张与竞争对手有何不同
如何做	内部资源	• 什么样的资源对于确保实现我们的价值主张是至关重要的 • 我们如何高效分配资源
	活动和能力	• 什么样的活动对于确保实现我们的价值主张是至关重要的 • 我们通过哪些活动来展现自己的核心能力 • 我们还需要哪些新的活动和能力
	合作伙伴	• 谁是我们最重要的合作伙伴 • 我们主要的合作伙伴能够实施哪些活动，或者他们具备哪些能力 • 主要的合作伙伴在同我们的合作中能获得哪些收益？我们如何建立与他们之间的关系呢
价值	成本动因	• 我们的商业模式中的主要成本有哪些 • 财务风险是什么以及我们该如何解决
	收益流	• 我们的收益来源是什么 • 客户愿意为之付费的是什么 • 目前客户是如何付费的以及他们未来该如何付费 • 每一个收益流为总收入贡献多少

经验告诉我们，在整合工作中，以下三个问题至关重要：

• 新商业模式是否匹配我们的核心能力？

• 我们还有哪些能力缺失？

• 我们可以和谁建立合作，弥补这种缺失？

一旦这四个方面内部配合良好，你就可以为公司赢得一项你的竞争对手很难轻易模仿的竞争优势。正如战略大师迈克尔·波特所说的："对一个对手而言，无论是仅仅模仿某个特定的销售团队的销售方法，还是与某个加工工艺相匹配，抑或是复制一套产品的功能，都比与一系列内部连锁的活动较量要容易得多。"

一旦暴露出任何你解决不了的内部或外部的不一致性问题，你就需要进行上述步骤，直到你建立一个统一的系统为止。一般来说，迭代开发是一个比较好的办法，因为它可以让你有更多的创新，并获得更好的结果。以下是新商业模式设计的典型范例，建筑工具行业的顶级制造商喜利得公司将模式转变为一揽子管理模式。

The Business
Model
Navigator

喜利得公司案例研究：一揽子管理模式 [①]

喜利得公司于 2000 年引进了一揽子管理，并因此在商业模式创新方面闻名遐迩。该公司的这项举动是为了回应"顾客真正想买的是钻孔，而不是钻头"（正如公司当时的 CEO 说的那样）。客户不是从喜利得公司一次性购买建筑工具，而是能够通过新的商业模式购买永久的"工具可用性"，即从喜利得公司租赁一整套工具，由喜利得公司承担工具的供应、维修、更换，以及防止工具被盗的责任。

但是，一揽子管理仅仅是喜利得公司商业模式发展的开端，因为它仅仅从本质上回答了商业模式四个方面中的一个方面，即"是什么"：这对建筑行业来说是一个具有创新意义的新价值主张。此外，喜利得公司还投入了大量精力，做了大量分析，努力把这一新的价值主张嵌入到一个一致性的商业模式中来。其他三个方面——谁、如何做、价值，都不得不相应地做出修改，从而使新的创意能够为消费者创造价值，为喜利得公司获取价值。

该计划将新的商业模式瞄准了相同的客户，也就是"谁"这一方面。喜利得已经制订了主要针对现有客户的计划，尽管事实上，新的潜在客户（如新兴市场的小型企业或建筑公司）也会对这一新的价值主张感兴趣。

[①] 本案例为简略版本，详细案例分析请参考哈佛商学院案例研究"喜利得公司：一揽子管理"。

迫使喜利得公司价值链的所有方面都随之做出改变的是"如何做"这一方面。以销售部为例，虽然它们还是服务于同一批客户，但仍需要针对销售队伍制订一个训练计划，使其员工能够应对迫在眉睫的挑战。公司不再将工具直接卖给建筑工地管理人员，而是要和高层管理人员谈判达成多年的服务合同。如今，它们的物流和收购业务，都需要在得到喜利得公司的保证可用性承诺的前提下交付消费者，并且喜利得负责所有产品的维修和更换服务。这些部门的其他挑战还包括在合同终止时对工具进行回收和管理。最后一点也非常重要，喜利得公司定义并开发 IT 辅助流程，帮助公司及一揽子管理服务的消费者，管理他们的工具库存和租赁合同。

喜利得公司的盈利模式也必须全部重新定义，因为它原来是直接销售工具、配件和维修服务。在新的商业模式下，原来大额的收入款项将被定期的小额支付所取代，原来客户负债表上的资产将消失。租赁合同的基本框架可以根据汽车行业现成的租赁合同进行修改，但定价仍然是一个问题：保证可用性服务以月计算或以年计算，喜利得分别应该收取多少费用？喜利得公司仍然是工具的实际所有者，索赔的数量会不会扶摇直上？如果有偷盗行为该怎么办？不同的市场、定价应该有所不同吗？喜利得是否应该提供多种选择？喜利得公司提供这种全方位服务，客户是否足够认可这样的高效率服务，并愿意支付服务产生的全部额外费用吗？总而言之，喜利得公司努力将它们的风险减少到最低，因此实现了一个非常成功的盈利模式。

喜利得公司采用了一种新的创新理念，并根据这一理念对商业模式的其他三个方面进行了调整，从而开发出一个高度一致、成功的商业模式。这一商业模式所实现的收入高达若干工具市场销售额的 50%。在一些国家，这个数字甚至高达 70%。通过交叉销售和向上销售等途径，该模式还创造了额外的收益。这一创新举措对喜利得公司来说是非常重要的一步，因为这一举措彻底将喜利得和它的竞争对手们区分开来，而且还会使其持续领先。喜利得公司CEO是这样描述这一创新的重要性的："喜利得公司在过去这几年里进行了许多非常有创意的成功的产品创新，但它们与一揽子管理的商业模式比起来就显得逊色很多。可以说，一揽子管理商业模式是喜利得公司历史上最重要的创新。"

许多竞争对手（其中包括德国博世公司），都曾试图复制喜利得公司的一揽子管理商业模式，但是它们没有建立起直销渠道，所以这一概念显得过于复杂而且难以捉摸。有的竞争对手成功地模仿了这一商业模式，但也仅适用于那些享受直接服务的大型企业客户。一揽子管理商业模式使喜利得公司赢得了持续性的竞争优势。

实施：测试和优化 ①

一旦完成商业模式创新导航的前三个步骤，你就已经完成了商业模式设计了。但全新商业模式设想的实施可能是商业模式创新过程中最艰难的一步。全新商业模式的创意通常风险大，失败的可能性也大，但最激进的创意通常造成长久影响的可能性也越大。我们如何知道哪些商业模式的创意会取得成功，哪些创意只会是在浪费大量资金后最终失败呢？为了回答这个问题，我们必须消除商业模式创意的风险。而要有效地降低风险，就必须对商业模式进行测试（见图2–9）。

---

① 本章节由我们同BMI实验室（www.bmilab.com）创新顾问彼得·布鲁格（Peter Brugger）合著。

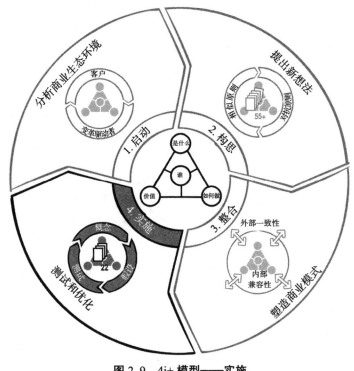

图 2-9　4i+ 模型——实施

我们和商业模式创新实验室一起，共同开发了一套对商业模式进行有效测试的方法，将在下文中进行解释。此外，我们还开发了 22 张商业模式测试卡片，帮助创新者消除商业模式创意的风险，提高商业模式创新过程的效率。这套卡片由大量高管人员与我们共同开发。这些新商业模式创新工具让我们为之激动，希望大家也能同我们一样为之兴奋。

初创领域有一个真理，即失败乃兵家常事。事实上，90% 的初创公司会失败。因此，在创业过程中，要避免资源和时间的浪费，就要对最核心的部分不断进行测试。我们不是直接开发出最终的解决方案，然后上市，等着顾客们花钱来购买。相反，我们必须早早就征询利益相关者的反馈意见，在开发过程中不断地对商业模式进行改进，确保挖掘出该模式的所有潜能。

我们已经开发出一套系统化的商业模式测试方法，可以在从提出最初的概念到成功验证商业模式的整个开发过程中为大家提供指导（见图2-10）。商业模式测试循环的七个步骤组成一次测试。在每个循环结束的时候，商业模式当前的主观假设将会得到验证，或者是被证实存在错误，此后将会出现新的假设，也会需要新的测试。这个过程一直重复，直到我们确认该商业模式将会取得成功，或者是我们应该全部放弃。必须指出一点，即该指南适用于各行各业，同时也可被用在 B2B 和 B2C 市场。

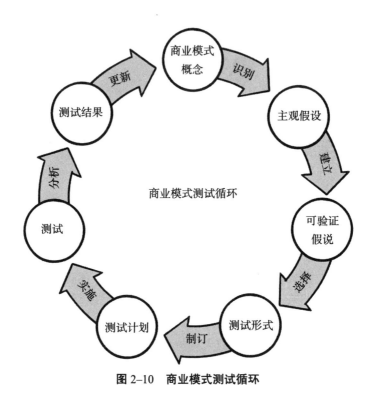

图 2-10　商业模式测试循环

第一步：商业模式的概念开发

第一步就是提出商业模式的概念，明确目标客户是谁，他们存在什么需求，你希望为他们提供哪些价值，你将如何来提供这些价值，以及为什么这项业务能够给公司创造价值（即盈利）。这一步就是阐述你的创意和最初的发现（见图 2-11）。

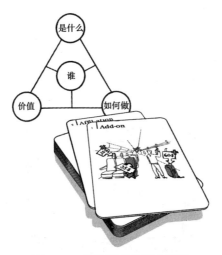

图 2-11　商业模式的概念开发

第二步：分析潜在的主观假设

下一步是为测试奠定基础。我们必须弄清楚概念的哪些部分是事实，哪些部分又只是基于主观假设（见图2-12）。采用"我们认为……"的句式记录下那些最重要的主观假设。和他人讨论自己的主观假设通常会有所帮助，有可能你所认为的事实并非真正的事实。针对公司而言，我们必须同时考虑内部主观假设（公司导向）和外部主观假设（顾客或合作伙伴导

图 2-12　图解

向），与公司战略或文化相悖的创意通常会失败。在明确相关的主观假设后，我们要分析哪些主观假设最容易进行测试，同时对商业模式的成功与否影响最大，从而决定首先对那些主观假设进行验证。

第三步：提出可加以验证的假说

为了让主观假设能得到验证，我们必须提出假说，即明确在谁身上测试你的主观假设，以及测试成功的标准是什么（即积极的结果具体占比多少）。主观假设和假说之间的区别在于假说是可以进行测试的，所以必须

针对假说增加测试组和衡量指标。再具体一点说，通过这一步，你可以简化测试对象的招募工作，并且更好地评估测试结果。请注意，这是一个迭代过程，即每个假说在测试后可以能带来新的主观假设。你也可以把这些假说当作燃料，能推动商业模式开发的引擎不停运转（见图2-13）。

主观假设 **+**
测试组 **+**
测试标准 **=**

假说

图 2-13　假说表

第四步：选择测试形式

在确认希望加以测试的关键假说之后，就应该选择有助于对假说进行测试的测试形式了（见图2-14）。我们设计了22种不同的测试形式，旨在帮助大家在制订最终解决方案之前发现和选择最好的方法来验证自己的商业模式（见表2-3）。每种测试形式都已经被证实可用于测试商业模式的不同方面，而且都有其优点，但我们在选择最合适的测试形式时，必须考虑该商业模式的开发阶段、目标顾客，以及解决方案的类型。

商业模式测试卡片

图 2-14　测试形式的选择

表 2-3　　　　　　　　　　　　　　商业模式测试形式

序号	测试形式	详细介绍	示例
1	问题/解决方案访谈	一方面，访谈旨在针对潜在客户的痛点、观点和需求获取顾客的定性观点；另一方面，其目的在于获取针对所提议解决方案的反馈意见，通过评估顾客的反应，了解顾客的故事，确认解决方案是否满足了真正的需求或解决了真正的问题	Niko 是比利时开关设备的市场领导者。为了保持自己的领先地位，公司通过顾客访谈来深入了解消费者对智能家居解决方案的兴趣。沃尔玛也利用访谈来测试各种价值主张。这些价值主张会被写下来，然后给参与者看，时间控制在他们刚刚看完写下来的内容。此后，参与者被要求用自己的话来解释该主张。正是通过这种方式，沃尔玛创造了自己知名的口号"省钱省心好生活"
2	纸质原型	纸质原型是一种有形的原型，也是一种向顾客展示解决方案的简单方式，可使用例如纸箱、乐高或其他材料。这种方式类似于实物模型，但只针对实体产品。你可以通过这种方式来测试解决方案是否可用，发现潜在的问题，展现一些从直觉上难以判断的因素，并且让解决方案对潜在顾客而言更加直观	任天堂这类公司的设计师常常采用纸质原型的方式。他们使用该方式让顾客与简单的原型（例如用硬纸板做的原型）进行互动，评估自己可能的解决方案，并且测试用户界面。顾客由此能够知道使用时可能会怎样
3	失败经验	本方法是收集信息，了解哪些已经进行过尝试，尤其是为什么尝试失败，再从中获得创意。本方法涉及二手资料研究，以及与失败创意背后的人员联系，了解背后真正的故事。其目的是为了避免重蹈覆辙	美国跨国科技公司 Vuzix 多年来一直在努力让谷歌眼镜重现发展前景。它们目前的虚拟现实和增强现实解决方案都是立足于谷歌眼镜的经验教训。Vuzix 的眼镜更舒适，更容易使用，也更精细。为此，英特尔公司在 2015 年向该公司投资 2500 万美元，黑莓公司在 2017 年与该公司合作，开发企业解决方案
4	情景访谈	顾客可能拥有部分知识却不自知，所以我们无法通过传统访谈的方式来进行沟通。这时，我们可以使用情景访谈的方法。该方法综合了半结构式的访谈和实地观察两个内容。实地观察就是到问题发生或解决方案将要得到使用的现场进行观察。这种方法可能还会让你了解到竞争对手、改变措施或替代产品，有助于你优化自己的解决方案	宜家采用情景访谈的方式来改造电子商务体验。对顾客们而言，线上购物时缺少一定的支持，产品比较抽象（他们无法触摸到实物），而且信息架构容易让人混淆。宜家公司在门店进行情景访谈，研究人员可以评估顾客线上和线下购物的优点，然后利用这些信息来创造更舒适的线上购物体验，比如展示更中肯且实用的信息、可以实时进行聊天，以及其他各种方法，从而改善线上购物体验

序号	测试形式	详细介绍	示例
5	调查	调查是"了解未知"最有用的方式。调查通常由开放式和封闭式问题组成。潜在顾客在回答开放式问题时可以根据自己的知识和了解来自由发挥。通过封闭式问题，我们可以对顾客进行划分，并且收集结构化的量化数据	Foursquare 公司的用户会积极地参与谷歌调查，公司则利用这些数据衡量目标城市人们的兴趣，再在各个城市开启自己的服务。调查可以帮助它们确保只进入用户反响积极的城市，避免浪费资源
6	意向书	意向书方法是指通过请顾客承诺购买我们的价值主张来验证我们对产品的假设。意向书无约束性，只是要求顾客做出意愿比较强烈的承诺，因此比口头承诺更有价值	Squeezy 是一家营养公司。该公司使用意向书来深入了解顾客究竟愿意承担什么水平的价格，以及他们对由各种饮料、凝胶食品和营养棒等组成的入门级套装有何期望。公司通过意向书来预订入门级套装
7	社交媒体	在各种平台上发表博客和帖子，可以轻而易举地针对正确的目标市场验证自己的创意。社交媒体是一种双向沟通，所以在最小化可行产品开发过程中，社交媒体会是造势和收集反馈意见的理想平台，能帮助你对哪些可行、哪些不可行有更深刻的了解	我们可以利用博客来开发概念，充实潜在的创意，并争取社区的支持。此外，我们还可以利用博客来证实顾客的痛点或者将博客作为早期的原型。《精益创业》(*The Lean Startup*)一书作者埃里克·莱斯 (Eric Ries)和《五十度灰》(*Fifty Shades of Grey*)一书作者 E.L. 詹姆斯 (E.L. James)最初就是在博客上写文，积累了一定数量追更的读者，然后才签约出书的
8	宣传单	宣传单是指在图片精美诱人的纸张上印刷产品/服务详细介绍或价值主张，用于宣传产品的理念。在产品尚未面世之时，也可以采用该方式，有助于衡量顾客的反应，更好地传播自己的创意。宣传单也能用于测试解决方案不同的口号和价值主张	这种测试方式可以让你面对面地验证自己的产品/服务，更轻松地收集人们自然的反馈意见。宣传单可以提供产品/服务的图片和文字介绍，有助于在推销过程中给顾客以引导。想想看，在哪场展销会上离开时手里没有抓几张宣传单呢

序号	测试形式	详细介绍	示例
9	活动	这是另一种吸引观众来测试问题或解决方案的方法。通过组织活动，你可以确认顾客的痛点是否存在。而且通过活动收费，你可以确认他们是否愿意花钱购买解决方案。你也可以借此机会来进一步验证自己的产品是否适合市场	Eventbrite 这类平台可以让你轻松地针对广泛的观众组织活动。在物联网领域，给大家展示你的创意是一种常见的方式，比如 Hardware Pioneers 公司会组织初创公司演示活动（Startup Demo Nights），在活动上向包括潜在投资人在内的广泛的观众展示未来可能的产品
10	线上广告宣传	你可以利用谷歌、Facebook 和领英等网站的广告服务，针对具体的目标顾客测试自己的产品或服务。这就是线上广告宣传方法，可以帮助我们对市场加以验证，其中包括顾客的支付意愿、市场规模以及相关的销售成本。我们也可通过点击率和转换率来分析产品最吸引顾客的方面，验证自己关于目标顾客的主观假设	蒂莫西·费里斯（Timothy Ferriss）曾著书讨论如何让日常事务变得超级高效。他希望了解哪个书名最吸引读者，最大可能推高书籍销量。为此，他组织了一场关键字广告宣传活动，广告中有不同的书名，并附上简短的副标题，介绍该书主题。点击率最高的关键字成了他的书名：《每周工作 4 小时》（*The 4-Hour Work-Week*）
11	碎片化最小化可行产品（MVP）	碎片化最小化可行产品是指组合早已存在的工具和服务后进行功能演示，提供体验，而不是一切都靠自己从头创造。所以你无须投入时间和资金来从零开始打造自己的解决方案，而是利用来自不同处的各种碎片，打造自己的产品或服务	Groupon 在早期就是将 WordPress、Apple Mail 和 AppleScript 综合起来，在网站接单后，能自动生成 PDF 文件
12	线框图 / 实物模型	线框图（或实物模型）是应用或数字服务的（可以点击的）静态的原型，也是解决方案的有限模拟，可以供顾客进行互动。线框图是网站 / 应用的骨架或简单架构，而实物模型则是初步设计，包括了颜色、字体、文字、图像、图标和其他线框图的组成部分，相当于应用 / 网站的静态图。你可以通过它们测试可用性，发现一些尚未意识到的潜在问题，并且展示一些用户凭直觉尚未想到的元素	PassFold 提供移动票务服务，可以存储在线购买的门票。公司利用其应用的实物模型来发现最好的迭代方式，重新设计了其应用既有的用户界面。在用户使用实物模型并认可该应用所有的屏幕和用户界面元素之后，公司正式启动真正的开发工作

序号	测试形式	详细介绍	示例
13	登录页	为了测试产品/服务的吸引力或早期需求，对顾客的兴趣程度进行量化衡量，你可以设计一个登录页。该网站可以是单独的页面或者是 Facebook 页面，展示你的价值主张，旨在通过简讯或上线通知的订阅数量来对潜在顾客的需求量进行量化 你也可模拟现有的产品/服务，设置虚假的结账流程。这可以帮助你通过点击率了解潜在用户的兴趣。这个"假传送门"可以链接"即将上线"页面，或者是请顾客留下邮件，未来产品发售时将进行通知	Buffer 公司为其用户提供社交媒体营销服务。在开始打造自身最小化可行产品之前，它们先设计了登录页，页面上展示了"计划和价格"。通过该页面可以进入另一个产品介绍页面。这些产品尚未面世，但公司请浏览者留下电子邮件接收最新消息。事实上，这个按钮被点击的次数将帮助公司评估产品的价值。此后，它们再使用第二道"假传送门"来评估价位选项，借此了解潜在顾客的支付意愿
14	解说视频	解说视频可用于介绍你设想中的解决方案将如何发挥作用，从而测试早期购买者的兴奋程度和传播意愿。解说视频必须让观众产生错觉，认为产品是实实在在存在的，而且公司必须对顾客的反馈意见进行追踪。解说视频也是一种向潜在受众讲解自身解决方案的、扩展性更强的好方法，可以借此验证你关于目标顾客的主观假设。解说工作也可面对面进行，那样可以获得更加具体的、定性的深刻了解	2009 年，当时默默无闻的初创公司 Dropbox 发布了其解说视频，该视频后来成为了解说视频最知名的案例。该公司此前采用的广告宣传方式并未能激起顾客的兴趣，因为广告没有让顾客完全懂其解决方案。另一方面，两分钟的解说视频每天在 dropbox.com 主页上的浏览量达到 3 万次，并在一夜之间带来了 7 万人的注册量（此前的总注册量只有 5000 人）
15	预售	预售是指向潜在顾客销售产品/服务，从而测试自己的价值主张。预售可以是亲自出面进行推销，从而收集关于顾客痛点、解决方案和顾客支付意愿等方面的反馈信息。另一种方式就是请顾客付款预订，并承诺此后某日交付产品，例如在登录页上进行预订，或者是通过众筹平台进行预订。公司若采用这种做法，就必须能坚守诺言，因为产品尚不存在，而你已经收取费用，所以必须能说到做到	特斯拉和 Oculus VR 等大型公司都会采用这种方式。它们通常会在开始生产前推出预订页面。在预订网页，顾客可以预先了解产品的主要特征、价格和发货日期。特斯拉还会收取预订费，借此进一步提升流动性。一些小型初创公司也会通过 kickstarter 和 indiegogo 等众筹平台采用预售的方式，借此轻松地测试产品和市场是否相互匹配

序号	测试形式	详细介绍	示例
16	幕后模拟法	幕后模拟法是指在实验过程中，在顾客不知情的情况下人工提供服务。公司会假装整个服务过程是自动化的，借此在进行大型技术投资之前快速测试整个解决方案。公司由此能快速地了解真正的顾客反馈，并在此基础之上以较低成本轻松地进行迭代开发和调整，避免构建整个后端	Aardvark 公司提供社会搜索服务，后被谷歌公司收购。为了证实自身的概念，对需求进行调查，并且了解自身服务概念是否可行，公司采用了幕后模拟法。公司提出的算法可以在社交媒体上找到问题的答案。而在整个测试过程中，这个步骤是人工完成的。在证实存在市场需求后，公司开始设计算法，让该项服务自动化
17	礼宾级测试	礼宾级测试是指在告知顾客的情况下针对顾客进行测试，这就类似于酒店礼宾部服务员，专门面对面为顾客提供高度定制化的服务。通过这种方式，你可以快速推进，并且在亲自向顾客传播价值主张的过程中加以学习。其目标之一就是对解决方案进行测试，了解该解决方案是否匹配顾客的期望。另一个目标是从中了解自动化和优化所需的信息，并在同时能以低成本进行迭代，避免不必要的开支和技术开发工作	Rent the Runway 是一家线上服装租赁公司。其创始人希望在服务上线前对商业模式进行测试。它们针对女性大学生提供面对面的服务，顾客可以在租赁之前先试穿。这种体验要比线上租赁好很多，如果测试不成功，线上租赁模式也会碰壁
18	快闪店	快闪店是一个临时场所，可用于在较短的一段时间里向顾客销售商品。该方法可用于培养和衡量顾客对产品/服务的兴趣。为早期购买者和网络红人提供诱人的体验，从中懂得谁最乐意购买你的产品和服务。这也是一种市场营销活动，虽然需要投入，但也能创造收入，并可以测试产品是否适合市场，以及顾客的支付意愿	从名字就可以看出，Our/Vodka 是一家烈酒制造商。斯德哥尔摩绝对伏特加品牌（Absolut）内部企业家们希望利用其微型酿酒厂、市场营销能力和收益共享概念等，打造一个销售本地产伏特加的国际品牌。他们利用 gopopup.com 网站，从柏林开始，开设小型快闪店来验证自己的概念。现在，它们的店已经出现在 8 座城市

序号	测试形式	详细介绍	示例
19	价格计算器	价格计算器用于确定顾客乐意支付的价位，核实所计划的产品／服务的价值。该方法尤其适于对比收入模式。顾客可以快速分析产品的具体参数（例如使用量、质量、功能组合等），决定产品是否吸引自己。顾客输入所选参数的数据，然后得到一个价格，此后他们可以改变参数，直到自己得到一个可接受的价格和产品包。如果得到有效使用，该方法同时也能让公司了解到哪些功能最具价值	为了了解机器销售中是否也可改用计费使用的模式，机器制造商布勒公司制作了一款价格计算器，计算器包括了其顾客制造工艺中的基本参数。顾客可以使用该计算器对比当前价格结构和新结构，这样有助于他们感受新的价格结构，减少不确定性。新模式也可以通过适于双方的支付体系来进行试用
20	组合分析	组合分析是一种统计分析技术。通过该方法，你可以制作不同的产品／服务，产品的功能组合和价位各有不同，以测试潜在顾客通常选择最多的是哪些。参与者能在不同的产品／服务中进行选择，而你也可以从中发现最重要的功能是哪些。相比于让顾客针对每种功能排名而言，这种测试方式得出的结果更符合实际情况	你是否想过电信公司如何设计不同的套餐吗？每个套餐的价格、合同期限、流量、每分钟的通话价格以及短信价格等各不相同。电信公司不是简单地进行猜测，然后向市场强制性地推出不同的产品套餐。相反，它们采用了组合分析的方式。设计套餐的难点在于要针对大量的功能和其各种特点收集可靠的信息。通过组合分析，参与者可以根据实际情况选择不同的产品，这个过程中产生的测试结果要更加可靠
21	故事梗概图片	故事梗概图片可以展现顾客使用产品／服务的典型情况。因此它们可以被用于说明你的创意，调查顾客如何与产品／服务进行互动。如果向顾客面对面地展示故事梗概图片，公司可以针对初期产品收集到顾客的反馈意见	罗氏（Roche）使用故事梗概图片来改善其针对糖尿病患者的服务。公司通过故事梗概图片来验证和改善新解决方案，例如通过移动设备为顾客提供聊天程序或增强现实指导。公司因此在2018年推出了KeBot，用于对医药代表进行培训和自我评估

序号	测试形式	详细介绍	示例
22	A/B 测试	A/B 测试是一种著名的方法，即对网站的两个或多个版本进行对比，测试其中何种版本或功能效果最佳。但就商业模式创新而言，A/B 测试也可以用于改善价值主张，测试价值主张的各个方面，发现产品最重要的特征，以及测试定价方案等。宣传单、登录页以及解说视频等多数测试也都可以采用这种方式	Kiva.org 是一家创新型的非营利性组织，人们可以通过互联网向各国低收入创业者和学生提供贷款。Kiva 公司希望能提高登录页首次访问者的捐赠数，为此它们进行了 A/B 测试。它们认为向顾客提供额外的信息（例如常见问题、社会证明和统计数据等）可以吸引更多的捐赠者。为此它们分别设计了有补充信息和无补充信息的登录页进行 A/B 测试。有补充信息的登录页带来了 11.5% 的捐赠增长

商业模式的各种测试形式并不是相互排斥的。通常情况下，测试形式的综合使用有助于公司获得宝贵的反馈意见，对商业主观假设进行验证。选择你认为最具潜力的测试形式，与同事就测试的可行性进行探讨，找到最佳测试形式，让你能以合适的成本和时间尽可能多地对假设进行测试。你也可访问 www.bmilab.com，对这 22 种商业模式测试形式做更多的了解。

第五步：制订测试计划

接下来，你应该决定如何来对测试进行筹备、实施和分析。你必须首先早早招募自己的测试组，挑选合适数量的合适人员。此后，你应该制订每周的测试计划，设定严格的测试工具开发时间期限，执行测试，并且收集关于测试效果的反馈意见（见图 2–15）。在制订了时间计划后，你要估计自己实施测试所需的资源。而最重要的一点在于，你必须决定由谁来负责测试的实施。

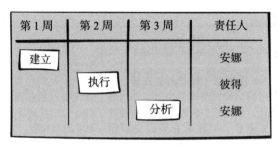

第 1 周	第 2 周	第 3 周	责任人
建立			安娜
	执行		彼得
		分析	安娜

图 2-15　测试时间表

第六步：实施测试

这是最有趣的一步！实施并跟踪自己的计划。建议大家尽可能亲力亲为，这样将能从与测试组的互动中得到宝贵的一手反馈信息。在执行测试的过程中，必须从最初就对其进展进行审核。如果发现某项工作未能达到预期效果，不要害怕在测试过程中进行更改或调整（见图 2-16）。不管怎样，这是一个学习的过程。最重要的就是从测试组中尽可能多地收集反馈信息，这将有助于你验证自身的主观假设。因此在测试过程中，必须牢记反馈形式、收集反馈信息的时机以及反馈的内容。

图 2-16　测试——反馈图

第七步：分析测试结果，更新商业模式概念

从收集到第一批反馈信息起，你就应该开始对结果进行分析（见图 2-17）。对照自己的主观假设，看看是否达到了成功的标准。再以此为基础，决定自身的主观假设是否得到了验证，还是被证明存在问题。根据这些信息，外加在测试过程中了解到的所有信息，对商业模式的概念进行更新，并且开始下一轮测试。

每次迭代都将让你朝着实现商业模式的创新迈进一步，进一步发现该商业模式的潜力。为了能在这个过程中取得成功，你必须在商业模式上保持一定的灵活性。在商业模式开发循环中，鲜有商业模式的概念会保持不变，而且商业模式的四个要素都可能被改变。在每次循环中，都要问自己两个问题：（1）调整过后的模式还能为目标顾客（顾客群）创造足够的价值吗？（2）我们能否从该商业模式中获取足够的价值，让我们值得为该模式去努力？只有这两个问题都能得到肯定的回答，继续为了该概念努力才有意义，否则就应该勇敢地放弃该概念，再回到画板前，利用在顾客测试过程中获得的深刻见解重新出发。

图 2-17　测试结果分析

03

管理变革

在商业模式创新中，你最大的障碍就是要克服来自内部的阻力。只有这样，才有可能成功推进创新的实施。那么员工为何会极力抵制变革呢？答案很简单，他们害怕改变。人们不是不想改变，更多的是害怕改变所带来的不确定性。因为组织通常没有充分化解人们的担忧，人们面对变革也就会进行抵制。也正是因为如此，我们仍然看到，众多在职者在进行商业模式创新时，由于变革会影响到整个组织，推行起来非常艰难。根据麦肯锡公司的年度调查，70% 的变革计划都以失败告终。而在成功变革的主要障碍中，大约 60% 是来自员工的敌对态度和管理人员的不支持行为。以下是员工在面对此类变革计划时会想到的：

- 一旦实现商业模式创新，我们的公司会变成什么样？
- 我们的行为难道不是在吞噬我们自己的业务吗？我们真的有足够的资源吗？
- 我们的企业是如何构架的？创新会对企业有利吗？维持现状不是很好吗？
- 我们现在为什么要改变，一切都在正常运行，不是吗？我们的竞争对手都没有做任何改变。
- 与其他业务部门之间的互动将如何改变？
- 我在新公司的地位如何？我是否具有承担新工作的技能？
- 如果我的工作被废除了，我将会怎么样？
- 我如何在创新中找到立足之地？
- 变革对我有什么好处？

● 变革会对我的职位造成威胁吗？

变革管理需要有坚定的领导。仅仅让你的员工去接受一些培训课程，或是针对即将发生的变化，公布一个工作备忘录是远远不够的，对变革的抵制无疑是根深蒂固的。有一次，当我们启动一个新的创新项目时，一家公司的老员工这样评价道："你们完成你们的商业模式创新以后，发给我一份结果的副本。我会把它们和以前顾问的创意一起放进我的办公桌抽屉里。就像不会实施那些其他概念一样，我们同样也不会实施你们的创意。"

数字化转型者的窘境

众多组织如今也正在开展与商业模式创新密切相关的数字化转型，只是他们的重点全都放在了数字化转型上。公司希望在保持现有商业模式的同时进行数字化商业模式创新，这让它们面临了各种各样的挑战，必须小心加以管理，以确保后续能取得成功，为此我们开发了一个框架。该框架特别针对希望在保持现有商业模式的同时进行数字化商业模式创新的公司，但更广泛的商业模式创新领域也许都会感兴趣。

正在进行数字化转型的公司必须在整个公司内建立合适的（基础设施）架构（组织、技术、流程），树立正确的思维，并培养合适的人才（领导力、人员、文化）。只有在组织、技术、流程、领导力、人员和文化这六个层面都加以关注，公司才能成功地进行数字化转型。有兴趣的读者可参考《数字化转型者的窘境》（*The Digital Transformer's Dilemma*）一书，对这个组织变革的基本主题做更深入的理解。[①]

---

① 为了帮助大家了解数字化转型面临的具体挑战，更好地懂得这段文字中所提到的六个变革要素，我们撰写了一本书，并且设计了网页，详细介绍数字化转型者面临的挑战。该网页也包括了众多案例，读者们如有兴趣可以了解。

推动变革

如果没有变革管理，即使是最透彻的分析也将一事无成。只有得到彻底实施的商业模式才是好模式。所有的创意，无论它们有多么好，如果没有高层管理人员的支持，最终也都会以失败而告终。以下是自上而下进行变革的五种最重要的途径。

展现出献身精神

德国睿偲（Ravensburger）的新数码学习系统——tiptoi 点读笔，也是由该公司分管创新型商业模式的经理引进的。史蒂夫·乔布斯还亲自身兼 iPad 的项目经理，SAP 公司创始人哈索·普拉特纳（Hasso Plattner）则亲自监督公司"内记忆"行动的执行。

在员工眼里，管理层的行动是他们投身变革举措最直观的信号，他们可能会提出这样的问题：最高管理层会在新业务项目经理身上花费多长时间？高层管理人员多长时间会碰一次面来讨论商业模式项目？在公司非正式的组织架构层级中，项目经理如何能轻易获得公司的战略资源？公司如何在官方新闻稿、年度报告和电话会议中介绍新的商业模式？高层管理者如何利用现有的稀缺资源来支持其羽翼未丰的业务，而且现有的业务也会用到这些稀缺资源？

瑞士的龙沙集团（Lonza）为制药和生命科学行业提供产品和服务。若干年前，龙沙集团当时的 CEO 就认识到，虽然公司以客户为导向，但它自身没有足够的资源去进行根本性创新。于是，他成立了一个单独的风险团队，负责推进根本性的技术、产品和商业模式的创新。提升举措（LIFT，即龙沙集团的未来技术举措）的任务是在未来 15 年内每年要产生 5 亿瑞士法郎的收入，而迄今为止，他们每年分配到的、用来实现这一宏伟目标的预算不足 2000 万瑞士法郎。公司 CEO 对创新项目的投入体现在，即使是在金融危机、现金紧张的情况下，他仍然会支持提升举措项目的预算。他坚信创新项目一定能成功，并且坚持在员工、管理层和董事会面前捍卫它。

圣雄甘地曾说过一句名言："改变世界，从改变自己开始。"员工只有确信管理层在身后支持他们时，才会愿意全力支持改革举措。创新必须由高层管理团队来推动，否则注定要失败。我们从自身的经验中，尤其是从我们的 EMBA 研讨会上了解到，许多从基层到中层的管理举措都试图彻底革新组织架构，但都失败了。很多时候，CEO 们经常会望而却步，回到"坚持你所知道的"这条老路上来。但永远不要忘记，一个项目如何启动决定着它将如何结束。

商业模式创新需要自上而下来实施。否则，它将会以失败而告终。这绝不意味着，大企业的基层和中层管理者们，甚至是中小型企业的员工都不能做出重要的贡献。但在关键时刻，我们必须牢记创新模式的成功实施大都取决于高层管理的支持，这不仅仅是因为在实施的最初阶段需要资源的分配，更重要的是为了能够直接对抗阻力。

让员工参与到变革管理中来

企业管理者要确保员工能够直接参与到变革管理中，并积极主动打造创新流程和定义任务。参与创新的员工一定会是思想开放的员工。一位汽车零部件供应商曾中肯地解释说："有员工参与的变革过程就像背着背包去徒步旅行。你虽然不能走得像不背背包一样快，但你能携带所有你需要的东西。你只需要稍做休息，就可以准备好继续出发，或开始探索你的目的地。"

一家中等规模的德国印刷公司就像其大多数竞争对手一样，也经历了相当大的利润压力。而另一方面，公司的常务董事却梦想着让公司向着未来的打印公司迈进。他利用晚上和周末的时间冥思苦想，终于想出了一个新理念，公司将会发生翻天覆地的变化。于是他在公司的一次战略研讨会上把他的劳动成果介绍给公司的员工，然而令他惊讶的是，大多数员工都非常怀疑甚至公开抵制他的想法。这是一个被高层管理人员普遍低估的问题。作为一名 CEO 兼畅销书作家，吉姆·柯林斯（Jim Collins）对此做了一个非常有趣的描述：他告诉他的员工，公司就像是一辆公交车，准备开往一个特定的目的地，如果有人想去目的地以外的地方，那最好乘坐别的公交车。一名 CEO 首先应该获得他的团队的承诺，然后再对工作、职位和任务进行讨论。用柯林斯的话来说就是，首先要查看是谁搭乘了这趟公共汽车，之后才要说明他们在公交车上的哪个位置。

这正是这个比喻所告诉我们的。在实践中这样的领导风格经常会碰到各种托词。员工们会走走过场，表面好像接受变革，但他们会继续制造各种行政障碍。这样的局面很难掌控。

开拓创新的一个有效策略就是让公司内部各阶层的员工都参与进来。以前我们在一家大型航运公司进行创新项目时，我们甚至会确保让公司的卡车司机都参与到项目的实施过程中来。我们没有依靠那些乏力、没有意义的幻灯片来进行展示，而是采用了一套特殊的积木来试验新流程（考虑了商业模式中的"如何做"这一方面）。卡车司机很喜欢这样的演示方法，并积极参与到创新的实施过程中来，这些创新也是他们亲自参与设计的。他们为了实施新的商业模式而不辞辛劳地工作，就算是世界上最鼓舞人心的演讲也不如让他们亲自参与到自己的创新中来，给予他们的激励多。

当然，好消息是你可以去影响积极性。坏消息是，摧毁积极性比激发积极性要容易得多。一家跨国公司的 CEO 对其员工博客的一次不礼貌评论会像野火一样迅速蔓延，而他和他的沟通顾问可能要花上几个月的时间来尝试纠正其失礼表现，但这一切都无济于事。几秒钟的轻率表现可能会不可挽回地损害员工对领导的信任。

扶植一些拥护者和变革管理的领导者

变革管理的过程需要在公司内部有一些早期的拥护者和变革驱动者，这些人会竭尽全力地争取公司的变革，并且动员大众进行参与。这样的拥护者通常都是对创新过程做出巨大贡献的开路先锋。但如果能够让对变革反对最激烈的人转变成变革的拥护者，那将是非常有意义的，特别是这些激烈反对者的意见还极具影响力。以前，我们在一家高科技公司帮助其推进一项意义深远的创新项目时，其中一位中层管理人员屡次极力反对这一变革，并且他还成功地说服了其他员工跟他站在同一战线上。尽管如此，我们还是恳求那位经理考虑一下他能否成为公司变革的核心推动力之一，并说服他加入变革管理工作团队。虽然最初困难重重，但出人意料的是，这一策略进行得非常顺利。那位经理不再觉得自己是一名受害者，反而成了变革的积极推动者。因此，那位经理和变革的支持者的积极性都得到了大幅提高。将受害者转变为主动参与者这一策略为创新节约了大量时间。任何早期损失的时间都在后来变革的快速实施中得到了很大的补偿。

大多数创新项目都会碰到约 15% 的反对者、5% 的支持者，而多达80% 的人都保持中立。在每一种情形中，你都需要评估一下你想花多长时间向反对者们证明你的创意优势何在。如果遇到像以上所描述的那种情况，你会发现自己和一个拥有众多支持者、有影响力的管理者好比针尖对麦芒，相持不下，那么你一定要付出必要的努力来说服他改变立场，并转而支持你的项目，这非常有意义。例如，一位有 25 年工作经验且 25 年来从未换过岗位的生产经理是不大可能支持将他所负责的生产任务外包出去的。你不应该将所有的精力都花在反对派身上。相反，你要抓住那些在一边静静观望事态进展的、多达 80% 的中间派。政治家们都非常清楚，在选举过程中赢得那些犹豫不决的大多数要比去争取反对党的支持者们更有意义。

避免认知偏差

人们在新商业模式概念的分析和选择上经常会犯一些相同的判断性错误，做出一些错误的决定。下面所列的正是出现这种情况最常见的一些原因。

每个普通人每一天都可能会凭直觉对各种各样的琐事做出大约 1 万种决定，比如，什么时候起床，或者今天穿什么衣服。但在工程师或科学家的世界里，只有像诺贝尔奖获得者那样的人才会被允许凭直觉来做决定。尽管早在 20 世纪 70 年代，赫伯特·西蒙就曾表示，企业内部这些集体决策是非常不理性的，但普通的项目团队依然会利用精确的效用分析方法来证明他们的决定。在做出决策时，我们的情感发挥了相当大的作用，而且我们的直觉远比我们所愿意相信的要重要得多。

管理者也是人，跟每个人一样，他们也一样会有认知偏差。在创意之间进行选择时所犯的系统性错误可能存在多种原因，其中就包括以下七种心理现象。

- 现状偏差。人们很自然地要维持现状，这是人类的本性使然。我们倾向于维护行业的主导逻辑，而反对一个充满矛盾的新商业模式。人类的天性会让大家自然而然地去避免冲突。

- 舞台中心效应。如果给人三种选择，那他们最有可能选择的是中间路线。几乎所有国家都是这样。通常情况下，人们都不喜欢走极端。但极新的商业模式要求极端的思维方式。

- 锚定效应。一旦给出了一个建议数字（不管这个建议有多么随机），那么未来所有的选择都会以它作为衡量标准。有经验的汽车销售人员都深谙这一病理：他们几乎总是在刚开始的时候给客户展示一个所有附加设备都非常完善的汽车型号，这一型号汽车的高价位已经在顾客的头脑里留下了深刻印象，使得他们觉得其他款车辆的价格似乎便宜了一点。同样，如果一个项目对高层管理人员来说值 3 亿美元，而事实上，其最终有效创造的价值可能只有 5000 万美元。最终，不管这个项目对公司的成长来说多么重要，管理者们依然可能会认为这样的结果令人失望。

- 沉没成本。即使一家公司还没有成功利用到一个创新，但放弃一个 5 万美元的项目比放弃一个 300 万美元的项目要容易得多。

- 频率有效性效应。我们听到一个事实的次数越多，就越有可能相信它。董事会往往愿意相信一些荒谬的预测，那仅仅是因为他们一遍又一遍地听到了这些预测。显然，要放弃已经灌输进脑袋里的思想是非常困难的。

- 零风险偏差。A 选项的风险相对较小，且风险可以排除，而 B 选项的风险更大，但会明显降低。那这两个选项相比，人们更愿意选择 A 选项，即使 B 选项的预期值大于 A 选项，人们也还是会愿意这么做。换句话说，为了安全感，即使放弃更多，我们也都愿意。人们一直认为投资一个净现值很高的新商业模式，比投资现有业务的风险要大。

- 从众效应。1951 年所罗门·阿什（Solomon Asch）进行了从众实验，向大家展示了来自同伴压力的力量。人类与生俱来就有从众倾向。尽管员工自己有一些疑虑，但只要没有反对的声音，或者老板的论证令人信服，大多数员工还是会选择随大溜。

常规决策的制定要比重大的战略决策容易得多。基于这个原因，经常质疑这些决定是很重要的。日常决策往往最终解决的是一个问题的症状，而非其根源。为此，日本丰田公司推出了"5 个为什么"的方法：每遇到一个问题时要问5次"为什么"，然后针对每个答案再问一次为什么。这将有助于发现问题的根本原因，并帮助你做出更明智的决策。

制定好决策的规则

1. 创新经常发生在高度不确定的情况下。你要基于一些事实做出决定，请确保你对这些事实有十足的把握。

2. 将决策制定者的人数降到最低。任何非直接参与者的出现，都只会把过程变得更加麻烦。

3. 分析潜在的原因。时刻注意问为什么。针对每个答案问五次"为什么"。

4. 开放你的直觉。直觉是建立在经验和潜意识知识基础之上，它对做一些复杂的决定非常有帮助。

5. 避免认知偏差。第一步是要认识到这些偏差。

6. 如果你能设法在决策制定者中达成共识，那么你的决定实施起来就会容易多了。

7. 勇敢点，尽管你能够修复错误，但是优柔寡断的结果会导致每个人的工作都做不好。

8. 公开解决权力斗争和利益冲突。

9. 从你的错误中学习：我们都会犯错误，但是尽量不要犯同样的错误。

10. 寻找合适的专家组织决策辩论会议。请问题负责人和解决方案提供者出席。考虑请影响力大的局外人出席，以吸纳外部视角。

肥胖吸烟者综合征

水龙头和淋浴设备制造商汉斯格雅公司（Hansgrohe）的CEO汉

斯·格雅（Hans Grohe）曾经说过："要创新，你需要拥有头脑、耐心、金钱、运气，顽强的品格。"创新意味着改变，而改变是很不容易掌控的，一个新创意的实施要花费多长时间很容易被人们低估。研究人员估计，一个突破性进展，从其最初只是一个创意算起，到发展成为一个商业上可行的产品，至少需要 30 年的时间。

企业中层管理人员之所以通常会强调短期战略的价值，是因为它能够针对市场环境做出快速反应。柯达公司采用了短期战略使其胶片摄影业务获得了持续增长。"短期战略"这一表达事实上是一种矛盾修辞法，因为从定义上来说，设法达成短期目标毫无战略性可言。许多因循守旧的公司都早已因市场、技术、消费者和竞争对手的发展等种种因素而过时了。

这类企业的员工就好比肥胖烟民：他们都知道肥胖和吸烟存在的健康风险，也想凭借自己的力量运用策略来解决这一问题。但他们缺乏信守自身承诺所需要的决心和自律。香烟和美食的诱惑实在是太大了。这不是一个专业知识的问题：以医生为例，尽管他们接受了很多专业训练，但医生中的抽烟人数也远远超过了平均水平。让我们回到商业世界中的类比：即将要签订的合同至少能负担你固定成本的一部分，虽然只是一部分，但也总比没有好。在这种情况下，想要去签这份合同的诱惑力就会很大，尽管事实上，如果该合同不能负担你的全部成本，那你的公司就将无法长期生存下去。然而，抵制诱惑，为了投资立足未来的根本性变革而拒绝签订小合同也是很难的。做今天的生意，并为明天做好准备，二者都是非常有必要的。当公司关注生意的方式太过于局限时，问题就会出现。

回到我们的医学隐喻上：一旦肿瘤被发现就已经到了晚期，唯一的治疗方法往往是要彻底地、也许可能是很痛苦地切除它——即使患者最初的状况并不会很好。咨询顾问、哈佛大学教授大卫·梅斯特（David Maister）在深入研究了肥胖吸烟者综合征之后，认为管理层的责任确实应体现在：领导者必须开发能量、自律，集中抵制短期诱惑，做对企业可持续发展有好处的事情。

定义行动计划

变革管理取得成功的一个核心步骤就是要制订一个粗略的行动计划。这将作为员工进行日常决策的指导蓝图，并帮助他们减轻对不确定性的恐惧。你要铭记的双重目标是：在创建一个能够激发你行动的长期愿景的同时，还要实现一些短期的里程碑式的小目标，它们能够帮助你确认你所走的道路是正确的。

创建一个愿景

每一项变革管理的举措都需要一个明确而长远的愿景。我们的公司要朝哪个方向发展？三年、五年甚至七年后，公司会发展到哪里？我们为什么需要做出改变？清楚地传达你的愿景。大多数商业模式创新之所以失败都是因为它们的目标不够明确。

The Business
Model
Navigator
创新观察

> 愿景就是一个有期限的梦想。如果不给自己定义一个期限，不能明确你想什么时候实现你的愿景，那么愿景就永远只是一个梦想。如果因为你太在意每天的期限，而没有了梦想，那么你就将停在原地无法前进。新商业模式要取得成功，就必须有梦想，有完成期限，可惜多数新商业模式都缺少梦想。

失败的原因往往不是因为沟通太少，恰恰是因为沟通太多。今天的员工几乎要被大量的信息所淹没了：电子邮件、办公室备忘录、每周例会等。而且他们往往很难理解哪些信息是重要的，哪些是次要的。曾经与我们在一个商业模式项目中合作过的一位经理甚至设定了一条办公时间以外的邮件回复，用来回复那些想要在这个时间段联系到他的人："我不再查看我的电子邮件了。如果你确实有重要的事情需要跟我讨论，那请给我打电话。"

如果你在规划一项变革管理举措，你需要考虑好如何做才能最有效地将它传递给员工。我们的一个项目合作伙伴——一家高科技公司就成功地利用了员工大会。这些会议是变革管理人员和员工们进行面对面交流的理想场所，这样的会议往往是在所有公司的总部办公场所召开的，并且会邀请所有的员工出席。布勒公司以一种与众不同的方式启动了它的创新举措，在公司总部的办公楼，楼内楼外到处张贴海报，悬挂着旗帜和贴纸，并滚动播放着视频消息。请记住，在变革管理中，"感知即现实"。如果你没有制订行动计划，那员工就不能按照计划行事。

最重要的是，你要传达什么内容，以及如何传达。当你要向员工讲述你的计划时，用与员工相关的语言来讲述很重要。你发送给高层管理人员的信息和你传达给销售代表的信息必定有所不同。而且，你需要清楚地了解，你所规划的变革对那些你需要做出解释的人来说到底意味着什么。每个员工都应该了解他或她自身将如何被影响：如果你引入线上销售，会对你的销售团队产生什么影响？哪些工作要保留，哪些工作需要撤掉？受影响的员工需要承担哪些新工作？为了变革赢得承诺，这些问题都需要得到解决。

打赢几场快速制胜的战役

除了针对你想往何处去创建一个坚定的长期愿景之外，你还想要快速达成你的最初目标。先收获那些最容易摘到的果子。在商业模式创新中，一场快速制胜的战役可能表现为积极的客户反馈，和一位重要合作伙伴的成功谈判，甚至是在新的商业模式开始实施以后得到的第一份合同。这个阶段的成功非常重要，因为它为你正在转型过程中的业务提供了一种安全感。它表明了你正在朝着正确的方向发展，并有助于平息一些愤世嫉俗者的言论。为这样的快速制胜举办一场庆祝会，从而为你的整个业务营造一种积极的势头。

3M公司可能是世界上最具创新意识的公司。2011年，3M公司创建了3M服务分公司，在多个国家成功确立了自己服务供应商的地位，为顾客提供一站式定制解决方案，包括3M公司产品的咨询、项目管理、培训和售后服务支持等。它也许是年度全球最具创新的公司。这对一家有着5万多种产品和45种支持技术的公司来说，无疑是向前迈出的巨大一步，因为产品和技术始终是贯穿3M公司的血液。这一决策如此重大，以至于它遭到了公司内部相当数量员工的质疑。公司管理层不得不站出来说明其业务也将会给公司的产品线带来益处。第一批合同的签订在增加了产品销售收益的同时，还使得新的商业模式很快被大家所接受。

管理部门应积极寻求并精心策划速赢。你没必要守株待兔般地等在那里，而在某种程度上，你可以通过积极寻求客户的反馈，或者关注商业模式中那些相对容易的部分，来达成一些早期目标，从而将速赢掌控在手。尤其是在早期阶段，确保员工能够实时了解你所获得的成功至关重要，不论这些成功是多么微小。

但同时不要忽略你的长期愿景，尽量在短期目标和长期目标之间保持一种健康的平衡。

定义结构和目标

变革管理的第三个重要方面是对正式的组织结构、业务流程和目标的清晰定义。每个人做事情的时候都需要一些激励，因此为商业模式创新的过程设立一些恰当的、正式的行为准则就显得非常重要了。

构建组织结构

商业模式创新的实施可以有多种方式：既可作为现有业务的一部分，也可以整合到一个新的业务部门中，甚至可以作为独立公司来运营。外部环境将决定哪种方式最适合使用。在以上我们提到的 3M 公司方案中，该公司从一开始就清楚地知道 3M 服务这一分支应该作为一个新的业务单位，将其从 3M 的核心业务中独立出来。CEWE 公司也支持其数字复印产品的衍生业务，因为如果不这样做的话，那新公司比较激进的愿景就会与 CEWE 公司已经建立的高效技术和产品相冲突。这种想法促成了 1997 年其新公司——CEWE 数字公司的建立。为了使新的数码产品不会蚕食其核心业务，CEWE 数字公司所雇用的新员工大多来自不同的技术背景，并且得到了 CEWE 公司的全力支持。新公司在使用新的数字应用开发新工艺、新生产技术和产品方面享有足够的自由度。2004 年，CEWE 数字公司被重新整合到 CEWE 公司的核心业务中。总公司的许多员工接受了如何运用新的数码产品的培训，CEWE 的产品组合也因为越来越多的数码产品不断加入而得到了壮大。今天，CEWE 公司是整个欧洲市场的领导者。2018 年，该公司冲洗了 22 亿多张照片，制作了超过 620 份 CEWE 照片书。

不管你是否打算衍生出新业务，在模式创新的开始阶段，保证创新不受核心业务的侵蚀是非常重要的。赢创公司（Evonik）的创新就是在单独的办公场所进行的，该公司的风险团队被视为一家初创公司。许多公司都将这一做法推进了一步，在进行商业模式创新的场所安装了安防系统以限制他人的访问。电梯和自动扶梯生产商迅达集团（Schindler）为此特地建造了一栋建筑物作为独立的隔离区，以进行激进的创新实验，只有获得授权的员工才能进入。20 世纪 80 年代，乔布斯及其团队在苹果公司的一栋独立的综合建筑里开发出了麦金托什机（Macintosh，即 Mac 电脑系列），并在这个建筑外面悬挂了一面海盗旗。

采取这些戏剧化措施的主要目的是为了保证你的新商业模式创新不会变成你内部同仁的炮灰，而目前的情况是你正在蚕食他们的业务。在一些大公司，你的项目的对手们时刻都在等着抓住你不可避免的错误和失败，给予痛击。SAP 公司开发了企业资源管理解决方案——"SAP Business ByDesign"，这一以云计算为基础的解决方案是针对中型企业专门定制的。研究这一方案的团队居住在一栋独立的办公楼里，有严密的安全防卫措施，以确保 SAP 公司的其他员工不会妨碍到这一特别团队的工作。

The Business Model Navigator
创新观察

新商业模式的创新团队只有当其无论从管理上还是从自身来说，都独立于公司的日常业务时才会发挥最好的作用。这样的组织设置提升了它们突破行业主导逻辑、尝试全新途径的能力。与此同时，新商业模式存活下来的可能性也会增大。虽然早期的错误是不可避免的，但这些错误并不意味着结束：新的商业模式必须在机构内部进行积极的推动，以确保它被机构所接受。总之，这是一条很艰难的道路。

定义目标

除了你的愿景和长期行动计划之外，有关投入和产出方面的具体目标对变革管理来说也非常重要。对于目标的经典定义，我们推荐 SMART 方法。

- S（specific）：具体的。目标必须是具体而准确的。
- M（measurable）：可测量的。目标必须是明确可衡量的。
- A（acceptable）：可接受的。目标必须是团队所接受的。
- R（realistic）：现实的。目标必须是可达成的。
- T（time-bound）：有时限的。目标必须是在一个特定的时间期限内能够实现的。

在商业模式创新过程中，你一定要注意制定目标的时间。特别是在发展的早期阶段，在这一阶段为自由创造留出空间比制定固定的目标更为重要。一家大型软件公司的业务拓展经理跟他的老板抱怨，公司主管一直在死死地盯着他，他要求公司像风投对待初创公司那样对待公司的业务拓展部门，即像投资一家新公司一样，管理团队需要有一定程度的创新授权才能成功。幸运的是，他的老板听从了他的意见，并且给他分配了长达三年的预算，且不用在规定时间之前展现他的研究成果。

日用消费品制造商德国汉高公司采用了"3×6 团队"的方法，即 6 个研发员工自由地研究 6 个产品概念，研究时间为 6 个月。公司对他们的唯一期许是，当 6 个月期限截止的时候，他们要提出 6 种可能的概念，仅此而已。这种做法在商业模式创新中无疑也是卓有成效的，创新所要求的自由度只会更多。

太早设定目标会扼杀商业模式创新。在制定任何措施之前，你应该先在市场上测试一下试行方案。一旦设定了目标，就会形成一个决策倾向，即追求实现短期的成功，而不是为长期的成功创造必要的条件。3M 公司意识到了这样的危险，它允许 3M 服务分公司的 CEO 在开始制定清晰的目标和关键业绩指标前先独立工作一年。就像 3M 服务公司的 CEO 所说的："这是一个怎样的梦想啊！整整一年没有任何目标。这也是正确的策略——商业模式需要时间得以正确地发展壮大。"而且时间已经证明他是对的。该公司现在正在致力于用集成解决方案，在中长期阶段中，创造公司四分之一的收入。

实施绩效管理制度

除了定义目标之外，从多个方面衡量每个员工、团队，甚至是创新本身的表现，也是至关重要的。进度表可以帮助你记录你的进度，并在发现你偏离轨道时，进行必要的修改。你所取得的进展要对照你的目标进行评估，它也可能会有助于激励团队之间的竞争。例如，在我们的一个创新项目中，我们每周都会在公司餐厅张贴区域小组取得速赢的数量。团队之间的竞争加强，且处于良性竞争状态，实施过程也得到了极大的推动。在商业模式创新的过程中，必须对 KPI 的定量和定性指标加以区别。KPI 定量指标对核心业务来说尤为有用，定性指标则对根本性的商业模式创新格外有用。如果你有兴趣对 KPI 指标做更多了解，想弄清楚哪种 KPI 用于项目的哪个阶段，我们也建议大家在"数字化转型者的窘境"网站查阅更多资料。

如果你想要实现一个目标，激励机制是至关重要的，所以要确保你在实施你的商业模式时不会错过这一重要的机制。无须赘言，这些激励机制在本质上不一定是金钱上的奖励，而其他的激励机制（如表扬）也能起到激励员工的作用。CEWE 公司对想出精妙创意的员工给予奖金奖励，而且如果他的创意被选中做进一步开发的话，他还会被邀请向最高管理层介绍他的创意。对员工来说，这样的奖励往往比金钱奖励意义更大。瑞士布勒科技公司举行了员工之间的创新竞赛。获胜的团队能够选择参加哈佛商学院的课程，或者申请种子基金，以他们的观点为基础开发一项新的业务。丹麦的 FL 史密斯公司是一家水泥和矿产行业的领先供应商，它也采用了相似的激励机制：获胜的团队被获准在一半的工作时间内不用去单位上班，而是把这些时间用于项目的实施中，而且实施过程会在丹麦技术大学（Technical University of Denmark，DTU）专家的指导下进行，这所大学被誉为丹麦的麻省理工学院。类似这样的奖励从两个层面推动了员工的积极性：从表面上看，是提供金钱和地位；而从本质上看，这个任务本身就会对员工有所激励。实证研究已经表明，内在激励团队的创新更有可能

的老朋友，同时也确立了公司技术专家的地位。最重要的一点在于，该公司已经培养起大家的创业精神，在全球已经成功发展 1200 个创新项目。

- 与他人成为合作伙伴。提升能力的第二个选择是与他人进行合作。你的合作伙伴可能会给你带来你的业务所需的任何能力。这比你为了同样的目的去招聘新员工要更容易实现。以 3M 服务公司为例，该公司决定以 3M 产品为基础提供解决方案，但是它选择从合作伙伴那儿寻求所有需要的服务，因为 3M 服务公司本身缺乏必备的资源和服务能力，而很多技术精湛的服务提供商都能完成这一任务。以下是这一系统如何发挥作用的一个案例：一家汽车经销商从 3M 服务公司为它经营的汽车订购了 3M 乙烯基贴膜，并且从确定最后交货期限到开货运单都只跟 3M 服务公司接洽。但是，把乙烯基刷在贴膜上的工作是由一家有资质的 3M 公司的合作伙伴负责。因此，3M 服务公司得益于 30 多家合作伙伴的能力。而在其他领域，它可能只和某一个服务提供商进行合作。

总部位于瑞士的卫浴设备生产商吉博力集团（Geberit）于 2000 年调整了策略，由推动式策略改为拉动式策略，从而彻底地改变了其商业模式。它们调整了把产品卖给零售商的策略，开始直接服务私人家庭。由于公司此前从来没有直接服务过终端客户，因此它们不具备实施这一策略的必要知识技能，于是公司决定创建一个水管工合作网络。吉博力为这些合作伙伴提供奖励，鼓励他们加入该网络，奖励措施包括：免费的支持、会议及持续的教育和培训。这一新的商业模式运作良好，吉博力集团现在已成为瑞士和德国卫浴市场的领导者。

- 收购能力或业务。提升能力的最后一个选择是尽可能买下整家企业或企业部门。虽然这是获取能力最快速的策略，但同时也是最冒险的。

不久以前，德国汉莎航空公司正试图与低成本的运输公司进行竞争。因为汉莎航空公司的成本结构决定了它不可能创建自己的低成本航线，因此公司决定购买德国之翼来代替。现在，汉莎航空公司正竭尽全力在低成本航空公司的需求和其高端业务的需求之间进行平衡。但情况特别棘手，因为新商业模式在不断蚕食既有商业模式，在客户中引起了一些惊恐。一个不满的客户在航空公司的 Facebook 页面这样写道："我真的开始怀疑汉莎航空公司是否真的把所有事宜都安排妥当了。"

甲骨文公司创始人拉里·埃利森（Larry Ellison）因其铺张的疯狂收购而出名。该公司最初经营数据库软件业务，但在过去 10 年间，却花费了 500 多亿美元去收购别的公司。这些收购的目的是为了将甲骨文改造成为一个商业信息科技解决方案供应商。今天甲骨文公司能满足商业客户的所有信息科技需求，而且他们能够从甲骨文公司获得数据库软件、带有操作系统的硬件［收购自太阳微系统公司］、硬件虚拟化和管理软件［收购自虚拟铁公司（Virtual Iron）］、企业资源计划软件（ERP）［收购自仁科公司（PeopleSoft）、BEA 软件公司和 Siebel 公司］和以云计算为基础的客户关系管理系统（CRM，收购自 RightNow 公司）。一些行业评论家们对其整合这些收购的技术和业务含义表示怀疑：因为商业模式仍然处在不断发展的过程中，它的长期成功性还有待确定。但甲骨文公司的生意兴隆。《福布斯》提名甲骨文公司为世界上第二大软件供应商，至少甲骨文公司成功的一部分原因要归功于它的收购。

创新项目也可以被收购：许多企业都已进入企业制风险投资。其中之一就是 3M 新风险投资公司（3M New Ventures），它不断地在市场中筛选，从中找到新的有趣的投资机会。和其他一些类似举措不同，3M 新风险投资公司只在战略上非常有前途的商业领域中寻求机会，这样 3M 公司就可以利用并扩展它的核心竞争力。

建立创新文化

技术导向型企业经常低估甚至完全没考虑到企业文化在变革管理中的影响力。人们常常以一种宿命论的态度对待文化："一切事物都是文化的一部分，而我们只是工程师……这就是我们的文化所采取的形式。"事实上，文化是可以通过管理来主动塑造的。

3M 公司强大的创新文化已众所周知。"15% 规则"仅仅是其创新文化中一个可见的部分。所有 3M 公司的员工都被允许在他们的核心工作范围外，把自己工作时间的 15% 投入到创新任务中去。这一理念已经被其他创新型企业所采用，如谷歌公司。在与 3M 公司员工进行合作时，你自然而然地会感觉到，乐于接受新思想是他们的身份中不可分割的一部分。3M 公司每年会组织一次创新峰会，员工可以借此机会来公开讨论他们的创新理念。

戈尔公司（W. L. Gore & Associates，Gore）以其生产的戈尔特斯薄膜而闻名于世，它同样表现出了类似的创新精神。该公司拥有 8000 多名员工，他们以民主的方式选举董事会主席。该公司坚定不移地坚持在指导原则下运行，即每个人本身都有努力工作的动机，并不需要领导。戈尔公司的8000多名员工都是合伙人（合作伙伴）。个别员工会被他们的同队队员们选举成为一期工程的领导者。新来员工没有直属主管，而是由现有的员工进行辅导。该公司的部门设置决不允许超过150个人，以确保它们保持灵活性，且不会发展出层级观念。如果某个特定的部门人数超过了这个数目，那么就会根据阿米巴原则（amoeba principle）来进行分割。通过这种方法，戈尔公司一直保持着高度创新的状态。它不仅在纺织领域，而且还在医疗技术、电子和工业产品方面展现出其开放创新的风范。CEO特里·凯利（Terri Kelly）对公司几乎可以称得上无政府主义的企业文化给予了全力支持："没有级别，没有头衔。如果你召集了一个会议，却没有人去参加，那么只能说明你的想法不够好。"

戈尔公司的章程由以下几个原则组成。

- 自由。做你自己，发展自己，发展自己的想法。失败和错误是可以接受的，前进是以之为基础的。犯错误被看作创作过程的一部分。
- 承诺。我们不分配任务；相反，我们每一个人都做出自己的承诺并遵守它们。
- 公平。戈尔公司的每个员工都真诚地试图与彼此、供应商、客户以及其他任何与我们有业务往来的人保持公平。
- 水位线。戈尔公司的每个员工在采取一些"可能低于水位线"行动之前都咨询过其他同伴。"低于水位线"的行动有可能会给公司造成严重损害。除此之外，公司鼓励并且要求多进行实验。

所有这些方面都有可能被管理层有意识地操纵和影响。虽然塑造一家公司的企业文化比引入一种新的发展模式要难得多，但它是有可能的。供你支配的最重要的手段是员工、目标设定、你如何对待失败，以及你以身作则充当榜样。成功的商业模式创新需要一种开放的文化和能够将失败视为学习来源的能力。这是一个悖论：当怀疑论者反对一个新的商业模式观点时，他们十有八九是对的。但如果这些怀疑论者是公司规则的制定者，那么创新将会没有任何机会，公司最终也会被它的竞争对手所超越。强大的创新文化能够帮助你创造必要的势头来打破你的行业主导逻辑。但是，这并非易事。人类是习惯的动物，你需要做出不懈的努力，使每个人都意识到创新比坚持现状要精彩得多。

圣加仑（St.Gallen）创新文化导航

对于任何创新或文化变革行为而言，文化是极其重要的前提。在分析高度创新的公司时，我们关注的不仅仅是公司的领导者，还有那些真正负责创新实施工作的人。领导者多数不直接进行创新。我们希望能发现树立和推动高度创新型公司文化的成功实践。在研究中，我们发现了创新型公司的七大文化特征，并将其命名为 ANIMATE 活力模型：[①]

A（agile implementation）：敏捷。行动迅速，不断地学习。

N（nurturing）：培养。制定举措，推动员工和外部合作方突破思维限制。

I（inspire）：鼓舞。为员工树立目标，鼓舞他们。

M（motivate）：激励。激励员工加倍努力。

A（align team）：团结。对团队进行正确组织，共同追求目标。

T（transparency）：透明。坦诚沟通，让所有员工能够以最有效的方式为目标做贡献。

E（empowerment）：授权。让各级员工充满自信，相信自己有能力胜任工作。这可以成为创业精神的催化剂。

米凯利斯（Michaelis）在 2018 年发现，强大的创新文化不仅仅有助于商业模式创新，同时也会带来其他效果，推动利润提高 36%，销

---

① 为了对文化创新进行分析，我们制定了圣加仑创新文化导航，列举了成功企业在进行公司创新时的 66 种做法。创新文化导航帮助大家学习优秀创新者的实践方法，通过有趣的方式来树立组织文化。创新文化导航重在软因素，对商业模式导航中的 60 种成功商业模式进行了补充。我们将在本书第二部分中介绍这 60 种成功商业模式。

量增加 45%。ANIMATE 活力模型可以支持创新文化的具体实施方法。我们必须明白，文化不是上天赋予的，而是同商业模式一样，需要去建设和设计。文化的建设需要时间，但 ANIMATE 活力模型的七个维度将帮助领导者营造活力十足的环境，培养充满激情和动力的文化，这也是各公司创新的温床。

The Business Model Navigator

第二部分
60 种最吸金的成功商业模式

我们的经验性结论证明，重复的模型组成了很多新型商业模式的核心。这个发现对每一个未来的商业模式创新者来说都是有益的，因为从一开始就打破常规思维是很困难的。而在创新的过程中需要克服思维障碍的时候，正好可以使用这60种已经成型的商业模式。[①]

深入理解这60种模式是成功运用商业模式创新导航的重要前提。创造性模仿和重组要求人们深入理解模式，因为模仿并不仅仅是指完全照搬。相反，一种商业模式必须要应用到自己的实际情况中，因此就要认识该模式的全部意义、重要成功因素和特点。只有这样，重组和创造性模仿才有可能发挥作用。

这一部分将会详细阐释这60种商业模式模型。该部分提供的内容包括这些模式的起源、总体思路、引发的问题、图表和大量实际案例和奇闻趣事。通过这种方式，读者将会深入理解每种模式，进而扩大知识面。

该部分的要点包括以下几点。

- 创新公司的商业模式并不需要从零开始。过去大多数成功的商业模式的创新，追本溯源，都能在这60种商业模式中找到痕迹，至少有一种。
- 一种商业模式并不局限于某一行业，而是可以将其应用到各种不同的情境中。商业模式创新的关键是设法将某种商业模式应用到它从未使用过的环境中去。
- 把这60种模式当成重新思考你自己的商业模式和创造全新商业模式的基础。
- 这些模式并不是固定不变的。例如，通过重组，创新的理念在你阅读这部分的时候可能就已经逐渐形成了。

---

① 众多商业模式创新者和教授该方法的顶级机构已经逐渐习惯和熟悉此前的55种模式，所以我们给新模式取名为55+模型。所增加的5个模式源自过去六年里我们同商业模式创新实验室团队合作举办的数百场研讨会。

员工。公司主要生产标准硬件，并且提供单独的客户定制服务，内置的软件也可以按照客户的要求定制，以解决客户的具体需求。这种新的商业模式也适用于小规模订单，大型订单仍然由博世公司自己生产。这个建立一个独立、拥有创新商业模式的部门的战略性决定，取得了巨大成功。到2016年，博世公司拥有了2000余名员工，每年的总收入超过1.7亿欧元。

附加商业模式不仅与有价格竞争的公司相关，还与溢价产品相关。汽车行业成功地应用了这一模式，实际上在此方面，附加特色和产品有时比汽车本身所带来的利润还多。例如，在配置一辆奔驰S级轿车时，客户可以从100多种额外选择中挑选产品。特色产品从全套产品组合到个性装饰产品，应有尽有。定制一辆S级轿车的价格很轻易地就比标准款高出50%以上。电动车制造商特斯拉也采用了同样的模式，甚至顾客在提车之后依然可以选购各种性能方面的附加产品。套用其CEO埃隆·马斯克（Elon Musk）的话来说，特斯拉的车与传统汽车不同，就是"车轮上的计算机"，无须人们亲自干预就可以进行售后升级。这是因为软件升级可以让司机辅助驾驶功能或增强型加速性能等新功能立即被激活。

另一个附加商业模式的例子是SAP公司，这是一家德国软件公司，为企业提供经营和管理软件。该公司的标准产品组合价格中等，但是为了开发SAP软件的所有潜力，公司鼓励客户购买附加特色产品，例如客户关系管理、产品生命周期管理和供应商关系管理的应用软件。SAP公司的附加软件组合产品有效地扩大了为客户提供的服务范围。客户可以购买基础软件，也能精确地配置解决自己具体需求的软件。这样一来，SAP公司的收入既来源于销售基础产品，也来源于销售客户要求的附加产品。

应用附加商业模式的时机和方式

附加商业模式尤其适用于难以进行客户细分的市场。在这种市场内，顾客的偏好通常存在千差万别。仅仅是将产品分为不同层次或各种版本是不够的，没有哪个最优化的价值主张可以保证能带来数量庞大的顾客。因此附加商业模式变成了汽车行业的标准选择。他们会在基础版本的产品之外溢价提供可选的功能和附加产品。最近对顾客行为的研究显示，消费品也常常会采用附加商业模式。最初，客户会在包括价格的理性标准基础上做决定，后来就会变成以情感为动机的购买模式了。一旦你挤在一个窄小的经济舱座位上，就不在乎啤酒和三明治会花多少钱了。

当附加商业模式被应用到有着很多决策者的 B2B 环境中时，也能很好地发挥作用：投资者通常都希望在前期投资最少，以便在后期销售其资产的时候获得最大利润。最便宜的空调产品、电梯和安全系统就可以采用此模式，这样就把以后上涨的服务成本留给设备管理部门处理了。同理，附加商业模式也可被公司用来协助特定技术和附件在市场上获得突破，通常这就要求附加产品得到交叉补贴。为了能迫使汽车行业接受昂贵的技术（例如驾驶辅助系统），增加销量，这些功能都通过附加商业模式来获得补贴。

需要思考的问题

● 我们能否提供一款客户对其价格敏感的基础产品，然后再附加上服务？

● 我们能否让客户与我们绑定，让他们购买我们的附加产品？

联盟商业模式：你的成功就是我的成功

模式的形态

在联盟（Affiliation）商业模式中，一家公司的焦点是支持其他公司进行产品营销，进而从成功的交易中获利。因此，公司没有投入更多的销售和营销努力就能获得多元化的客户群。联盟机构通常在计件付费或者计浏览量付费系统的基础上运作，并且一般是在网上销售。例如，一家网站运营商也许会成为一个联盟商，通过在其网页上发布另一家公司的横幅广告，作为回报，以点击量和浏览量为基础收取佣金。在其他案例中，联盟商能够在更大的网络中销售自己的产品，然后按照销售量付给网站佣金。

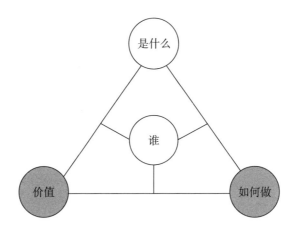

互联网让我们今天所熟悉的大规模公开的联盟项目成为可能，并且提供了很大的便利。产品或服务的销售商可以建立起属于自己的联盟项目，或者使用专业的联盟网络提供商的专业服务。一般来说，零售商只要遵循某些基本的指导原则，就可以获得很大的自由度来对销售商提供的产品进行定位。

至关重要的是，客户最终要能够聚集到原始销售商的网站上。要实现这个条件，就需要客户收到一个身份确认提示，以便销售商能够辨识客户来自哪个零售商（如何做）。佣金有多种模式。最常用的就是零售商从总销售额中分红，或者根据事先商定的客户行为数量获得固定利润，例如，客户完成购买行为或者提交了获取更多产品信息的申请。

联盟商业模式对销售渠道和销售商的总销售额影响巨大，该模式还可以为零售商提供服务，因为联盟商业模式如今已是收入模式中一个重要的因素（价值）。大量拥有高浏览量的博客、论坛和比价网站，还有产品和服务风向标都在很大程度上依赖于佣金或者甚至完全由佣金来提供资金。

模式的起源

现代联盟商业模式的起源可以追溯到互联网诞生的时候。花朵和礼物公司（PC Flowers & Gifts）是最早创立联盟项目的公司之一，它从 20 世纪 80 年代末起，就开始在天才网络（Prodigy Network）上销售产品。1995 年该公司彻底转型至互联网，一年之后，它声称其联盟项目已拥有了 2600 个合作商。该公司的创始人威廉·J. 托宾（William J. Tobin）拥有几项关于联盟营销的专利，并且被视为联盟商业模式的创始人之一。ClickZ 的网络营销专家说，实际上在 20 世纪 90 年代初，例如 Cybererotica 这样的成人网站很有可能就是利用这一概念的先锋。在竞争极度激烈的成人娱乐行业中，每个客户高达总价 50% 的佣金也曾有所耳闻。这一商业模式像野火一样扩展到其他行业，refer-it.com 网站创立于 1997 年，记录了联盟项目数量快速增长的过程。毫不奇怪，这家公司到 1999 年被卖掉之前，其大部分资金来源都是通过把商家和经销商联系起来而赚取的佣金。

模式的创新者

联盟营销策略是亚马逊在 1996 年将其引入亚马逊网站联盟计划（Amazon.com Associates Program）的时候真正发展起来的。亚马逊当时还只是一家网上书店，获得了美国编号为 6029141 的"网络客户介绍系统"的专利，尽管实际上已经有其他几家公司提前使用了这个系统。通过该系统，世界各地的书商们可以向读者推荐图书，通过收取销售额佣金参与到亚马逊的成功中来。最终，亚马逊的联盟营销策略迅速地在互联网上扩展，不仅为亚马逊的成功做出了巨大贡献，而且还从亚马逊急速扩大的商品范围中获利。网上对音乐和电影的讨论和评论很少不添加一个"从亚马逊网站购买"的按钮，电子产品和家用电器等产品的试用评价也会添加这个必有的按钮。亚马逊一般将每个顾客销售额的 4%~10% 支付给联盟合作者，同时帮助合作商优化销售活动。

如果没有这样的联盟营销项目，大量网站及其总公司就不会存在。对他们来说，联盟是他们的商业模式中销售额的核心增长点。这个过程最好的例子是社交网站 Pinterest，它的成功不仅是因其吸引眼球的设计，还有它特别会灵活利用佣金。这两个特点让 Pinterest 在非常短的时间内成为硅谷最受欢迎的初创公司。网络分析公司 comScore 的报告显示，Pinterest 是第一个在成立两年内成功保证每个月有 1000 万个不同访问者的网站。它背后的理念既简单又高明：用户根据主题建立虚拟话题板，发布喜欢的照片和链接，与朋友和其他兴趣小组一起分享。通常，用户会在网上发布其他地区销售的漂亮物件的照片。Pinterest 会巧妙地把这些内容与原始销售商的网站建立链接，并且包含了它自己的联盟标识符。与谷歌、Twitter 和YouTube 相比，Pinterest 为零售商的引流能力更强。这家公司从不对外公布自己的财务数据，但是我们也许能够猜到他们的收入一定相当惊人。

联盟商业模式如图 5–1 所示。

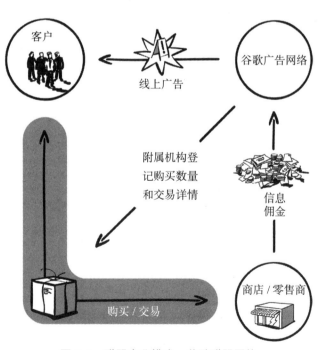

图 5–1　联盟商业模式：谷歌联盟网络

模式的形态

合气道（Aikido）是日本的一种武术，习武时借助攻击者的攻击力量，以反转攻击对方。这种方式所需的体力很少，因为习武者可以利用攻击者的动能而攻击对方。作为一种商业模式，合气道是指那些与行业内的标准完全不同的产品或服务（是什么）。对公司来说，该模式寻求占据一个与竞争者完全相反的位置，从而避免与其正面交锋（价值）。对手心中可能已经完全被自己的想法所占据，这种做生意的新方法将让他大吃一惊，使他原先的优势（比如优质或廉价）无法再与新对手的其他特点竞争。

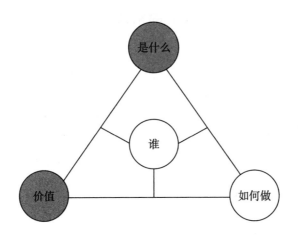

我们也许会说合气道原则是一种打差异化的策略，但它非常具有挑衅性。排除掉那些在某个行业显而易见的差异化因素，创造全新的差异化因素。

模式的起源

与竞争对手完全对着干，以其人之道还治其人之身，这个理念由来已久。在《圣经》中，牧羊人大卫用他的弹弓成功地战胜了强大而可怕的葛利亚巨人。大卫没有真正的武器，并且比巨人矮小很多，所以他不得不找一个特殊方法来击败对方。巨人的弱点（变成了大卫的优势）是不能敏捷地躲避弹弓射出的石头，因为巨人不习惯与这样的武器对抗。

在商业领域中，六旗公司（Six Flags）是首批使用合气道商业模式的公司之一，这家公司目前在美国、加拿大和墨西哥经营着 21 家游乐园。通过采用合气道商业模式，这家公司将关注点放在地区性主题和消费者能够消费得起的设施结构上，这个策略与像迪士尼乐园这样面向全国的主题公园完全不同。与地区紧密相关的主题公园很容易让当地消费者更加频繁地来玩，营销投入更少，却产生更高的收入。另一个优点是在淡季，这样的主题公园仍会吸引当地的消费者。

模式的创新者

目前，合气道商业模式已经应用到其他领域。斯沃琪公司（Swatch）是瑞士一家生产独特设计手表的公司，创建于 1983 年。斯沃琪公司生产的手表价格稍高，把手表的功能从计时转变为时尚配件。根据合气道商业模式，斯沃琪公司与瑞士手表行业的定位完全相反，该行业的传统做法是生产昂贵的奢侈手表。生产高质量低价格的手表为斯沃琪公司带来了丰厚的收入。同时，这家公司也吸引了更大的注重时尚的市场，通过宣传拥有第二只手表的理念影响了消费者行为，从而更好地推动了市场需求。这个独特的定位为斯沃琪公司带来了更多的消费者，增加了收入和利润。

太阳剧团（Cirque Du Soleil）也成功地应用了合气道商业模式。基于马戏团的理念，这家公司可以称得上是一个文化奇迹，但是它在一些重要方面与传统马戏团不同。太阳剧团有意识地避免了高成本的动物表演和明星艺术家，这些往往是传统马戏团的主要收入来源。然而，太阳剧团把戏剧、芭蕾、剧院和街头表演等艺术元素与经典马戏团艺术相结合，创造了一种全新的娱乐体验。太阳剧团的独特风格不仅让它节约了成本，同时也迎合了新的完全不同的观众，包括成年人和公司职员这样的消费者。

应用合气道商业模式的时机和方式

合气道商业模式非常诱人，但是运用起来需要足够的勇气。如果你想要利用竞争对手的优势来反转行业的话，那你真的需要打破常规思维。这个商业模式形态可以应用在任何行业中，但你必须小心留意任何脱离正确路线的信号。竞争对手们的做事方法之所以很适合他们，肯定有其充分的理由。通常，市场监测是很重要的，尤其是在应用合气道商业模式的时候，市场监测就更显得至关重要了。

需要思考的问题

- 如果使用合气道商业模式，那就必须考虑有没有愿意跟随我们接受这个挑战的引导性消费者？
- 这个引导性消费者是不是目标市场的代表人物，或者他以有远见著称，其他人会跟随他的行为吗？
- 在改变游戏规则的过程中，我们能不能克服遇到的所有困难？

07

The Business
Model
Navigator

**拍卖商业模式：一次，两次……
成交**

模式的形态

拍卖（Auction）商业模式是基于参与性竞价的。换句话说，就是一件商品的价格不是卖家单独决定的，而是买家积极影响商品或服务的最终价格。一个潜在买家以某个基于他或她愿意购买的价格开始竞拍，逐渐形成最终价格。拍卖结束后，出价最高的客户要购买该商品或服务。

从买家的角度看，这个模式最大的优点是他们的出价永远不必超出自己的支付能力或者意愿（是什么）。卖家的优势是能够在市场上更有效地分配商品（价值）。这个特点对非常稀有或者特别的商品尤其有价值，这些商品没有已有的参考价格或者很难决定其需求量。为了保证卖家不必以低于他们认为可以接受的下限价格出售商品，在很多情况下，设定一个保留价格（reservation price）已经成为惯例（价值），并且一件拍卖品或服务的售价直到拍卖结束才会固定下来。

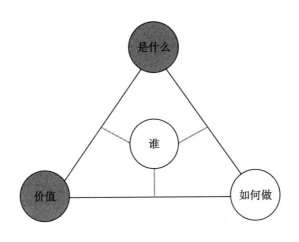

模式的起源

拍卖商业模式由来已久，现在仍然在牲畜拍卖市场内使用。在商业世界里，拍卖因拍卖行的发展而流行开来。最古老和历史悠久的拍卖行是苏富比拍卖行，由一位名叫萨缪尔·贝克（Samuel Baker）的书商于 1744 年在伦敦创立。1744 年 3 月 11 日，这家公司的第一次拍卖会是由贝克亲自主办的，目的是为了在清算几百本珍贵图书的过程中赚取利润。从那时开始，生意很快扩展到了奖牌、硬币和印刷制品的拍卖。

互联网为这个商业模式开启了一个重要的新时期。网络让拍卖活动不受空间限制成为可能，因此，现在的拍卖活动比以前拥有了更广泛的受众，如图 7-1 所示。这个领域的领军人物之一是在线拍卖网站 eBay，在这个网站中，个人和商家把种类繁多的商品和服务销往世界各地。卖家在网站上建立一个网页，对他们想要拍卖的商品进行描述，然后感兴趣的买家竞拍这件商品。2015 年，eBay 上的活跃用户数超过了 1.83 亿，成为目前世界上最大的拍卖行。

基于拍卖商业模式进行创新的公司如图 7-1 所示。

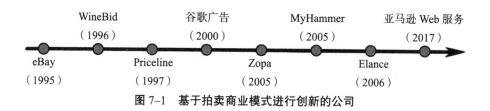

图 7-1 基于拍卖商业模式进行创新的公司

模式的创新者

在最近几年里，与 eBay 同步，拍卖商业模式形态也被富有创造性地应用到了其他商业模式中。Auctionmaxx 是加拿大的一个线上清算网站，主营无人认领的、送错地方的或受损的货物、零售剩余物资以及保险赔偿请求权的清算。该拍卖网站于 2012 年上线，遵循了一个简单但便捷的概念：Auctionmaxx 为其顾客提供全天候的在线购物平台，所有拍卖物资都到同一个地方提货，而且若需要，网站还可提供清算专家的建议。因为所拍卖产品没有底价、买方佣金或提货费，网站用户也省下了额外的费用。

基于拍卖模型的商业模式的创新还有其他的例子，它们都建立在"逆向拍卖"的理念基础上，也称作竞价采购。逆向拍卖是传统拍卖模式的一个变体，是卖家为合同竞价，而不是买家为一件商品竞价。Priceline 公司成立于 1997 年，作为一个逆向拍卖网站广为人知，也非常成功，它的重点在于提供与旅游相关的服务。在这个模式中，客户详细阐述他或她对旅程的具体喜好（包括航班、酒店、租车服务等），而且还要说明他们愿意为这趟旅行支付的最高价格。在这个报价的基础上，Priceline 会在网上的合作商中寻找符合客户具体要求的投标。提交一个报价申请意味着客户承诺购买 Priceline 给出的相应提案。尽管客户要冒一定程度的风险，但 Priceline 的商业模式仍在蓬勃发展。2018 年，也就是在 Priceline 集团更名为缤客公司（Booking Holdings）之后，该公司的员工数达到 2.45 万人，其全球营业收入达到了 145 亿美元。

另一家成功应用拍卖商业模式的公司是 MyHammer 公司。这家公司创建于 2005 年，专门为商家和相关服务合同商进行逆向拍卖。像 Priceline 一样，MyHammer 公司的客户陈述他们要求的服务，可能包括从零部件维修到整体工程转移的所有项目。拍卖商业模式让 MyHammer 公司在短短几年内就成了商家和服务合同商的首选市场。据统计，已经有价值超过 1 亿欧元的合同通过 MyHammer 公司来完成拍卖。

谷歌广告找到了相当成功地使用拍卖商业模式的方法。谷歌广告是谷歌专有的广告服务。每次，当广告适合出现在搜索结果中时，就会进行理论上的拍卖，决定是否出现广告，以及在屏幕上的哪个位置让正在搜索的人看到广告。拍卖的结果取决于三个因素：（1）广告商的出价，也就是他们乐于为广告的每次点击所能出的最高价；（2）所考虑的广告的质量，这取决于对搜索的人来说，该广告和网站的相关性和有用性，以及（3）广告的预期效果，这源于相关关键词等其他信息。谷歌几乎垄断了搜索引擎广告世界，其 2018 年的广告收入超过了 1160 亿美元。

应用拍卖商业模式的时机和方式

拍卖商业模式的诱人之处和潜力在于其在实施过程中的灵活性和应用的巨大可能性。你既可以提供自己的产品，也可以为卖方和买方创造一个市场，销售各种产品（如 eBay）或者专门销售特定产品。拍卖商业模式的可扩展性相当高，而且还能够全天候地为无数用户服务。这些用户都能够从这个模式创造的网络影响力中获利。如果拍卖为标准产品创造更多的透明度，那么这个模式就能够运行良好（如 C 类零部件或者原材料）。拍卖也能够销售非常专业的产品，前提是这个拍卖网站能吸引到足够的访问量。

需要思考的问题

- 我们应该拥有怎样的一种独特的销售主张，让我们能从知名的玩家手中抢走客户，例如 eBay 和阿里巴巴？
- 我们能够为市场运作者提供广阔的市场覆盖吗？
- 我们如何才能在竞争非常激烈的格局中保持竞争优势？
- 我们怎样才能快速和高效地增加市场参与者的数量？
- 我们怎样建立信誉，证明交易完全正确？

物物交换商业模式：投之以桃，
报之以李

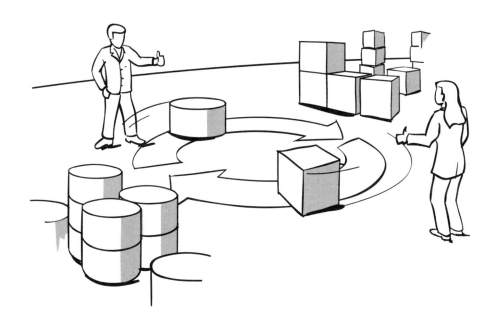

模式的形态

"物物交换"（Barter）这个术语描述的商业模式是指个人和组织团体之间进行不同种类的产品和服务的交换。交换仅仅依赖于商品或者服务，而不涉及货币（价值）。虽然这与赞助很像，但作为一种商业模式，物物交换不仅仅是第三方的宣传和资金支持，而是呈现了营销的形态。外围合作商会积极参与到价值创造过程中来。谷歌公司就是一个很好的例子，为了提高其声音识别技术，它免费提供索引辅助。另一个例子可以在医药行业找到，供应商为医生和医院免费提供药物，让他们在患者身上进行临床试验，这样，医院和医生为医药公司实现了一个非常重要的业务代理功能。

通过为潜在的新客户介绍某种产品，物物交换商业模式也能成为品牌宣传的有用工具（是什么）。这个策略经常用于销售婴儿食品。孩子出生后，大多数新生儿父母第一次面对这些产品。在这种情况下，物物交换是拥有和保持新客户的好方法，因为向新生儿父母免费提供婴儿食品能够让他们熟悉这个品牌。

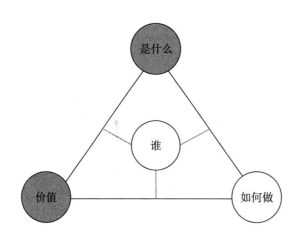

模式的起源

物物交换在古代就有。在古罗马，文化和社区的繁荣通常伴随着非金融的刺激因素。盖乌斯·梅塞纳斯（Gaius Cilnius Maecenas）是罗马帝国皇帝奥古斯都（Augustus）的谋臣，也被认为是这一模式的创立者：他提出了赞助的概念，被资助的个人和团体不需要互惠。然而，他的提议并不完全是无私心的，因为梅塞纳斯想用它们来扩张自己的政治和经济计划。物物交换模式形态在这个原则的基础上发展了起来，自20世纪60年代起，它在专业领域已经越来越普遍。物物交换商业模式首先被用来公开资助一些团体和体育俱乐部，并在21世纪发展成为一种成熟的商业模式。如今，越来越多的公司把物物交换作为价值创造中的一个主要因素。

模式的创新者

宝洁公司是快速消费品行业的巨头，其总部位于美国俄亥俄州，它或许是物物交换商业模式创新者中最为著名的一家公司。这家跨国公司和消费品生产商的产品包括个人护理产品、清洁用品和宠物食品，它以物物交换的方式与娱乐行业（广播和电视）合作来推销自己的品牌和产品。宝洁公司赞助和出品了广播和电视节目（他们之所以起名为"肥皂剧"是由于公司与肥皂生产商有关系），这让宝洁公司获得了很高的曝光率和营销收益，而娱乐媒体则用很少或零成本就拥有了娱乐节目。通过制作成功的广播和电视节目取得了广告时段，宝洁公司能够有效地覆盖大量的观众，并因此增加了其主流产品的声望和公司的收入。如今，通过其娱乐部门，宝洁公司依然在参与这种形式的合作和营销。宝洁公司也十分依赖物物交换商业模式来营销帮宝适品牌。在成为父母之前，人们很少关注尿布，通过给产科病房免费提供帮宝适品牌的产品，宝洁公司大大提高了将新生儿父母转换为客户的机会。

汉莎航空公司也采用了物物交换商业模式。汉莎航空总部在德国，是世界上最大的航空公司之一。2018年，该公司承载的旅客人数超过14万人。20世纪90年代，这家公司在纽约拥有一个高价零售区域（2000平方英尺，约合185.8平方米），但当时并没有使用。租期还有几年才到期，逐渐增加的成本并不能通过转租回笼，汉莎航空公司的解决方法就是物物交换——把闲置的不动产换成了广告时间和燃油。这样就让汉莎航空公司避免了因为公司简单转租而蒙受潜在的巨大损失。

位于美国科罗拉多州的白玉兰酒店（Magnolia Hotels）在达拉斯、休斯敦、丹佛和奥马哈管理和打造了很多高级酒店。这家公司在很多商业部门都运用了物物交换的理念，通过提供住宿和会议场所换取商品，例如平板电视、笔记本电脑和其他公司的礼品。而且，它也接受用像广告或建筑工作服务来交换协商好的酒店设施使用方法。白玉兰酒店通常在淡季提供这些选择，这样就不会影响接待客人入住酒店的正常收入。白玉兰酒店使用不花钱购买商品和服务这样的方法，省去了服务的间接成本，例如建筑工程、房间装修和配置像电视和笔记本电脑这类产品的费用。这种资源交换举措也能让不同地区的酒店相互受益，省去间接成本，增加利润空间。

如今，互联网上充斥着物物交换模式。"Twitter 来买单"活动就非常有创意地应用了这一理念，利用社交媒体平台的网络影响力来营销产品和服务，如图 8–1 所示。在"Twitter 来买单"活动的网站上，商家把他们想要做广告的产品通过 Twitter 注册。当用户在 Twitter 上向他们的粉丝发布公司和产品的信息后，他们会收到免费的产品样品。Twitter 每个月大概有3.3 亿活跃用户，他们是"推文当钱花"的潜在支持者，因此这是高效利用物物交换概念和在线推销产品的好方式。

物物交换商业模式如图 8–1 所示。

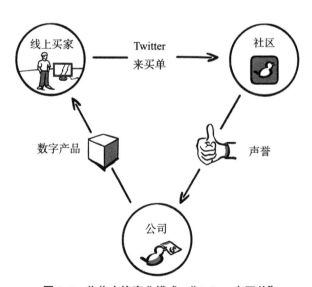

图 8–1　物物交换商业模式："Twitter 来买单"

应用物物交换商业模式的时机和方式

这个商业模式在互补型合作商的业务方面潜力十足。合作商不仅包括供应商和客户，还包括竞争对手，并且他们不一定需要已经有生意往来。该商业模式也提倡要完全打破常规思维，接触非常不一样的合作商，例如建议把黑袜子订阅式服务和汉莎航空里程以及更多的活动结合起来，或者与订阅一份报纸结合起来。

需要思考的问题

- 合作双方是否存在互惠关系，或者说他们在获得客户时是否存在竞争？
- 是否存在一个互补型服务或产品来支持我们的产品？
- 是否考虑过我们新的合作伙伴的品牌溢出效应？
- 我们能否在一个合理的成本框架中应用物物交换模式？
- 是否存在相关的文化问题，并且我们是否具有类似的企业文化？

取款机商业模式：利用负运营资本赚取利润

模式的形态

取款机（Cash Machine）商业模式是指用一个负现金循环周期来运营公司。如下面即将看到的公式所示，现金循环周期是指一家公司支出现金和收回现金之间的时间跨度。具体来说，它决定了存货的平均存储时间，包括原材料、半成品、成品以及客户和供应商的延期支付。

现金循环周期 = 存货转换期 + 应收账款转换期 − 应付账款递延期

要运行一个负现金循环周期，公司创收的速度要快于其采购物质时支付的周期。客户通常意识不到这种商业模式，然而它在商业领域却有非常深远的意义。这种模式增加了资金的流动性，不仅可以用来实现多种目标，如偿还债务或者进行新的投资（价值），还能让公司减少支付的利息或加快发展速度（价值）。实现负现金循环周期需要注意两个重要方面：第一，确保公司与供应商之间拥有宽松的商品付款方式；第二，确保客户及时付款（如何做）。此外，通过尽可能地缩短货物的存货时间，按订单生产策略或者一个非常短的存货周转期能够帮助公司实现负现金循环周期（如何做）。

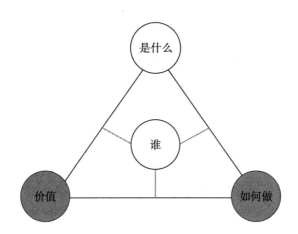

模式的起源

取款机商业模式形态实际上已经存在了相当长的时间了：银行从业者以支票的方式使用这个模式，简单来说，支票就是一份要求从某个银行账户向指定人付款的文件。银行通常扮演着写支票的人（付款人）和收到钱的人（收款人）之间的中间人角色。它从付款人处收钱，然后在兑现支票的时候付给收款人。支票说明银行的现金循环周期为负，因为它能够在产生支出之前实现收益。14 世纪初，支票开始在欧洲流行，当时经济繁荣发展，刺激了商人对非现金付款方式的需求。

1891 年由美国运通公司开发的旅行者支票，是在取款机商业模型基础上的商业模式创新。美国运通公司的一名员工发现在国外旅行时很难持有现金，于是这启发了他关于发行旅行者支票的创意。威廉·C.法戈（William C. Fargo）是美国运通公司联合创始人威廉·G.法戈（William G. Fargo）的侄子，1891 年 8 月 5 日（也就是发明旅行者支票的同一年），在德国的莱比锡，他成了第一个兑现旅行者支票的人。

模式的创新者

在信息技术领域，计算机生产商戴尔公司是 20 世纪 80 年代第一个采用按订单生产策略的公司。这个策略让公司实现了负现金循环周期。在公司成立初期，取款机商业模式是戴尔公司扩大规模的重要方式。1984 年，迈克尔·戴尔创建公司的时候，他的种子资本只有 1000 美元。大额投资或者大量高价存货无疑会让公司破产。戴尔公司的优势一直是低库存、标准化的产品以及按订单生产的模式，如图 9–1 所示。

线上零售商亚马逊也非常巧妙地使用了取款机商业模式。亚马逊的负现金循环周期成功达到 28.6 天。亚马逊实现这个目标的首要方法就是确保存货运转非常迅速。此外，亚马逊与供货商议价的能力让它获得了优厚的付款方式。这两个因素结合在一起意味着亚马逊在客户为已购货物完成付款之前不需要付款给供货商。

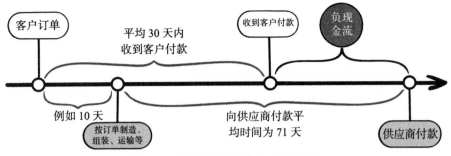

图 9-1　取款机商业模式：戴尔公司

PayPal 是一家美国公司，通过电子商务网站提供在线支付和转账服务。PayPal 为商业和个人卖家处理付款业务，根据付款方式、币种以及付款人和收款人的国家来收费。通过运用取款机商业模式，PayPal 对个人或小型企业的付款或转账要求收取预付手续费，否则他们不能使用信用卡和其他付款方式。在收取付款和转账服务手续费作为收入的同时，PayPal 还通过用户账户的资金赚取利息（未付支票金额 / 流动资金）。增加资金流动，能够让 PayPal 为逐渐增加的用户提供具有竞争力的服务。

应用取款机商业模式的时机和方式

这个模式非常适合按订单生产或与供货商协商好了优厚的付款条件的公司。取款机商业模式将会为你提供资金流动性。你所提供的服务能够尽早收到货款，但你又可以尽可能晚地付款给你的供货商。而且，任何流动资金都能够以你认为合适的方式使用。这种情况只有在你提供的产品或服务在客户看来具有较高价值的时候才可行（如一个在线按订单生产流程）。取款机商业模式是戴尔公司成功的秘密。你可能想要把取款机商业模式和订阅商业模式结合起来，因为客户可以先付款，然后收货和享受服务。

需要思考的问题

- 我们能够只在收到客户货款之后实际付款给供货商吗？
- 建立一个按订单生产流程，我们能为客户带来什么好处？
- 我们能否和供货商重新协商合同？
- 我们能否在收到货款后再完成产品和服务？

交叉销售商业模式：一箭双雕

模式的形态

交叉销售（Cross-selling）商业模式是指在公司基础产品和服务范围之外提供补充型产品和服务，目的是开发现有的客户关系来销售更多的产品。交叉销售商业模式也为支持现有资源和能力提供了机会，例如销售和营销（如何做和价值）。

对客户来说，交叉销售商业模式的最大优点是让渠道产生更多的价值，从而节省了寻找附加产品的成本（是什么）。交叉销售模式的另一个重要优点是逐步建立起来的安全感：已经和公司建立起良好关系的客户再次信任这个公司时，不会感觉自己是在冒险，这是新公司不能保证的（是什么）。提供附加产品和服务的时候，保持客户满意度很重要，要确保不满意的客户仍然会选购最初的产品。这需要精心计划和执行公司的产品组合。

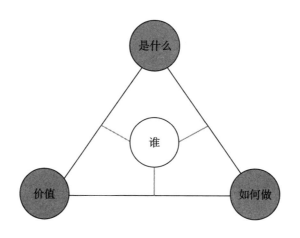

模式的起源

中东地区市场的商人曾经使用过交叉销售商业模式。近来使用这个模式的一个例子是石油和天然气巨头荷兰皇家壳牌石油公司，成功地启动了在交叉销售模式基础上创新的一个商业模式。壳牌公司利用其加油站网络销售一系列与石油行业完全没有关系的产品，例如食品杂货和其他日用品。据说这项举措是受到一位精明的肯德基经销商的启发，他在壳牌公司的加油站开了一家肯德基餐厅。很快，来加油站的顾客不仅为汽车加油，还要为自己加餐。于是，壳牌公司想到了交叉销售的主意，如图10-1所示。事实证明，食品和汽油的组合非常成功，以至于壳牌石油公司很快就把交叉销售的理念运用到了公司的其他方面。

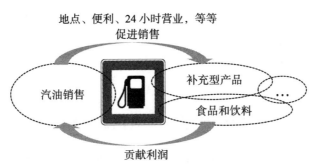

图10-1　交叉销售商业模式：加油站也是赚钱的杂货店

模式的创新者

宜家公司是世界上最大的家具零售商，主要生产待组装家具、家电和家居装饰用品。为了提升家具销售，宜家公司运用了交叉销售的理念，提供了多种多样的附加服务和产品，例如室内设备、家具装饰、店内餐厅和租车服务等，所有这些都为公司带来了可观的利润。

食品折扣商店奥乐齐（Aldi）也成功地实施了交叉销售模式。对众多顾客来说，奥乐齐不仅仅是一个购买廉价食品杂货的地方，还是满足日常需求的重要站点。为了进一步推行交叉销售，奥乐齐通过限量促销活动成功地推出了新商品，例如手提电脑、服装、运动器材、园艺设备和度假产品等。

在线上交易中，交叉销售也具有很大的潜力，一个很好的例子就是购物平台Zalando。Zalando创立于2008年，是欧洲领先的时装和生活方式在线平台。公司面向17个市场的2600万活跃顾客销售从头到脚的时尚用品，其中包括约2000个品牌的服装、鞋子、配饰和美容产品。交叉销售在Zalando的商业模式中发挥着至关重要的作用：当有顾客将某个产品加入自己的购物车，"可搭配购买"的选项就会出现，诱惑顾客采取行动。假设在购买裙子时点击该选项，Zalando 就会建议配套的鞋子、手提包以及耳环，而标题就是"整套搭配"（Complete the Look）。Zalando 甚至希望向那些没有 Zalando 账号的顾客进行交叉销售：只要有人刚刚考虑平台上的某项商品，Zalando 就会在"你可能喜欢的搭配商品"下推荐配饰。Zalando 公司 2018 年的销售额为 54 亿美元，相比上一年度增长了 20%。同 Zalando 的商业模式一样，在线平台缤客（Booking.com）公司也使用了交叉销售模式：当有顾客在网站预订住宿，网站就会建议合适的机场中转服务、租车或特定的旅游线路和活动。

应用交叉销售商业模式的时机和方式

这种商业模式在此类情形中具有很大的潜力：一种简单、利润空间小、解决基本需求的产品或服务，与利润空间大的产品相结合。消费品往往就是这样的特点，便利能促使顾客购买更多的产品（如加油站的食品）。这个商业模式也可以应用到 B2B 业务领域，专业化程度较高的产品与其他产品和服务捆绑销售。例如，建筑中的某种高层升降电梯，与低层商用升降电梯和扶梯搭配，或者与提供保养服务的新型扶梯装置搭配。这些搭配通常解决了客户的一站式购物愿望。在 B2B 业务中，交叉销售商业模式经常与解决方案提供者商业模式共同使用。

需要思考的问题

- 捆绑销售的产品能对消费者有利吗？
- 潜在客户是否认为交叉销售有足够高的价值？
- 在消费者看来，有没有捆绑销售的自然需求？
- 我们能否让这些产品的标价一致？
- 针对潜在的新竞争对手，市场准入障碍条件是否足够高？

众筹商业模式：大家一起来投资

模式的形态

众筹（crowdfunding）商业模式是指把一个项目筹集资金的环节外包给大众，目的是为了限制专业投资人的影响（如何做）。首先通过公告引起大家对需要潜在支持者的项目的关注（如何做）。通常情况下，Kickstarter、Seedres 和 Indiegogo 这类线上平台会被用于为众筹出资者和众筹项目牵线搭桥。就像大家所知道的那样，大部分众筹者是个人或者私有团体，他们自由选择自己想要在某个给定项目中的投资。作为回报，支持者会收到某个专门项目的报酬：报酬可能是这个项目开发的完成产品（例如，一张 CD 或者 DVD）或者附加的专项收益，比如分红凭证（如何做）。众筹大体上是一个全有或全无的提案，即一个项目只有实现最小的筹资目标之后才会产生收益，因此一旦启动某个项目，就不太可能终止这个项目了。

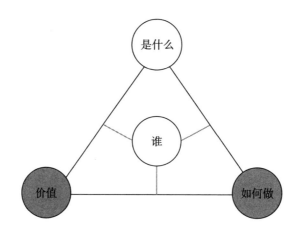

与传统投资者或银行不同，与投资回报最大化相比，众筹者可能对帮助实现项目更感兴趣。为了鼓励这样的动机，有时会为众筹者可能对某个给定项目的投资金额设置一个限制。这种做法现在正成为金融法规环境下的一个合法限制，这些金融法规是经过反思过去十年的金融危机之后产生效力的。对项目发起人来说，众筹模式提供了一个独特的机会来拓宽他们的投资圈，因此也增加了他们为项目争取有利金融条件的机会（价值）。提前公告项目的做法也起到了免费为项目发起人做广告的作用，并且可能会对将来产品的成功产生积极的影响（价值）。

模式的起源

众筹作为一种商业模式可以追溯到古代。那时，公众集资是为了修建庙宇和其他建筑。现在，互联网的诞生和众筹平台的创建让这个模式对企业和个人越来越有吸引力。英国马里恩（Marillion）摇滚乐队较早使用了众筹模式：由于该乐队的签约公司规模较小，乐队在 1997 年发行最新的专辑之后，公司却负担不起他们去美国巡演的费用。但是在粉丝的参与下，得以在一次线上众筹活动中筹到了充足的巡演资金。从那时起，马里恩乐队就持续使用这种商业模式来资助他们的专辑制作和发行。

模式的创新者

独立电影制作公司——Cassava 电影公司是第一家在互联网上运用众筹模式（部分）来资助一部电影制作的公司。由于缺乏足够的资源来完成影片《外国记者》（*Foreign Correspondents*）的后期制作，在完成主要的拍摄工作之后，Cassava 电影公司的导演和创始人马克·塔皮奥·基恩斯（Mark Tapio Kines）建立了一个网站，邀请感兴趣的人们来参与完成电影制作的投资。"众人"因为帮助实现一个他们认为有趣的项目而获得参与感，同时基恩斯的制作公司不需要依赖大的投资者来完成这项工作。制作公司在接下来的发行和版税中获得了收益，投资者从利润中得到了回报，捐助人拥有了参与项目的满足感。

另一家使用众筹模式的著名公司是 Diaspora，这是一个非营利组织，运行一个不属于任何实体的分散型社交网络，因此不受大型企业、广告商或者收购商的影响，始终强调保护用户的隐私。为了给公司的软件编程工作筹资，Diaspora 在 Kickstarter 网站上发起了一个项目，筹集了 20 万美元（是最初设立的 1 万美元目标的 20 倍）。其不断增加的收入来自捐助和 T 恤销售。这是一个证明众筹模式在公司早期发展过程中，能够在生产情感指向型产品过程中发挥作用的好例子。

索诺汽车公司（Sono Motors）是德国一家通过众筹创立的初创企业，其目标是成为全球汽车和能源服务的提供商，助力改善全球的碳足迹。公司正在开发第一台可批量生产的、能利用太阳能充电的汽车。这款汽车被命名为"Sino"，计划在 2020 年下半年投入生产。索诺汽车公司在 2018 年 10 月份通过 Seeds 网站成功募集 600 万欧元，760 余名投资人参与了众筹，这次众筹成为该众筹平台截至当时欧洲最大的众筹项目。

另一个成功的众筹项目带来了 Modern Dayfarer 公司。品牌创始人大卫·亨德特马克（David Hundertmark）发现难以找到一款满足自身需求的背包：他日常生活中常常要开会，带着手提电脑在不同的地方工作，然后中间的空余时间还要做运动。既然难以找到能满足日常生活要求的背包，他决定自己动手进行设计。为了能实现自己的创业想法，大卫利用公众来为项目筹集资金。潜在顾客可以花最低 119 美元在众筹平台网站 Kickstarter 上预订背包，但只有感兴趣并订购背包的顾客达到特定数量之后，才能进行背包生产。在成功说服 448 名支持者共同出资 58 227 欧元后，大卫的项目变成了现实。Dayfarer 背包在 2018 年 7 月份开始生产。现在，零售店和 Dayfarer 网站都有该款背包出售，日常定价为 149 欧元。除此之外还有大量的案例，让我们看到众筹帮助个人实现了产品创新，且无须自己完全承担创新费用。

众筹商业模式如图 11–1 所示。

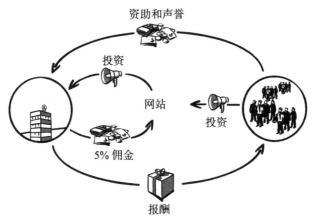

图 11–1　众筹商业模式：Kickstarter 网站

应用众筹商业模式的时机和方式

这个商业模式自然会吸引公司和个人。首先，众筹商业模式提供了至关重要的零利息资金来源；其次，它也增大了项目发起人早日实现其想法的可行性，并且能够预估项目未来的成功状况；最后，项目发起人可以从感兴趣的公众那里获得了有价值的反馈、批判和评价，从而不断完善他们的想法，因此不需要在烧钱的实验阶段制作产品原型或测试产品。如果你有一个吸引人的想法，并且认为会得到很多人的支持，而且他们能够言行一致地为你提供资金的话，那你就应该使用众筹商业模式。

需要思考的问题

- 你的想法是否足够振奋人心，并能够筹集需要的资金？
- 我们是否应该向资助人提供资金或实物报酬，并且如何保证这是符合相应法律和规章制度的？
- 我们怎样保护自己的知识产权？
- 众筹者能否成为我们的新客户，甚至是产品的粉丝？

12

The Business
Model
Navigator

众包商业模式：利用群体的智慧

模式的形态

众包（Crowd sourcing）是一项将具体任务外包给外围执行者的技术，他们通常以公开号召的方式获知任务（如何做）。众包的目的是扩展公司创新和知识的来源，增加开发更廉价、更有效的解决方案的可能性（价值）。众包任务可能囊括了一系列任务，如想出创意或者解决具体问题等。

众包也非常适用于找出更多关于客户想要和喜好的新产品的信息（价值）。"众人"参与众包挑战的动机可以说既有外因也有内因。有些企业为参与者提供金钱报酬，而其他企业则依靠众人对其的忠诚度，或者依靠每一位参与者对手头工作的个人兴趣。

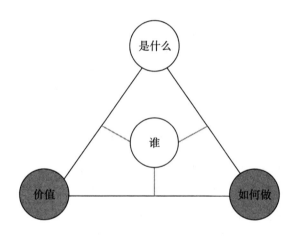

模式的起源

尽管众包这个术语本身直到 2006 年才被《连线》杂志的杰夫·霍伊（Jeff Howe）提出来，但这个商业模式实际上已经存在了很长时间。有关众包的一个历史案例可以在 1714 年英国的"经线行动"中找到，当时政府提供 2 万英镑的报酬，以奖励能够找到确定一艘轮船的精确经度的实用方法的人。那时，航海家可以用指南针来确定他们的纬度，但是类似确定经度的方法还没有发明出来。不能确定经度的后果就是给航海带来了很多困难，因此水手们不得不选择远路缓慢绕行或者冒着生命危险去航行。1773 年，英国人约翰·哈里森（John Harrison）最终因其发明的航海天文钟而获得大奖，这个发明为解决长期以来困扰人们的经度问题做出了贡献。

众包商业模式如图 12-1 所示。

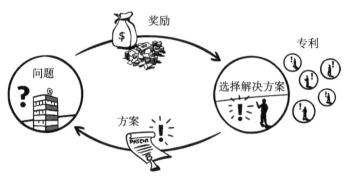

图 12-1 众包商业模式逻辑图

模式的创新者

在过去的 25 年里，美国思科公司主要依靠收购其他公司来发展，从而确保公司能够不断地进行创新。公司在创新输出方面非常成功，实际上已经超过了贝尔实验室，贝尔实验室以前是世界上最大的研究实验室。众包通常是思科公司产生新构想的"开放式创新"策略的特点。利用 2007年以来举办的众包竞赛，思科公司定位在年轻的创新者身上，组织了I-Prize 竞赛，邀请人们（众人）在网上提交和展示他们的创意提案。然后由公司的高管们选出最好的创意，提供资金，来实施构想。获胜者可以通过交换知识产权所有权的方式，来获得可观的资金报酬。通过 I-Prize 竞赛，思科公司吸引并聚集了全球观众的创意和才智潜能，成功的创意和获得的知识产权为公司带来了巨大收益。成功的创意人既有资金回报，也通过竞赛获得了声誉和知名度。

众包商业模式也被作为营销工具成功加以使用。2014 年，麦当劳决定给顾客机会来提交创意，说说他们想在麦当劳的餐厅里看到哪些类型的汉堡。顾客可以在线制作自己想要的汉堡，然后全国投票选择最佳汉堡。在德国，创意者们甚至被鼓励组织自己的宣传活动，其中包括火爆的视频和其他优秀的内容营销，基本上相当于是免费给麦当劳打广告。在赢家诞生后，麦当劳会以周为时间单位发售该汉堡，并且发布其创造者的图像和简要介绍。

旅游网站 Airbnb（Airbnb）也利用众包商业模式来制作营销内容。2015 年，Airbnb 与众包平台 eYeka 合作推广一个项目，邀请全球的视频制作者拍摄有趣且真实的视频，介绍被他们称之为家的地方。这些视频的时长必须达到 60 秒，而且参与者获胜后可以分享 2 万欧元的奖金。Airbnb 通过这种方式借力于"大众"，创造了广泛的营销覆盖面。该旅游网站最初使用该方式是在 2013 年。当时 Airbnb 请客户们通过推特网提交度假的短视频。Airbnb 后来将这些短视频综合在一起，制作了一个名为"短视频大片"（Hollywood & Vines）的视频，并用于电视广告。

InnoCentive 网站是一个众包平台，是由美国一家全球性的制药公司——礼来公司（Eli Lilly）创办的。InnoCentive 网站擅长从广泛的领域（如工程、科学和商业）找到解决方案。面对科研挑战的公司（解决方案捕手）把他们的要求细节发布在 InnoCentive 网站平台上，并且提供一定的资金报酬，以吸引全球解决方案提供者，进而取得被选构想或方案的知识产权。"众人"主要包括那些顶级专家，他们免费向平台提交建议方案。解决方案捕手在平台上公布各种各样的挑战，InnoCentive 网站通常向他们收取从 2000 美元到 20 000 美元不等的费用，另外，网站也发布过奖金达 100 万美元的挑战。通过让全球的专家参与进来，InnoCentive 网站能够让企业降低研发经费，同时解决方案提供者也能从企业提供的奖金中受益。InnoCentive 网站的理念让其成了这个领域的佼佼者，也让其成了最成功的众包媒介平台之一。

一个类似的众包平台是九西格玛网站（NineSigma），它专攻技术和科学专业领域，而其他平台则专注于不同的领域，如设计（99design.co.uk）、廉价劳动力（freelancer.com），抑或仅仅是新创意（atizo.com）。很多公司也因此开发了自己的平台来吸引潜在用户、客户、供应商或兼职人员。这些个人平台存在的前提条件是要吸引方案解决者，特别是那些与著名品牌相关、拥有公平交易声誉的公司。

应用众包商业模式的时机和方式

任何一家公司都可以在创意阶段使用众包商业模式。然而经验告诉我们，对于非常缺乏想象力的公司而言，如果想要把找到新创意的责任放在众人身上的话，那众包模式是不适用的。如果你已经充满了创意，你就能从众包商业模式中受益：通过从大众那里获得帮助来释放创新潜力，或者通过让人们参与到公司的创意阶段，来加强与客户之间的互动关系。众包商业模式的一个附加福利是让客户对公司的产品更加忠诚。众包平台提供商的市场是无限的——甚至越来越多的提供商开始服务于非常专业的领域。但同时，很少有提供商能够长期保持竞争力。

需要思考的问题

- 我们能否培养一个社群，能够有兴趣为我们提供新创意吗？
- 我们对问题的描述是否足够具体，便于大众做出回复？
- 我们是否建立了清晰和透明的标准来选择最好的创意？
- 我们是否能清楚地定义和沟通这个过程？
- 我们是否具有管理社交媒体动态的能力，例如群体动态评估流程？

作为一个众包平台提供商：

- 我们所选择的话题和 / 或社群是否能有一个真实的市场？
- 我们能否吸引公司和相关的大众？
- 我们是不是仔细检查了盈利模式？

客户忠诚度商业模式：忠诚度的长期激励机制

模式的形态

在客户忠诚度（Customer Loyalty）商业模式下，保持客户和实现其忠诚度需要通过商家提供的价值超出基础产品或服务的价值（例如通过激励项目）来实现。目标是与客户建立关系，通过奖励特殊产品或折扣培养他们的忠诚度。通过这种方式，客户会主动与公司建立联系，有效防止他们选择竞争对手的产品和服务，从而保证了公司的收入。

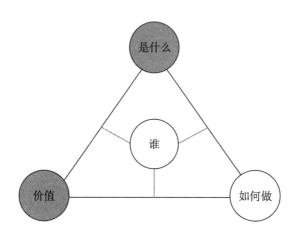

目前，以会员卡为基础的忠诚度项目往往是保持客户忠诚度的主要手段。会员卡记录了客户的消费额度，能够计算出相应的奖励。这样的奖励以实际产品的形式体现或者在以后的消费中享受减免优惠。给忠诚的客户提供折扣价产品是为了吸引他们经常光顾商店（是什么）。忠诚度项目显然是为了迎合客户的理性消费需求而设计的，更重要的是这些项目也利用了心理效应。消费者经常会受到寻找优惠的本能刺激，实际上这往往比参与忠诚度项目获得奖金更有影响力。这意味着客户到最后都会超额购买产品，因为他们会根据能够从忠诚度项目中获得多少奖励来做决定——尽管平均下来，他们最多只能得到消费额的 1% 的优惠幅度。提供这样的忠诚度项目能够让公司从销售中获利，否则公司不可能赚取客户超额消费所带来的利润（价值）。完成奖励的过程也能变成一项新收入，因为奖励只能在提供奖励的公司或者一些事先确定好的合作关系公司里使用。另外，这些奖励也变成了客户进一步消费的激励，因为奖励只能支付新产品或服务的一部分价格（价值）。

这个模式的另一个好处是能为企业生成重要的客户数据。根据所选择的系统，公司能够获取每一位客户近乎完整的消费行为记录，这为以后进行分析提供了巨大的机会，从而可以用来优化未来的产品（价值），增加广告效应和销售量（参见客户数据杠杆化商业模式）。电商企业甚至可以选择把减免金额直接与客户具体的账户直接挂钩。当客户返回网店再次购物时，折扣就会自动生成。客户忠诚度在线上销售的过程中起着非常重要的作用，因为客户和企业之间没有实际的联系和互动。在这种情形下，另一种选择就是发起一个返款项目：这和上面的忠诚度项目类似，但是客户在购物之后确实能收到返还的现金，而不是获得产品奖励或者减免优惠。

模式的起源

客户忠诚度商业模式已经存在了 200 多年。18 世纪末，美国商家开始送纪念品给客户，人们收集起来，然后用这些纪念品可以交换更多的产品。19 世纪，零售商们开始给客户派送徽章和印章，当客户返回商店的时候就可以用这些来兑换代金券。美国斯佩里和哈钦森公司（Sperry & Hutchinson）是首家以绿色盾牌印章的形式来提供第三方忠诚度项目的公司。在客户忠诚度商业模式下，客户从不同的零售商（如超市、加油站和商店）购买产品的时候，他们有权获得绿色盾牌印章。把这些印章收集到一个专门的册子里，达到某一特定积分之后，就可以用它们来兑换目录中的产品或者去绿色盾牌印章店兑换产品了。零售商从斯佩里和哈钦森公司购买绿色盾牌印章，然后派送给客户，用客户忠诚度和更高的收入来抵销购买印章的成本。这个方案的普及让所有人都能从中受益，同时销售印章也让斯佩里和哈钦森公司获得了收益。

模式的创新者

美国航空公司是最先把忠诚度项目 AAdvantage 旅行奖励计划引入商业航空领域的公司之一。Sabre 航班订票系统提供的信息能让美国航空公司知道哪些客户经常乘坐他们的航班。这些被称作"常飞客"的客户会被邀请参加 AAdvantage 旅行奖励计划，他们可以积累每次订票的航空里程。

获得的积分可以兑换升舱服务、未来订票减免优惠、特殊产品和服务和其他优惠。美国航空公司的客户忠诚度项目取得了巨大的成功，其他大型航空公司也开始采用类似的概念。截至目前，Miles & More 项目的客户忠诚项目可谓是最成功的项目之一。通过该公司，近 2900 万参与者可以在多个行业内约 300 个合作伙伴处收集和兑换积分，其中包括航空公司、银行以及汽车租赁公司。

客户忠诚度商业模式如图 13-1 所示。

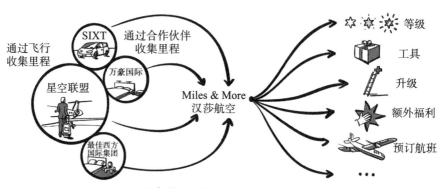

图 13-1　客户忠诚度商业模式：Miles & More 项目

Payback 是由德国麦德龙股份公司（Metro A.G.）发起的忠诚度会员卡理念。目前，让该公司引以为豪的是公司拥有超过 3100 万的用户。客户花的每一分钱都会在 Payback 会员卡上换成积分，可以兑换成现金，或兑换成 Payback 网站或者公司合作伙伴的奖品，或者捐给慈善机构。在整个过程中，Payback 公司都可以追踪客户在合作企业的购买行为。大部分客户好像不介意"追踪"这件事，因为 Payback 公司 80% 的客户同意公司存储他们的数据。通过使用数据分析方法（如数据挖掘），合作企业就能够实现更高的回购率，并且通过目标广告活动来提升营销效果。在 Payback 公司及其合作企业追求更高的销售量和营业额时，这样的客户数据非常具有价值。

星巴克的顾客只要通过星巴克 APP 支付，就可以获得星巴克的积点。当今的众多零售商流行使用手机应用来管理顾客忠诚度项目，但星巴克率先在 2010 年就将其奖励计划整合到移动应用中。由此这家咖啡连锁店不仅仅推动了其客户积点的行为，同时也让客户可以每次订单时无须等待或登记。此外，这种方式也便于星巴克将顾客和交易数据集中管理。

客户忠诚度商业模式还经常被应用到 B2B 购买业务中：购买量越大，年终回报就越高。这一简单的策略不需要增加因扩大合同数量而带来的额外成本，就能够实现强大的忠诚度。从广义上讲，供应商的生命周期管理常常能够实现强大的忠诚度，例如，在汽车行业，在顶尖供应商和原始设备制造商之间实现策略性的联合。

应用客户忠诚度商业模式的时机和方式

这个商业模式适用于很多情况。实际上，客户忠诚度已经变得必不可少；公司长期成功的基础是以客户为中心的文化。如果把客户放在企业的中心位置，并且实施忠诚度计划的话，那你将能与客户群进行沟通。这样的计划增加了客户的忠诚度和对品牌的认同感。鉴于大多数行业的竞争越来越激烈，赢得和保持客户忠诚度无疑是一门艺术，也是一门科学，每个人都应该努力掌握。

需要思考的问题

- 哪些渠道最适合客户参与，并建立起忠诚度？
- 我们在重视客户方面使用哪种方式最好？
- 我们怎样和客户交流，更好地了解他们的需求？
- 我们能否回馈客户一些对他们来说很有价值的东西？
- 如何将我们的客户变成粉丝？
- 作为一家公司，我们能像体育俱乐部那样和粉丝互动吗？

14

The Business
Model
Navigator

**数字化商业模式：把实际产品
数字化**

模式的形态

数字化（Digilisation）商业模式——有时称作数码化——是指把现有产品或服务转化成一个数字变体。这个模式可以应用到大量的商业类型中，例如，印刷杂志提供在线电子版，视频租赁店提供在线观看服务等。与大多数商业模式相比，数字化商业模式包含了近几十年来的主流技术、社会和经济上的发展和进步。自动化技术让虚拟供应的可能性变得越来越高，相当可靠，非常灵活，并且比以前更加高效，因此互联网对商业模式产生了巨大的影响。理想状况下，产品或服务的数字化在实现过程中不会以负面的方式改变针对顾客的价值主张。

数字化不仅仅能让既有的企业在网上得到"再现"，将部分企业流程和功能放到网上（如何做），同时还能带来全新的产品和服务。有些内容在互联网诞生前无法以现有的形式得以制作，但现在只要稍加努力就可以提供给顾客（是什么）。数字化也影响到了创收思路，因为数字基础设施带来了新的价值捕获机制（价值），让创收手段变得显而易见（例如替代支付方式）或不明显（例如广告）。这种革命性的模式也带来了副作用，即消费升级的速度加快，以及接触新顾客群体（谁）的难度降低。

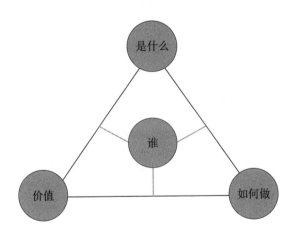

那些曾经以传统方式销售的、以实体形式呈现的产品，如今正以非物质的形式进行补充或替代，并逐渐展示出其优势特点。在当今世界中，我们可以随时随地在网上购买音乐。但是这样的发展也有其不利的一面，它带来了版权和数字化权利管理的问题，更不要说盗版问题了。相当多的时间和精力需要转移到创作者的知识产权保护和这种商业模式整体的创收思路上来。

已经能够使用的电子版内容也可以通过数字化商业模式来进行升级。在增加了互动交流之后，消费者电子产品受到的冲击不可估量，并且当用户使用视频点播功能时，他们能够随时观看电视，甚至可以实时对电视节目进行投票和发布评论。

数字化商业模式与其他商业模式具有紧密的联系，否则，众筹或客户数据杠杆化商业模式永远不会变成利润丰厚的提案。

模式的起源

由于十分依赖现代计算机和通信技术，数字化商业模式相对来说仍然是一个新鲜事物。这个商业模式的产生是企业内部的标准化和重复性商业流程自动化的结果。这个理念逐渐以相同的方式用于满足客户的需求。首先，在以数字和逻辑联系为代表的领域中，数字化商业模式被用于创造数字产品和服务。因此在 20 世纪 80 年代初，第一个电子服务是由银行创造出来的并不足为怪。这些服务最初是通过电话线路连接终端和传输数据的。20 世纪 90 年代，宽带的出现让大规模的数字化得以加速，并转向个人客户。随着图形化用户界面、浏览器和加密技术的发展，大量的网络服务已经成为可能。

模式的创新者

自 20 世纪 90 年代以来，很多企业已经开始在网上配送他们的产品和服务。WXYC 电台是一家美国高校广播站，在美国北卡罗来纳州教堂山获得了营业执照，一年 365 天，一周 7 天，全天 24 小时广播。除了音乐，该电台广播的其他很多节目（包括脱口秀）都专门报道北卡罗来纳州的内容、学生相关的专题节目和体育节目，所以说，WXYC 是最早实现数字化潜能的电台之一，节目不仅在收音机上播出，还尝试在互联网上播出，因此在北卡罗来纳州以外的遥远地区（包括美国东北部和英国）的听众都知道了这家电台。

　　Hotmail 现在由微软公司运营，被纳入了 Outlook.com 的产品系列之中。它曾是最早使用数字化商业模式的网络邮件服务提供商之一，它提供电子邮件服务，而不是传统信件。Hotmail 的基础服务包括免费提供适度的邮件存储能力，但是如果客户想要使用优质服务，例如，如果他们需要大容量存储能力，或者去掉插入式广告，那他们就必须付费（参见免费增值商业模式）。地址簿是在网上设立的，邮件可以在用户界面编辑、存储和发送。通过向高级用户收取服务费用，微软公司提供免费 Hotmail 账户基本服务的成本可以忽略不计。

　　亚马逊公司的 Kindle 是另一个应用数字化商业模式的例子。Kindle 抓住了改变行业的书籍读物数字化的潮流，让用户可以通过无线网络连接 Kindle 商店，浏览、购买、下载和阅读电子书籍、报刊。Kindle 现在已经发展到了第十代，且拥有不同的产品线，其中包括 Kindle Paperwhite 和 Kindle Oasis。通过让书本电子化，亚马逊成为电子书阅读器的全球领导者，2015 年的市场份额超过 50%。亚马逊 Kindle 一方面还掌控着 Kindle 用户购买内容的渠道（类似于剃刀和刀片商业模式），是推动电子书籍使用的主力之一。

　　数字化商业模式如图 14-1 所示。

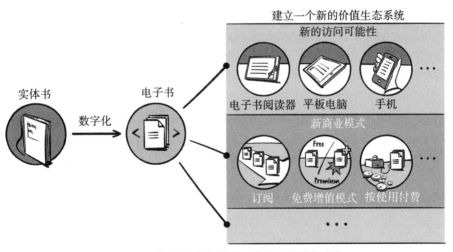

图 14-1　数字化商业模式：书籍行业的数字化

应用数字化商业模式的时机和方式

数字化商业模式可以被用于各种数据和知识驱动的产品，尤其是具有强烈时效性的产品，例如新闻。对这种产品来说，最好的模式就是进行数字化，并在同时使用互联网基础设施，力争价值主张的最大化。目前，数字世界和现实世界的边界变得模糊，所以截然不同的价值主张也就有了存在的可能。3D 打印机等新技术使此前只能以实体形式存在的产品开始数字化。在数字化的工作中，我们必须牢记，价值主张数字化后，为了赶上可观的变化速度，互补产品和公司生态系统中的合作组织都能发挥巨大的影响力。

需要思考的问题

- 我们产品的哪些部分能够在引进软件技术后产生价值？
- 我们的价值主张哪一部分可以进行数字化？
- 我们能否从数字化商业模式中创造和抓住价值？
- 这个模式何时何地对我们有用？
- 我们和相邻行业有哪些其他发展是源于数字化？

The Business
Model
Navigator

15

直销商业模式：跳过中间商

模式的形态

在直销（Direct selling）商业模式中，一家公司的产品由生产商或服务提供商直接销售，而不是通过像零售商这样的中间渠道来销售（如何做）。借助这一商业模式，公司能够消除零售边际收益和其他成本，节约下来的钱能够补贴给顾客（价值）。这一模式还能促进与消费者之间更加个性化的销售体验，从而帮助公司更好地了解消费者的需求，推动改进产品和服务的新创意的产生（是什么）。

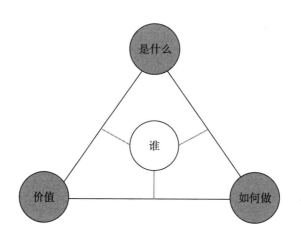

此外，直销模式还能使公司对销售信息有更精确的把握，并稳定地保持一个统一的销售模式（如何做和价值）。从消费者的角度来说，他们能够感受到明显优势，即能够及时从公司得到更好的服务，一旦所讨论的产品需要大量的解释，这将会是非常重要的一点（是什么）。

模式的起源

无须多言，直销是最古老的销售形式之一。早在中世纪，工匠和农民们就几乎全部通过直销方式在市场和路边摊兜售他们的货物。现代世界见证了这一模式的多种创造性运用方式的蓬勃发展，许多令人兴奋的商业模式创新应运而生。

采用该创新商业模式的一个案例就是福维克公司（Vorwerk）。这家德国公司在 20 世纪 30 年代针对 Kobold Model 30 真空吸尘器采用了直销的方式。公司为此建立了一个销售顾问网络，任务就是访问客户，直接在客户家门口销售真空吸尘器，所以也就发明了"前门业务"这种做法。得益于该销售策略，福维克的产品销量快速增长，在上市仅 7 年后销量超过了 50 万台。福维克截止到今日依然维持其直销模式，这也是该公司的核心能力之一。福维克目前在全球有近 50 万客户顾问销售公司的产品。

模式的创新者

特百惠公司引入了一个直销的新理念，并把它运用于诸如塑料容器、餐具、碗和冷藏储存器等厨房和家居产品的直销中，即在现有客户和潜在客户的家中组织销售活动。由这些顾问和代表来举办"特百惠派对"，他们的亲戚、朋友和邻居都会被邀请。代表们被分为不同的层级，分管不同的以网络活动为基础的配送和销售系统。直销模式使特百惠公司的产品供应不需要借助零售商来完成，也不会产生广告费用。这一概念的发明要归功于布朗尼·怀斯（Brownie Wise）。20 世纪四五十年代，她开始在自己位于佛罗里达的家中举行家庭聚会，并在聚会中向朋友和亲人推销特百惠的产品，取得了极大的成功。特百惠的创始人伊尔·特百（Earl Tupper）随后邀请布朗尼·怀斯做其公司的销售总监。她开创了"特百惠派对"这一理念，并对这一理念在全美范围内的推广起到了巨大的作用。她的举措使她成为首位荣登《商业周刊》封面的女性。

喜利得公司的总部位于列支敦士登，专门负责建筑行业的锚定系统，它是建筑行业内 B2B 电子商务模式最成功的直接供应商之一。全公司拥有 29 000 名员工，其中大部分员工从事销售工作，且每天都会亲自与顾客进行接触。公司在建筑行业内部引人注目的高姿态，使它在竞争中一直保有看起来无懈可击的竞争优势。喜利得公司以其喜利得中心而闻名于世，而公司的专业销售顾问更是闻名遐迩。在迈克尔·喜利得（Michael Hilti）看来，坚持直销原则是公司取得持续成功的主要因素。虽然接近市场的代价可能会非常昂贵，但这确保了客户能够得到他们真正想要的东西。

直销商业模式创新如图 15-1 所示。

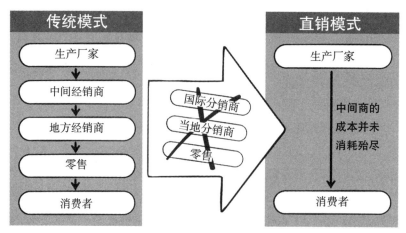

图 15-1　直销商业模式创新

应用直销商业模式的时机和方式

直销商业模式的应用是非常广泛的。去除中间商，直接和你的客户进行沟通。对整个销售过程的精确控制具有双重目的：第一，你可以密切关注你的客户，追踪他们不断变化的需求；第二，你可以优化销售、营销、生产和其他职能部门之间的内部协调。

需要思考的问题

- 加强公司与客户之间的亲密关系有什么作用？
- 我们是否能战胜现有的零售商？
- 我们能否创造和捕获价值来弥补高昂的销售成本？
- 我们要如何训练我们的销售队伍，以确保销售过程中的每个方面都得到良好的管控？

电子商务商业模式：更加透明、更加节约的网上交易

模式的形态

在电子商务（E-commerce）商业模式中，传统的产品和服务通过在线渠道进行销售，因此能够省去与实体分支机构相关的运营费用。消费者也会从产品和服务的在线搜索中获益，这些益处表现在消费者可以在不同的产品和服务之间进行比较，消除时间和运输成本，并且能够以更低的价钱买进。公司也可以通过将其产品和服务放在网上而获益，这样做就可以减少涉及的中间人、零售店经营场所和传统的非目标性的广告活动。

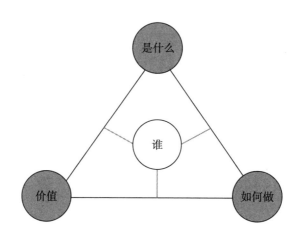

电子商务指的是通过电子系统进行产品和服务的购买和销售，它是随着电脑的广泛普及而出现的（如何做）。由于商业和信息技术一直都在不断地向前发展，所以很难对电子商务的确切范畴有一个明确的定义。《国际电子商务期刊》（*International Journal of Electronic Commerce*）的总编弗拉基米尔·热瓦斯（Vladimir Zwass）认为，电子商务是"通过远程通信网络来分享商业信息，保持商业关系，进行商业交易"的活动。除了产品和服务的直接销售以外，电子商务还包括客户服务和支持（是什么和如何做）。

和销售常规的实体产品相比，销售虚拟产品有一个很大的缺点，那就是购买者在购买前不能够直接测试和评估虚拟货物。这一缺陷必须通过把各种益处都尽可能清楚地展现给消费者予以弥补（包括确保无论何时何地都可随时提供产品，并保证消费者能轻易获取）。此外，消费者想要增加市场透明度，这其中就包括他们能够咨询其他消费者对产品的评价。相反地，如果给消费者提供很多选择，但又没有让消费者觉得选择太多而无从下手的话，那就没有任何问题，因为他们能够轻易地在线搜索、过滤并查明产品类别（是什么）。

电子商务模式可能会影响一家公司的所有层面和领域。例如，销售部门会利用数据挖掘技术或其他类似技术来分析公司的销售，为的是直接优化销售策略，这个任务也可以自动执行。消费者可以收到个性化的广告和推荐，而公司则可以用最低的额外费用接触到更多的消费者——互联网的延伸确实是全球化的（价值）。电子商务也能够作为一种补充销售渠道，通过这一渠道，数码产品固有的好处就能得到充分的挖掘（如何做）。当一个消费者在线下载数字音乐、电影或者软件的时候，可以通过一个快速的综合销售过程来实现，这一过程几乎没有任何等待时间，即时完成了所有必要的交易。最后，电子商务已经成为众多公司采购部门的重要帮手，商业采购正越来越多地通过 B2B 线上平台来完成，以提高透明度，降低交易成本。

模式的起源

从 1948 年到 1949 年间，电子商务在柏林空运期间实现了信息的电子传输以来，到现在已经有 60 多年的历史了。后来的电子数据交换（EDI）的发展成了今天电子商务的杰出先驱。20 世纪 60 年代，众多的行业部门通力协作开发出了通用的电子数据标准。最初的版本是专门为采购、运输和财务数据而设计的，而且主要用于行业内部交易中。第一批开发并使用电子数据交换的行业是零售业、汽车工业、国防工业和重工业部门。全球化的数据标准开发于 20 世纪 70 年代到 90 年代期间。

起初，这样的电子数据交换系统非常昂贵而且主要用于商业用途。互联网普及率的日益提高在电子商务的发展和再定义流程中起到了催化剂的作用。今天传统的电子商务渠道虽然缓慢但却坚定地向充分利用互联网功能的方向前进，这使得私人用户也能够接触到这一渠道。

模式的创新者

将电子商务商业模式发挥得臻于完美的公司是亚马逊。杰夫·贝索斯在 1994 年创立了这家电子书店，一年后该公司又建立了自己的网站和电子商务平台，并成功地卖出了第一本书。当时，由于亚马逊在物流方面所面临的限制很少，因此它能够比实体书店提供更多的图书选择。亚马逊在全球范围内的强劲增长势头和逐渐增加的普遍性使得它能够不断引入新的生产线。电子商务模式使亚马逊建立起了综合的订购和销售体系，并且通过它的在线平台，将这些系统提供给其他零售商使用。亚马逊已经垄断欧洲和北美的电子商务市场，所占市场份额达到 42% 至 50%。

关于亚马逊的事实和数据

- 杰夫·贝索斯于 1994 年创立了亚马逊公司。
- 2018 年销售额达 2330 亿美元，同比增长 30.9%。
- 根据 WPP 研究机构发布的 2019 年全球最有价值 100 强品牌排名，亚马逊是世界上最有价值的品牌，约为 3155 亿美元。
- 亚马逊的标志是一个由字母 A 指向 Z 的箭头而绘成的微笑形图案，寓意是亚马逊愿意向全球各地的消费者递送自己商品和服务。
- 2018 年，亚马逊在全球雇用了约 65 万人，是 2010 年（3 万人）时的 20 多倍。

Asos 是一家英国的在线零售商店，不仅提供时尚和美容产品，还出售自己的系列服装，他们使用的是公司网站上一个导航便捷的在线电子商务平台。Asos 减少了与子公司基础设施和中间商之间的相关费用，因此能够以更具竞争力的价格为消费者提供精湛的客户服务。该公司高效的网站和全球性覆盖使它能够与活跃在 165 个国家的数以百万计的客户进行联系。

电子商务让公司覆盖的顾客群可以突破之前的地域障碍。例如中国的阿里巴巴集团将推动和简化全球贸易视作自身使命。该公司创立于 1999

年，最初是一个全球和本地 B2B 电子商务平台。多年发展下来，公司服务范围已经扩大，包括了其他众多产品，从 B2C 电子商务平台到营销科技、经销商培训服务以及公司自身的支付服务支付宝等应有尽有。阿里巴巴目前是一个独立的数字生态系统，为所有与销售相关的服务提供全面的解决方案，尤其是针对小型企业的服务。

虚拟现实和增强现实等新技术也让电子商务领域得以实现众多创新。想想看，我们可以进入一家虚拟的百货商店，通过虚拟人像试穿衣物，或者是在自己的虚拟房间里摆放家具。这些电子商务创新旨在让线上购物变成顾客们独一无二的体验。使用虚拟现实来提升客户电子商务体验的公司有很多例子。例如德国贸易和服务集团 Otto 在 2018 年使用其名为 yourhome 的 APP 为顾客提供虚拟的家具规划服务。这款 APP 可以让线上购物者在增强现实的帮助下，在自己的家中布置家具或装饰品等产品。这样可以帮助购物者在购物之前了解各种家具和装饰品的比例合适与否。而在购物之后，这种做法可以帮助购物者合理地对家具摆放进行计划安排。

应用电子商务商业模式的时机和方式

像数字化一样，电子商务也具有无穷的潜力。电子商务的出现重新定义了购物，因为几乎任何一笔 B2C 交易现在都能在线完成。传统的线上营销和交易管理的优点是显而易见的，此外还有大量与电子商务相关的额外的隐性利益。大数据、搜索数据和交易数据的使用都显示出了巨大的潜力。尽管对（西方）社会中数据共享的可能结果的担忧还在不断增加，但只要这样做能为消费者创造价值，它们的商业化进程就将一直持续下去。在专业的 B2B 电子商务架构下，电子商务已经极大地提升了成本效率，并降低了交易费用。

需要思考的问题

- 引入电子商务是否能够为客户创造价值？是否能够降低成本？
- 我们能否整理和客户相关的信息并把它们公布在网上？
- 走电子商务这条路是否能利用到我们独特的销售主张，或者它会削弱我们的竞争优势吗？

体验式销售商业模式：打造具有情感吸引力的产品

模式的形态

在体验式销售（Experience Selling）商业模式中，一个产品或服务的价值会因其提供的额外体验而增加。例如，一家书店可能会提供很多额外的特色服务，例如，设立咖啡区，举行名人新书签售活动，以及组织研讨会，从而为客户创造更全面的体验。这一商业模式与营销紧密联系在一起，它除了设计产品或服务以外，还创造了体验和印象，而不仅仅是为业已饱和的市场提供另一种无差别的产品。相反，它为客户提供的是一种更加包容的体验，而不仅仅是产品的功能（是什么）。采用这种模式的目的是为了公司能够积极塑造其客户可观察到的环境，从而把自己和竞争对手区分开来。这些成功的销售体验会使客户更加忠诚，只要相关的体验被包括在内，他们就会愿意花更高的价钱购买公司的产品或服务（价值）。体验式销售要求统一管理所有会影响到客户体验的活动，其中包括推广活动、零售设计、销售人员、产品功效，以及可用性和包装（如何做）。同样重要的是，不管消费者涉及的是业务的哪个部分，他们都会获得同样的体验（如何做）。

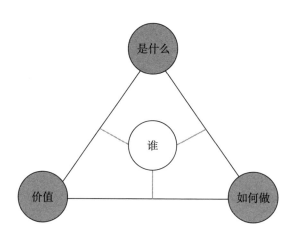

模式的起源

派恩（Pine）和吉尔摩（Gilmore）在他们1998年出版的《体验经济》（*The Experience Economy*）一书中对体验式销售商业模式进行了详细的描述。他们参照了阿尔文·托夫勒（Alvin Toffler）所著的《未来的冲击》（*Future's Shock*）一书，该书早在1970年冷战时期就已经认识到未来"体验式行业"的消费者会越来越愿意把钱花在非同寻常的积极体验上。德国社会学家格哈德·舒尔茨（Gerhard Schulze）在1992年创造"寻求刺激的社会"（Erlebnisgesellschaft）这一新词时，也留下了关于体验式销售理论的印记。后来罗尔夫·詹森（Rolf Jensen）发表了关于"梦想社会"的主题演讲，从而推动了这一理念的传播。

美国著名的哈雷戴维森摩托车公司成立于1903年，它完全采纳了体验式销售这一观念。电影《逍遥骑士》（*Easy Rider*，1969）为该公司提供了一个绝佳的机会，使它将无拘无束的自由情感和哈雷戴维森摩托车品牌联系起来。菲利普·莫里斯（Philip Morris）的香烟品牌万宝路也采用了类似的联想，把无限的自由和抽烟的"万宝路牛仔"所体现出来的无限的冒险精神联系在一起，来对其产品进行营销。

体验式销售的先驱之一是成立于1980年的Restoration Hardware公司。这家连锁店销售重现永恒经典的家具和具有历史意义的家具和家居饰品的正宗复制品。消费者完全沉浸在Restoration Hardware家具店所营造的那种舒适和安静的怀旧氛围中，这种氛围激发了他们在这个日益错综复杂的世界中过一种简单生活的渴望。

模式的创新者

总部设在美国华盛顿州西雅图的星巴克是一家咖啡连锁店，目前，在全球62个国家开了3万多家咖啡店。全球的星巴克咖啡店都为顾客提供多种食品和饮料，包括咖啡、点心、快餐、茶、三明治和包装食品等。它的咖啡产品也包括了多种"美食家"类型的饮品，如拿铁咖啡和冰咖啡。此外，星巴克还提供一系列特色产品和服务，它们一道构成了星巴克独特的体验（如免费 Wi-Fi、让人放松的音乐，以及舒适的氛围和家具）。通过采用体验式销售模式，提供多种除咖啡以外的特色产品和服务，星巴克的知名度越来越高，客户的忠诚度也逐渐上升，最终导致了收入的增长。

体验式销售商业模式如图 17–1 所示。

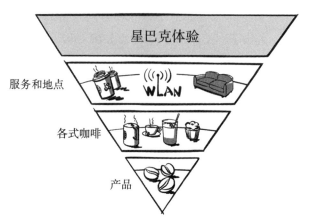

图 17–1　体验式销售商业模式：将咖啡豆变成一种生活方式

体验式销售的另一个案例是红牛公司，这是一家成立于 1987 年的奥地利公司，以与其品牌同名的功能型饮料被大家所熟知，同时这一饮料也是全世界所有功能型饮料中最受欢迎的。凭借其独特的红牛品牌化推广，红牛饮料在世界各地大量销售。营销将年轻男性作为目标客户。红牛公司把积极的生活方式和各种极限运动联系起来，如一级方程式赛车、摩托车越野赛、帆板冲浪、自行车越野赛和滑板滑雪等。和其他公司不同的是，红牛公司一贯支持极限飞行活动，如菲利克斯·鲍姆加特纳（Felix Baumgartner）的同温层跳伞活动和其他一些非同寻常的活动，如大篷车竞赛等。这些辅助性活动推动了消费者对红牛品牌的"体验"，鼓励人们参与到这些生活方式主题中来，喝代表着这类主题的饮料。红牛品牌之所以能够以高价销售其产品，是因为消费者希望参与到它的品牌体验全过程中，而不仅仅只是饮料本身。

线上零售商也注意到了体验式销售的潜力，已经日渐开始在线上商店之外开设实体店。这些实体店通常不同于传统的商店，提供的是数字化的服务。2015年底，亚马逊公司在美国开设了其第一家实体店。2018年，公司开始了其第一家Amazon Go便利店。亚马逊宣称，不同于传统的超市，顾客在Amazon Go便利店只要将智能手机在商店入口扫一下，就可以离开，无须再操作付款。整个支付都通过虚拟购物车来处理，完全电子化。虚拟购物车会记录顾客拿起产品和放回产品的行为。顾客越来越希望公司重点关注顾客体验而并非销售渠道，并且能将实体购物和数字购物综合在一起，打造融合一体的消费之旅。

蔚来公司创立于2014年，是电动汽车行业内一颗冉冉升起的新星，凭借体验式销售募集了40余亿美元的投资。这家中国公司只立足于电动汽车行业，其吸引顾客的方式完全有别于其竞争对手。宝马等汽车制造商都在大力提升自己的制造能力，而蔚来公司围绕自身产品打造了一个生活方式生态系统，提供雨伞等日常生活用品，顶级的私人咖啡休息厅或者是其人工智能系统NOMI。顾客购买蔚来电动汽车后就成为其专属社区中的一员，可以使用蔚来公司的设施和终生汽车保养服务。顾客可以在蔚来中心参加会议、享受茶歇、使用会议室、图书馆和儿童托管服务，并将其汽车送到此处进行保养或升级。目前蔚来汽车在市面上有三款纯电SUV车，但仅在中国出售。公司自2018年秋季启动生产以来，截至2019年7月份已经售出约2万辆汽车。

应用体验销售商业模式的时机和方式

零售行业的体验式销售已经做得非常好了。零售商不再仅仅是销售产品，同时也想要在激烈的竞争中赢得消费者的心。体验式销售为实现这一目标迈出了很大的一步。通过提供一个全面的体验，你可以从竞争对手中脱颖而出，并与你的消费者建立起直接联系。他们不仅会习惯于在你的店里花费更多的时间和金钱，他们还会更加频繁地光顾你的商店。

需要思考的问题

- 我们如何为消费者创造真正能反映我们的品牌概念的体验?

- 我们如何使公司的每个人都能支持体验式销售模式?

- 我们如何在顾客的消费之旅中培养彼此之间的情感纽带?

- 我们如何清晰地定义我们的产品所提供的体验?

- 我们如何能够创造积极的情感并切实地将其转变为购买力?

固定费用商业模式:"任你吃"
——固定价格内的无限制消费

模式的形态

在固定费用（Flat Rate）商业模式下，消费者一次性购买一项服务或一个产品，然后可以根据自己的意愿随意使用，不受次数限制。对消费者来说，主要的优势在于在成本可控的范围内可以无限制地消费（是什么）。这一模式要求商家财力要雄厚，如果一些消费者超出了正常的使用频率，就得由使用服务次数少的消费者来抵消（价值）。在少数情况下，公司要设定消费上限以免让公司承担过高的成本，虽然这样的做法违反了无限制使用的基本原则，但这是保证交易能够盈利的唯一途径。

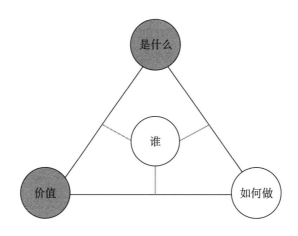

模式的起源

起源于美国拉斯维加斯赌场的牛仔自助餐（Buckaroo Buffet）是第一家采用"任你吃"概念的饭店。客户支付固定的费用，然后就可以想吃多少就吃多少了，不论他们实际消费了多少，价格都不会变。由于一个人每餐能够吃多少食物有一个物理极限，饭店会根据每个人食量的平均数进行定价。饭店的利润就来源于那些虽然购买了"任你吃"餐券，但是吃的比平均数量要少的顾客。

事实上，我们对固定费用商业模式的历史知道得相对较少，但毋庸置疑的是，它已经存在很长时间了。1898 年，瑞士国家铁路公司——瑞士联邦铁路（Swiss Federal Railways，SBB）根据"固定费用"概念推出了年票，一个多世纪后的今天，这一模式仍然在沿用。乘客以固定价钱购买一张单程票（通票），凭借这张通票，他们能在未来一年内无限制地乘坐列车（不受时间长短、列车类型和路线的限制）。这样的安排使得乘坐火车旅行更具吸引力，频繁乘坐公共交通工具的乘客所产生的费用由使用频率比较低的乘客来抵消，而且与一般按使用情况付费的模式相比（计费购买商业模式），年票能够创造出一个更加可靠且稳定的收入流。此外，通过推出年票，瑞士联邦铁路公司也为自身树立起了一种行业地位的象征。

20世纪80年代，旅游业开始采用固定费用商业模式。在此模式下，人们开始用"全包"这一术语来指代假期期间所有饭菜和饮料都包括在内的全套交易。"全包"概念的创始人是戈登·斯图尔特（Gordon Stewart），1981年，他在牙买加开办了第一家全包型酒店，并将其命名为桑道斯度假村（Sandals Resorts）。他的目标是吸引那些由于政治动荡而对来牙买加旅游心存疑虑的游客。如今，桑道斯度假村已经使斯图尔特成为整个加勒比地区最具影响力的酒店经营者之一。

模式的创新者

除了上述例子以外，固定费用商业模式还促成了其他一些令人兴奋的创新。20世纪90年代，电信行业开始认识到固定费用商业模式在移动电话方面应用的可能性，电话用户可以通过每月支付固定的费用，就能够在一个预先设定好的范围内，与他的所有联系人进行联系，拨打电话不受次数限制。这样的收费计划今天已经相当普及了，但在当时电信行业市场刚刚放松管制的情况下，它们是公司从与同行的竞争中脱颖而出的一个非常重要的途径。

成立于1999年的奈飞公司是第一家按需使用互联网流媒体供应商，同时也是对固定费用商业模式进行创新的商家。奈飞公司的客户每月仅需支付10美元，就能获得无限制观看超过10万部电影和电视节目的权利。奈飞公司在全球范围内有1.5亿订阅用户。它的商业模式被认为是巨大的成功。

固定费用商业模式如图 18–1 所示。

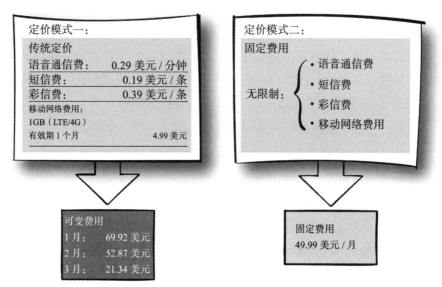

图 18–1　固定费用商业模式：电信服务的"任你吃"理念

　　瑞典 Spotify 公司提出了免费增值商业模式和固定费用商业模式的混合模式：该公司推出了一种商业性的音乐流服务，提供来自包括索尼、百代、华纳音乐集团和环球音乐集团在内的唱片公司的数字版权管理限制的内容。公司成立于 2006 年，到 2010 年已经拥有上千万用户，其中四分之一的用户支付包月订阅费用。2018 年，Spotify 公司的用户数量达到了 2.07 亿，其中超过 9600 万用户会付费享用服务，这是公司除广告收入之外的另一个收入流。一旦用户注册了 Spotify 公司账号或者第一次用 Facebook 账户登录，免费音乐流服务就被激活了，用户可以无限量地收听由视觉广告和广播式广告所赞助支持的音乐。Spotify 公司凭借其免费的订阅服务，抵抗住了收费产品苹果音乐的竞争。

　　索尼在 2014 年推出了游戏月订阅服务 PlayStation Now，创造了固定费用商业模式的全新使用方式。用户每月支付固定的 19.99 美元或每年支付 99.99 美元，就可以随意访问包含 800 多款游戏的游戏库。游戏玩家可以选择是否下载游戏，或者只是使用其 Play Station 4 或电脑连线玩。苹果公司在 2019 年也推出了类似的产品，即固定费用的游戏服务 Apple Arcade。订阅者只要每月支付固定的 4.99 美元，就可以不受限制地访问 100 多款游戏，也不用再看广告。

应用固定费用商业模式的时机和方式

如果你能够满足以下条件中的一个或多个，那固定费用商业模式对你而言就很有可能是可行的：首先，你需要有可控的成本，例如，你是一家边际成本较低的互联网公司；其次，你的消费者了解边际效用递减法则，也就是说你的客户每多吃一块馅饼，他或她对再多吃一块馅饼的欲望就会降低；再次，对你来说，向消费者收取固定费用将会比每项支出单独收费要划算。

需要思考的问题

- 普通客户是否仍然包含在可计算的利润内？
- 我们是否想要增加我们的市场份额，并以有可能降低利润的代价来实现增长？
- 我们是否能避免客户滥用我们所提供的固定费用服务？
- 我们是否已经检查过需求的价格弹性？
- 我们是否考虑到了把价格差异的损失作为一种潜在的资产？

19

The Business
Model
Navigator

**分式产权商业模式：分时度假
有助于高效率**

模式的形态

在分式产权（Fractional Ownership）商业模式下，消费者只需购买一部分资产，而非全部购买。消费者只需支付全部价格的一部分，这种做法为他们提供了购买产品或服务的可能性，否则他们可能会负担不起（是什么）。分式产权通常以联盟的方式来实施，在这个联盟里，每个购买者都会根据自己所有权的百分比来获得一定比例的使用权。在通常情况下，会有一家公司负责监督资产的维护，同时也会监督管理这一联盟的规则和条例（如何做），而这家公司则从分式产权中获益，因为把一个产品的总价分为若干个小份额能使潜在客户的循环更广泛，而且这样做的收益总额会比直销所带来的收益要高（谁和价值）。以这样的方式分担成本对资金密集型资产来说更有价值，因为很少有消费者会对资金密集型资产感兴趣。分式产权的另一个重要优点是，若干客户分享资产而非全部由一个人占有，这样就更能实现资产的有效利用（是什么）。

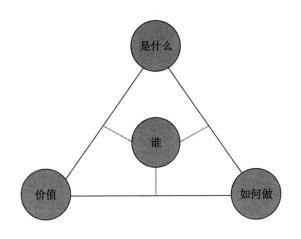

模式的起源

分式产权商业模式可以追溯到20世纪早期的农业集体化经营实践。最早把这一商业模式引入私营部门的先锋公司之一是NetJets公司，该公司在20世纪60年代建立起了飞机的分式产权制。消费者购买一架飞机的部分产权，他们会获得一定配额的飞行时数。他们不受飞机类型的限制，可以使用公司在全世界范围内的 800 多架飞机中的任意一架飞机。通过这种手段，NetJets 公司能够保证其用户在 24 小时内都有可用的飞机，这就相当于自己拥有一架私人飞机。NetJets 公司采用这一商业模式在民营航空领域开创了一个全新的细分市场。

分式产权商业模式如图 19–1 所示。

图 19–1　分式产权商业模式：共享和拥有

模式的创新者

分式产权商业模式自引入以来，已经受到了多个行业的青睐。例如，旅游行业已经开发出了分时度假项目。客户花钱购买每年固定期限的度假住宅的使用权，通常是一个度假公寓单元。瑞士的 Hapimag 度假酒店就是这一领域的创新者之一。Hapimag 度假酒店管理公司成立于 1963 年，目前是世界领先的分时度假供应商之一。在购买了 Hapimag 的股份以后，就会获得使用其旗下遍布全球 16 个国家的至少 56 个度假酒店中任意一家酒店的权利。Hapimag 公司负责房产的维护和预订业务的管理，他们会按年收取一定的维护费用。分时度假使旅游业得以引进一个全新的概念，它被证明是该行业增长最快的部分之一。

房地产行业的众投（crowd investment）就是立足于分式产权商业模式

的一种创新型投资模式。这类投资的原理就是某管理公司购买一个物业，然后将股份卖给股东们。简单来说，小型投资人将资金放在一起，成为利润丰厚的大型建筑物的部分所有人，而单靠他们个人是买不起这种建筑物的。瑞士著名的房地产众投平台 Crowdhouse 让投资人可以用不到 10 万美元就直接投资房地产。英国的 Yielders 等其他众投平台早已经将投资人的最低投资额度降低到 100 英镑。

另一种利用分式产权商业模式的投资模式是在 2017 年由 Masterworks 推出的。Masterworks 让投资人可以成为艺术巨作的联合所有人。同股票投资类似，该平台让投资人有机会投资由毕加索、莫奈和沃霍尔等知名艺术家创作的、人气很高的艺术品。目前，Masterworks 正在推销沃霍尔 1979 年的一幅作品，该作品来自沃霍尔的"反转"系列，平台此前以 180 万美元买下该画。该平台积极力争卖出画作，为投资人挣钱，并为此声称"类似"作品的内部回报率为 11.25%。截至目前，投资人在购买"原始股"后不得出售其股份，所以在 Masterworks 未来某时将这幅沃霍尔的作品出售之前，投资不会产生利润。

分式产权的部分模式已经被应用于制造行业。当遇到规模经济发挥作用，但市场不是很大或者专业化程度很高，却又必须购买某些很少使用的机器时，共同投资就开始变得非常流行了。由于标准一直没有建立起来，所以该系统有赖于合作伙伴之间的高度信任。

应用分式产权商业模式的时机和方式

在消费者愿意分享资产的行业中，分式产权运行得都非常好。随着资产价值的不断增长，这种商业模式会变得越来越可行，甚至会更加具有吸引力。这一模式已经被应用于飞机和房地产等行业。如果你选择应用这种商业模式，你将能够接触到更广泛的客户群，并获得原来没有能力购买你产品的新客户。

需要思考的问题

- 我们是否能够设想出一个合适的共享计划，从而最大限度地减少客户共享资产的风险？
- 划分所有权是否有可能使我们的产品对消费者来说更加实惠？
- 我们如何在合同和交易层面上对产品的使用权进行最好的分配？
- 我们是否能为那些希望出售他们手中股份的客户制定出简单且可行的退出条款？

特许经营商业模式：人人为我，我为人人

模式的形态

在特许经营（Franchising）商业模式中，特许经营权所有人把使用他们商业模式的权利出售给特许加盟商。通过这一体系，一家公司可以快速实现其业务在地理领域中的扩张，同时公司不用调动所有的资源，也不用承担所有的风险（如何做和价值）。这两个职能都由加盟商负责管理，加盟商作为独立的企业家，要为他大部分的交易承担相应的责任。加盟商得益于获得这一久经考验的商业模式，同时也获得了这一模式的所有性能和可识别性的特征，包括产品、商标、设备、工艺等（是什么）。

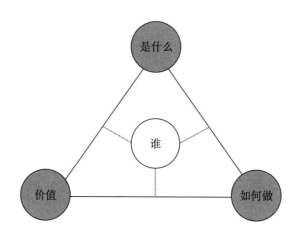

这样做所面临的创业风险比独立开发一种新的经营理念要小得多（是什么）。加盟者可以利用特许权所有人的专业知识，这些知识可能包括职业发展、全面的工艺知识和品牌外溢效应（是什么和如何做）。最好的情况就是，特许经营会达到双赢的局面，即特许权所有人能够快速扩展他们的业务，特许加盟商们则能够从中分得他们的利润。

模式的起源

特许经营最初起源于中世纪的法国，主要是国王运用特许经营的方式让第三方以他的名义来生产一些特定的产品。随着工业化时代的到来，特许经营传播到私营经济领域。胜家公司（Singer Corporation）是美国一家缝纫机制造商和经销商，成立于 1851 年，它是最早应用特许经营概念的公司之一。胜家公司以特许经营的方式把缝纫机提供给零售商，然后零售商们在取得营业执照后，可以在特定地理区域销售胜家公司的缝纫机。胜家公司还为零售商们提供经济援助，为的是在他们获得营业执照以后，帮助他们生产并销售缝纫机。作为回报，零售商负责培训人们使用缝纫机。胜家公司收取产品拓展销售额的提成，并且可以从更广泛的销售网络中获益，因为如果不这样做的话，过高的生产成本意味着很难实现广泛的销售网络。

快餐业巨头麦当劳公司通过在其自助式连锁餐厅采用特许经营的方式获得了享誉世界的美誉。销售代表雷·克拉克（Ray Kroc）在麦当劳的成功中发挥了很重要的作用。他说服了理查德和莫里斯·麦克唐纳兄弟（brothers Richard and Maurice McDonald）允许他在全美范围内推广他们的餐厅。根据他们的协议，雷·克拉克在随后的几年中招募了一批加盟商，业务发展得非常好，1961 年，他以 270 万美元的价格从麦克唐纳兄弟手中购买了麦当劳品牌。克拉克继续将麦当劳改造成为世界上最大的连锁餐厅之一，而他自己也跻身于美国最富有人士的行列。今天麦当劳餐厅在全球各地设立了连锁店。创业者们可以申请成为麦当劳的加盟商，如果申请通过，麦当劳会为他们提供必要的信息、设备和家具，帮助他们开设一家麦当劳餐厅。标准化经营使得公司能够将这一概念作为一个整体来销售，包括经营流程和产品。作为特许权所有人，麦当劳公司能够通过从全球加盟商这个大的特许经营网络所赚到的加盟费中获得收益。该公司主要专注于它的关键业务，从而为人们提供更具价格优势的快餐，减少侍应生的成本和其他一些杂费，增加了客户流量和利润。

特许经营商业模式如图 20–1 所示。

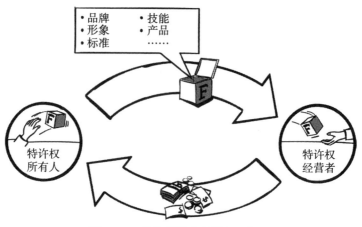

图 20–1 特许经营商业模式运行图

模式的创新者

在餐饮业领域,特许经营非常流行,许多知名的连锁餐厅都采用特许经营的模式,包括赛百味、必胜客和肯德基。以赛百味为例,它是美国一家快餐连锁餐厅,最有名的是它的"潜艇"(简称"sub")三明治和沙拉。加盟商们采用赛百味的经营理念,并把它应用到世界各地的加盟店中。各地赛百味的菜单因国家的不同而不同,从而使赛百味的辐射地区更加广泛,同时也迎合了当地口味和饮食习惯。赛百味为加盟商提供信息、经营场地和支持,以确保他们的品牌在他们所选择的加盟区域内能得到统一的形象宣传。赛百味自己则从其全球 4 万多家加盟店收取提成,这些加盟店构成了一个日益广泛、不断增长的全球加盟店网络。其他成功运用特许经营理念的国际大公司还有星巴克和 7-Eleven 便利店。

酒店行业也采用特许经营商业模式。第一批采用该模式的酒店之一是成立于 1993 年的万豪国际酒店集团。万豪国际是美国一家专营酒店和度假公寓业务的公司。该公司在其全球广泛的投资组合领域中管理并特许经营着各种设施。万豪国际提供针对商业客户的酒店设施以及度假公寓设施。特许经营商业模式使万豪国际能够将其品牌和理念应用到全球各地的加盟店中,同时为加盟商们提供信息、财产和必要的支持,以确保品牌的标准化和服务的一致性。加盟商们向万豪国际支付申请费，万豪国际在加盟酒店经营期间持续收取提成。加盟商们还需要支付实施全国营销计划所需的费用和采用万豪国际预订系统的费用。特许经营使得万豪国际集团在全球大约 130 个国家成功建立了加盟酒店，从而成为全球最大的连锁酒店之一。

自然之家（Natur House）是西班牙最大的特许经营店之一，在全球拥有 1890 家分店。自然之家通过其连锁店向客户提供饮食建议、持续的咨询和饮食计划，也提供如保健品、健康食品、化妆品和身体护理产品等。自然之家让加盟商以自然之家品牌开设自己的加盟店，并为客户提供营养与饮食领域的产品和建议。这些都是通过许可证经营商业模式和对连锁网络内的加盟商提供持续支持来实现的。加盟商向自然之家缴纳首付款，并按年支付特许权使用费。总之，公司会从日益巩固的地位中受益，从而实现消费者和收益的增长。

另一家应用特许经营商业模式的成功案例是瑞士霍尔希姆公司，它是世界领先的水泥和混凝土供应商之一，也提供如预拌混凝土、沥青和其他相关服务。2006 年，霍尔希姆公司印度尼西亚分公司正式推出了创新型特许经营商业模式，并把它命名为 Solusi Rumah。它的口号是"带着梦想而来，带着解决方案回家"，正如它的口号所表示的那样，Solusi Rumah 向印度尼西亚房屋建筑商提供了一站式住房解决方案，包括提供建筑设计服务、建筑材料、住房抵押贷款融资和 / 或小额贷款渠道，以及建筑和不动产保险等服务。客户只要走进一家零售店，就能享受到所有这些服务。那些零售店由霍尔希姆公司加盟商所经营，这些经营商或者是混凝土产品制造商，或者是自身不进行混凝土生产的零售商。Solusi Rumah 使霍尔希姆公司在印度尼西亚市场得到了迅速扩张，同时还为加盟商提供了使他们从当地竞争中脱颖而出的可能性，从而使 Solusi Rumah 在高质量、高档品牌的定位中受益。霍尔希姆公司的 Solusi Rumah 商业模式的成功令人印象深刻：推出仅仅几年后，在爪哇、巴厘和印度尼西亚人口最多的岛屿——苏门答腊岛南部开设的 Solusi Rumah 商店就已经有 180 家之多。

应用特许经营商业模式的时机和方式

如果你已经建立起如知识或品牌实力等重要资产，并且想要利用这些因素以有限的风险实现快速增长的话，那么你应该考虑一下特许经营商业模式。

需要思考的问题

- 我们的能力和资产是否有足够多的吸引力来说服潜在的加盟商们按我们的规则进行游戏？
- 我们如何增加自己的业务，在有限的风险内实现我们的增长潜力？
- 我们是否具备了足够的标准化流程和信息科技系统来支撑我们的商业模式，以巩固我们的合作伙伴？
- 我们是否能够合法地和 / 或在技术层面保护我们的显性知识，防止它们被别人模仿？
- 我们如何确保加盟商们愿意和我们共同进退？

免费增值商业模式：免费的基础版本
和付费的高级版本二选一

模式的形态

"免费增值"（freemium）一词是由"免费"（free）和"额外费用"（premium）两个词组合而成的。正如这个词的字面意思所表达的那样，这一商业模式包含两个方面：在免费提供一个产品或服务的基础版本的同时，通过追加费用来获得产品或服务的高级版本（是什么）。产品的免费版本目的是让公司建立起一个庞大的初始客户群，并希望以此为基础，在将来吸引更多的初始客户愿意跳转到付费的高级版本（价值）。

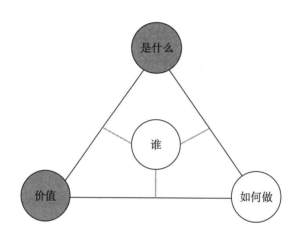

这一模式的一个关键绩效指标就是所谓的转化率，即用来衡量付费用户和非付费用户的比例。这一比例会随着特定的商业模式而有所不同，但一般介于个位数范围内。鉴于绝大多数人都使用产品的免费版本，因此需要有付费客户来进行交叉补贴。它遵循的原则是，提供基础产品的成本要足够低，理想的状况是成本为零。在许多情况下，这是确保"免费"用户能得到支持且商业模式有可能为公司带来盈利的唯一途径（价值）。

模式的起源

风险投资家弗雷德·威尔逊（Fred Wilson）在 2006 年首次对免费增值商业模式进行了描述。他对该模式的总结如下："免费提供给你的服务，可以用广告作为支撑，但也可以不用，借助口碑、推荐网络、有机搜索营销等手段来有效获得大量的用户，然后向你的用户群提供增值的附加服务或者为他们提供你服务的加强版本。""免费增值"这个新造词可以追溯到威尔逊发到其博客上的一个帖子，他发帖子的目的是为这种商业模式征集一个合适的名称。在众多名称选择中，他认为"免费增值"最合适，并由此开始确定下来，逐渐深入人心。

互联网与服务的数字化是促成这一商业模式发展的主要因素。两者都提供了一种"比特经济"的可能性，从而使大量产品几乎可以免费再生产，并以最低价格进行销售。在首批免费增值商业模式中，有一些是开发于 20 世纪 90 年代的以网站为基础的电子邮件服务。例如，微软公司的Outlook.com（前身为 Hotmail）为用户提供了一个免费的基础账户，但对一些像无限制存储这样的附加功能会收取额外的费用。

模式的创新者

与互联网的迅速扩展相一致，免费增值商业模式也被很多产品所采用。成立于 2003 年的电信公司 Skype，就是利用这种模式进行商业模式创新的。Skype 公司为其用户提供了一种网络电话协议程序（VoIP），借助此程序，用户可以通过网络和世界上任何地方的人进行通话。此外，Skype公司还为其用户提供其他选择，客户可以选择购买通话信用值，并可以在固定电话和移动电话上使用它。Skype 公司现已被微软公司收购，它对电信行业产生了深远的影响，目前它自诩拥有超过 5 亿的用户。由于现在电话用户都能够进行免费通话，所以许多传统的电信服务供应商来自固定电话和移动电话的话费收入已经急剧减少。

基于免费增值商业模式进行创新的公司如图 21-1 所示。

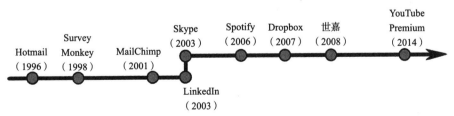

图 21-1　基于免费增值商业模式进行创新的公司

另一个以免费增值为基础的商业模式的案例是音乐流媒体服务商 Spotify 公司。免费用户会定期收到很多自动弹出来的广告，但如果他们升级为更加人性化的高级版本的话，就不会再受此困扰了。YouTube 也采用了类似的商业模式，在 2018 年推出了 YouTube Premium。每月支付 12 美元，订阅者就可以使用 YouTube 的付费版本，无限制地收看视频，不受广告的打扰，同时还能享有下载内容离线观看和使用 YouTube 音乐等多项功能。

其他以免费增值为基础的著名企业还有 Dropbox 和 LinkedIn。Dropbox 为用户提供了一定量的免费云存储空间，然后用户可以根据自己的意愿每月支付一定的费用来扩展储存容量。LinkedIn 用户可以通过购买"高级徽章"来访问领英的高级版本。这样他们就会在网络搜索中占据有利位置，也能够匿名浏览其他会员的个人资料。

视频游戏公司也正在越来越多地采用免费增值商业模式，尤其是针对移动应用。日本视频游戏制造商世嘉公司（Sega）近年来逐渐开始使用免费增值商业模式。例如，策略游戏《全面战争：王国》(*Total War Battles--Kingdom*)可以在应用商店免费下载。在游戏后面的内容中，为了避免在游戏中较长时间等待，必须通过所谓的"APP 内购买"来购买额外的安装包。很多其他的游戏也采用类似的方法来吸引儿童和年轻人。

应用免费增值商业模式的时机和方式

这一模式尤其受到那些以互联网为基础的企业的青睐，这些企业的边际生产成本接近于零，而且还可以享受到外部网络效应的益处。以前，这些公司用免费增值商业模式来试探用户对新发布的软件版本或商业模式的接受程度。如果拥有较强的客户导向，那这一商业模式会运行得更好。

需要思考的问题

- 我们的客户对基本服务 / 产品存在什么需求?

- 我们如何才能通过有意义的升级来改善用户的体验?

- 我们能否在一定程度上锁定自己的客户?

- 哪些功能能够提供附加价值,使用户更愿意额外付费来购买我们的产品或服务?

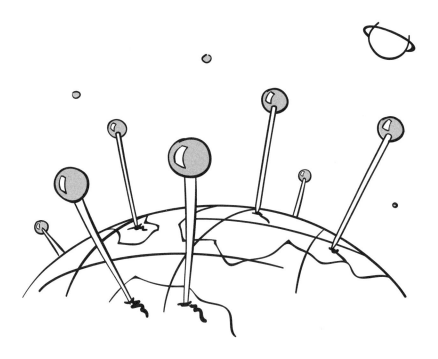

模式的形态

许多人对从卖方市场到买方市场的转化，以及相应地向需求推动销售的转变都不陌生，但是其中的挑战在于，如何使这些发现适应于一个合适的商业模式。从推动到拉动（From Push to Pull）商业模式的核心就是"客户是上帝"，并把这一信条作为企业内部做所有决定的依据，无论是关系到研究和创新，还是有关产品开发、生产、物流或销售，无一例外（是什么和如何做）。

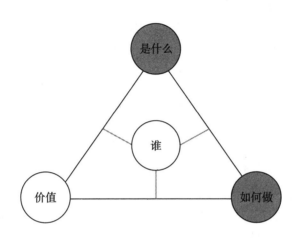

形象地说，我们可以想象一下顾客手中拉着一根长长的绳子，把所有公司流程都拉动起来，并以这样的方式塑造了公司的价值主张。这和推动式策略形成了直接的对比，推动式策略遵循"按库存生产"的方式。如果一家公司想要转变其对顾客的价值主张所实行的"推动"策略，并转而采用"拉动"策略，它需要有一个灵活且敏捷的价值链（如何做）。这样，库存成本会有所下降，非增值活动会被淘汰。因此拉动哲学必须被付诸价值链的每一个阶段。例如，根据解耦点在价值链上位置的不同，生产过程也会呈现出一个完全不同的形态。这个解耦点决定了从哪个点开始实施拉动策略，什么时候生产由目前的需求决定。换句话说，解耦点确定了从推动到拉动模式的界线。从推动到拉动以一个尽可能有效的方式，恰当地迫使人们向只产生消费者真正想要的产品方向进行转变。

拉动策略可以应用到商业的各个方面，例如，可以应用到产品开发流程（如何做）。开放式创新和按订单设计这两种方式可以在产品开发的初始阶段将客户囊括进产品开发流程中去，而不必涉及中介机构或其他第三方。

顾客主动询问一家公司的产品也可以被认为是一种拉动策略。具体的营销或类似的途径可以被用来激起客户的兴趣，使他们主动举荐一个产品。这种方法经常被日用消费品制造商们所采用，他们直接向客户推销他们的产品，从而增加了他们产品的零售需求。反过来，这也意味着零售商可能会更加倾向于分配这些商品的货架空间。为了成功地实施从推动到拉动商业模式，必须仔细检查价值链中的每一个步骤，并建立起与消费者相结合并交流的最优点，以便激起他们对公司产品的兴趣。

模式的起源

"推动"和"拉动"这两个术语起源于物流与供应链管理。丰田汽车公司已经成为在生产和物流领域实施拉动策略的代名词。第二次世界大战结束后不久，丰田公司开发了一个生产体系，这一体系是丰田公司能够跻身世界最大的汽车制造商行列的关键因素。当时的日本经济内需疲软，资源匮乏。制造商们只能尝试着尽可能高效且经济地进行产品生产。丰田生产体系采用超市模式来开始进行需求驱动型生产，补充急需产品的库存，使企业内部库存减少到最低。丰田生产体系的引入迫使公司按照这种方式重新组织整个价值链，以减少浪费，降低成本，并保持清晰的客户导向。如准时制生产（just-in-time，JIT）、周期时间最小化、通过运用看板物流（Kanban logistics）降低库存或全面质量管理（total quality management，TQM）等策略都是客户导向型生产的核心。因此，丰田公司能够迅速应对不断变化的客户需求和市场情况。由于丰田公司只生产客户预订的产品，每一个制造步骤都是由其前一个步骤直接发起的，整个生产过程则是开始于客户的订单。除了减少库存成本以外，这种方式也避免了产能过剩，从而可以把闲置资金用到其他地方，以创造更多的收益。这一生产系统因此大获成功，至今它仍然被公认为代表着技术发展的最新水平。

随着一大批工具和方法结合在一起，逐渐形成了一种商业模式，这一模式直到今天仍然被很多公司奉为榜样。丰田的商业模式一直被模仿，例如德国博世公司的模式也有一个类似的名称——博世生产系统（BPS），并得到了进一步的发展，例如宝马公司就借此开发了其高端车型。

从推动到拉动商业模式如图 22-1 所示。

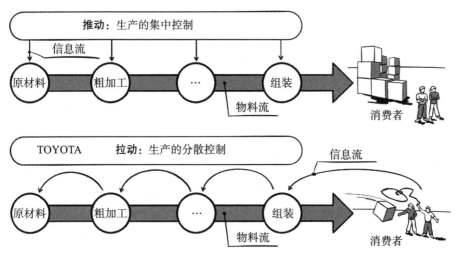

图 22-1　从推动到拉动商业模式：丰田生产系统的概念

模式的创新者

瑞士吉博力（Geberit）公司是一家生产卫浴产品的跨国企业。公司自 1874 年成立以后，很长一段时间内都依赖于批发商和五金商店的需求。在 20 世纪 90 年代末，吉博力公司发现其在自身的业务领域中面临着各种各样的挑战：大量的商品很少有进行创新或差异化的潜力，以及因需求停滞所引起的价格压力。2000 年，公司终于成功突破了占主导地位的行业逻辑，并成功地建立起了一种新的商业模式。主导的行业逻辑以前一直过分依赖于如五金店这样的中间商。自此以后，吉博力公司开始致力于追求去中介化的理念，设法建立起与消费者的直接接触，换句话说，就是开发了一种恰当的从推动到拉动的商业模式。吉博力公司还认识到客户并不是这些五金店、批发商或卫生系统的终端用户，而是应该把目光瞄准建筑行业中的决策者——建筑师、建筑商和管道工。这一认识使该公司大大减少了销售领域的中间商。此外，吉博力公司还采用了大量的方法，最大限度地囊括了客户反馈，并把它们融入到新产品的开发过程中。所采用的方法，从免费培训、完整的客户支持管理和相应的软件支持，到装配阶段更大的呈现。通过运用以去中介化为基础的从推动到拉动商业模式，吉博力公司实现了真正的转变：不再把产品"推"向五金店的货架，如今，它的产品正被由高质量客户组成的目标客户群所拉动。

在时装行业，从推动到拉动商业模式已经被西班牙服装及配饰零售商 Zara 所接纳。Zara 公司通过零售店和线上两种方式以客户可承受的价钱销售它们自主设计生产的服装。Zara 公司以其能迅速提供符合最新潮流趋势的时装系列而著称。这家时装零售商在全球范围内雇用了 200 多名设计师和大量时尚观察员，以确保它能够尽早发现最新的潮流发展趋势。设计师们迅速设计出新的时装系列，并把它们交付公司自有的生产车间进行生产，并从生产车间迅速派发到 Zara 各大零售店和网上商店。Zara 公司的零售商店一般都设在精心挑选的城市中心地带，能够吸引大量的闲散消费者。这样，Zara 零售店的橱窗就成了其最好的广告场地，它不用再为昂贵的广告推广活动提供资金。虽然贝纳通公司最先把从推动到拉动商业模式的各要素引入到时尚行业，但是 Zara 公司完善了该模式的实施。凭借其灵活的客户导向型商业模式，Zara 公司在 2006 年超越了其竞争对手 H & M，成为世界上最畅销的时装零售商。

另一家将行业内主导的推动思想转变为拉动思想的公司就是亚马逊公司。亚马逊公司同时启动了 CreateSpace 平台和 Kindle Direct Publishing（KDP），给印刷出版行业带来了创新。亚马逊不是提前印刷好特定数量的书，然后存在仓库内，而是借助 CreateSpace 这个应需印刷平台推行拉动策略，即只有在顾客购买书籍之后才会进行印刷。因此亚马逊公司不需要提前支付费用，存储成本也得以下降。KDP 则是 CreateSpace 平台的一种补充，可以为作者提供一个自主出版书籍的平台，出版自己的电子书籍并免费印刷，面向亚马逊数百万读者进行出售。

应用从推动到拉动商业模式的时机和方式

从推动到拉动商业模式旨在挑战你的整个价值链。它将帮助你消除浪费。无论你在哪个行业，你都可以使用这样一个以客户为中心的方法。对于产品种类很少且有稳定的消费者和库存成本较高的生产企业来说，应用这一模式的最大潜力在于价值链的前端，即生产和物流方面。

需要思考的问题

- 我们的生产和物流系统是否需要更加灵活？
- 我们目前是否有过剩的库存储备？
- 我们能否做到公司的每一项活动都真正专注于客户？
- 我们的供应商能否应对即时生产？
- 我们的供应商是否有足够的能力来管理拉动式生产？
- 这种模式能使我们更加灵活吗？
- 需要优先开发哪些价值链活动？
- 集中规划我们的活动是否会限制我们的努力？

23

The Business
Model
Navigator

**保证可用性商业模式: 产品的
可靠途径**

模式的形态

保证可用性（Guaranteed Availability）商业模式的意思不言自明，它的根本目的是为了减少由于技术性机器或设备故障所引起的损失，尽量保证不会有停工期（是什么）。该模式的实施通常会涉及一个固定费用商业模式的合同，以保证消费者有权享受所有保证商品持续可用性所必需的服务。此外，为了更换设备和机器，这通常也涉及一些维修和保养服务的规定（如何做）。因为消费者重视产品的长期可用性，所以好多企业通常会建立起与客户的长期合作关系（价值）。

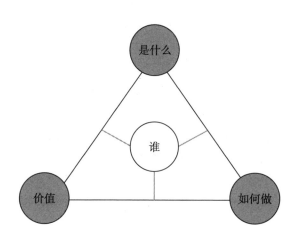

模式的起源

我们对保证可用性商业模式的起源知之甚少，但我们可以肯定的是它已经存在很长一段时间了。让我们想一下中国古代的大夫，有时人们付给他们诊疗费是为了让他为病人进行调理，以确保这些病人目前的健康状况得以维系，而且大夫医术的高低也是根据他照看的健康病人的数量来衡量的。中国有句谚语是："上医治未病，中医治欲病，下医治已病。"在民营经济中，保证可用性模式借助一揽子管理理念而获得了极大的推广，如对卡车、汽车、轮船或火车等车队的规划、管理和控制。最先提供一揽子管理理念的公司之一是美国 PHH 装备公司，除了其他事项外，它还以保证可用性为基础，为客户提供 58 万多辆车辆的租赁和一揽子管理服务。车辆的随时可用性和将一揽子管理外包给业内的专家，这两方面对客户来说都非常有吸引力。一揽子管理现在已经成为运输和物流企业业务活动中不可或缺的一部分。

模式的创新者

近年来，有相当多的企业已经采用了保证可用性商业模式。IBM 公司作为美国生产计算机硬件、软件和基础设施的跨国公司，不仅拥有许多信息技术的发明和业务创新，还提供通信和信息技术领域的多种产品和服务。20 世纪 90 年代，计算机价格急速下滑使 IBM 公司陷入了严重的财务困境，这一困境在 1992 年时达到顶峰，当时该公司宣布的损失额达到 81 亿美元，这一损失是历史性的。为了保证公司的生存，当时的 CEO 劳·郭士纳（Lou Gerstner）着手领导公司从单纯的产品销售者向解决方案为导向的服务供应商转变。对个人电脑这一业务分支来说，这意味着要放弃硬件业务，支持为客户提供综合性的可用性保证服务。通过这一转变，IBM 公司开始负责银行、企业和大型机构的计算机基础设施的维护工作。这一操作为 IBM 公司带来了更多的灵活性，使其在竞争激烈的计算机市场中屹立不倒。今天，它再次成为高盈利公司，硬件销售的利润只占它总利润的 10%。

另一个采用保证可用性商业模式的经典案例是总部位于列支敦士登的喜利得公司，十多年以前，它就推出了喜利得锤钻一揽子管理模式。像一个车队经理人一样，喜利得公司负责管理其用户的全套工具，对所有的维护和修理负责。如果工具损坏，喜利得公司保证要么进行修理，要么立即更换。这样可靠的服务对客户来说无疑是非常有利的，这样能将故障引起的停工成本降到最低，而故障引起停工在建筑行业可能会造成巨大的不良影响。

MachineryLink 公司是美国一家为设备和租赁计划提供专有数据服务的公司，服务范围主要是在农业机械领域（如联合收割机）。用户可以租用收割机或其他农用设备，并且能够获得 FarmLink 分析数据服务，这一服务通过为客户提供最新的收获信息（如天气、市场价格和趋势、作物条件等）来提高收割效率。借助 MachineryLink 公司的租赁服务，用户能够把资本分配到其他业务领域，而不必非得一次性购买机器。总之，所有这些益处对顾客来说很有吸引力，并增加了公司的收入。得益于保证可用性的理念，MachineryLink 公司现已成为美国联合收割机的领先供应商之一。

客户与奥的斯、三菱电机和迅达集团等电梯公司签订全面服务合同，就能保证使用到这些公司的电梯系统一定比例的可用性。这对于像芝加哥的威利斯大厦（Willis Tower，原来称作西尔斯大厦）这样的写字楼来说，是非常重要的，这座大厦每天早晨都有 12 000 名员工来上班。电梯系统的停工甚至只是可用性的降低，都会造成每周高达几百万美元的损失。这种商业模式所提供的安全性无论是对消费者（保证）还是对电梯公司本身（利润）来说，都是非常受欢迎的。

保证可用性商业模式如图 23–1 所示。

图 23–1　保证可用性商业模式：迅达集团的商业模式数据

应用保证可用性商业模式的时机和方式

如果可用性在你所在的行业中至关重要，那么你可能会想要利用这一商业模式形态。B2B 电子商务的大环境对保证可用性来说尤其有用。如果上述情形你都适用，那么从长远看，你就可以利用这一商业模式来赢得更大的客户群，并且为你的服务收取相当多的价格溢价。为了利用好这一商业模式，你必须非常熟练地掌控无法预料的客户风险。

需要思考的问题

- 我们负担得起这一商业模式吗？我们能否充分管理好库存，保持一定量多余的设备能用于替换损坏的设备？
- 我们如何限制技术产品故障所造成的不利风险？
- 我们如何在操作上加快维修和恢复的过程？
- 我们如何制定惩罚措施来管控产品故障带来的不利风险？
- 如果我们没有成功兑现我们的保证可用性承诺，我们能否处理好潜在的财务和 / 或名誉方面的负面影响？

隐性收入商业模式：寻找替代来源

模式的形态

在隐性收入（Hidden Revenue）商业模式中，要摒弃一家企业单纯依靠产品或服务的销售收入这一逻辑。相反，其最主要的收入来源于第三方，这些收入可以补贴那些为消费者提供的比较有吸引力的免费或低价产品的收益（是什么、如何做和价值）。对这一模式比较普遍的应用是将广告植入到产品中，从而将消费者吸引到赞助产品的广告商那儿去（谁）。应用隐性收入商业模式的主要优势是它使用了收入的替代性来源，这些收入能够补充甚至完全取代传统的产品销售所产生的收益（是什么和价值）。通过广告进行融资会对原始的价值主张产生积极的作用。通常，如果客户能够与你的货物或服务达成一个更好的交易，那么很多客户是会愿意观看一些广告的（是什么）。

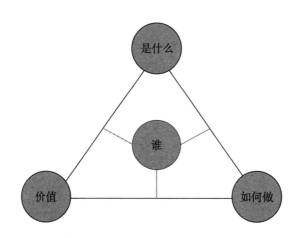

模式的起源

虽然古埃及人似乎已经开始使用广告，但把广告销售作为收入的一个主要来源，确实是近代才发展起来的。第一个以广告为基础的融资实例大概要追溯到 17 世纪早期，随着印刷机的出现，新闻简报开始分发。这些简报通常包含各种公告、法庭审理日程、讣告以及各种有偿的私人和商业分类广告。这些分类广告利润非常大，大多数简报几乎全部由它来资助。这些简报的现代植入版本就是今天我们在家里都能收到的广告传单。

模式的创新者

随着时间的推移，以广告融资为基础创造出了其他一系列令人兴奋的创新型商业模式。成立于 1964 年的德高集团（JCDecaux）就是一个杰出的例子。该公司为包括公共候车亭、自助自行车、电子留言板、自助公共厕所和报刊亭在内的公共"街道设施"提供了创新型广告系统。德高集团和市政当局以及公共交通运营商合作，免费或低价提供此类"街道设施"，作为回报，他们会获得独家的广告代理权。广告商支付德高集团费用以获得在黄金地段和运输工具上打广告的机会，而市民也会从免费或更加便宜的公共服务和广告设计创新中获益，在这一过程中，德高集团无疑是双方的中间商。在自助自行车计划——"循环城市"（Cyclocity）中，德高集团还能从租用和订购费用中进一步获利。其结果是大众能够开心地享受自行车租用服务，城市里的机动交通也随之减少，而对于当地企业来说，也取得了更加有效的广告营销。隐性收入商业模式为德高集团创造了 20 多亿欧元的年收入，使它成为世界上最大的户外广告运营商。

以隐性收入为基础的另一种创新是免费报纸。这些免费报纸完全靠广告资助，发行量非常大，这反过来又对广告价格产生了积极的影响。《国际地铁报》报社是这一领域的先锋。与它同名的免费报纸是世界上阅读量最大的报纸之一。《国际地铁报》第一版于 1995 年在斯德哥尔摩发行，如今它在全球 20 多个国家发行不同的版本，每周的阅读人数大约为 3500 万人。

基于隐性收入商业模式进行创新的公司如图 24-1 所示。

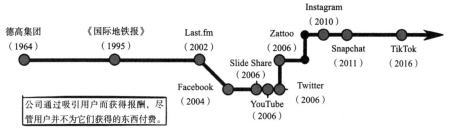

图 24-1　基于隐性收入商业模式进行创新的公司

定向广告是适用于互联网隐性收入的一个特殊版本。定向广告根据特殊的目标群体进行调整，以避免浪费版面，从而更加有效地传达广告内容。谷歌公司已经非常成功地用这种新颖的方式实施了隐性收入商业模式。1998 年在公司成立之初，谷歌只是一个单纯的互联网搜索引擎，如今谷歌公司已经统治了搜索引擎市场，并且有许多免费服务，包括网页搜索引擎、个人日历、电子邮件服务和地图服务，同时专门研究其他互联网技术，例如云计算和软件。凭借这些，谷歌公司已经成为线上广告业务行业最大的经纪商之一。通过用其关键字竞价广告项目收益进行贴补，谷歌公司能够维持其免费注册服务。关键字竞价广告项目允许企业购买一些目标广告，而这些广告会根据使用者键入的搜索词条出现在谷歌的搜索列表中。谷歌通过"按展示付费"（即广告每展出一次付一次费）或者"按点击付费"（即用户每点击一次广告付一次费）的方式来收取费用。通过这一模式，公司吸引了更多的客户，而更多的客户反过来又增加了公司的广告收益。谷歌公司的商业模式为其创造了每年数 10 亿美元的年收入，并保持 35% 以上的网络广告市场份额。众多其他企业也已经开始将定向广告作为自己主要的收入流，Instagram、Snapchat 和抖音等社交媒体平台尤甚。

应用隐性收入商业模式的时机和方式

这种商业模式的潜力在新经济时代的早期被系统过高地估计了：无数的公司都被高估了，但却未能产生任何实际的收入。即使在今天，隐性收入仍然难以评估。试想一下，Facebook 为 WhatsApp 消息服务付出了 160 亿美元，这是一个多么惊人的数字。同时客户也越来越警惕隐性收入商业模式。在德国，消费者特别关注敏感数据被挪用，三分之一的 WhatsApp 用户在知道 WhatsApp 与 Facebook 的交易以后考虑放弃这一服务。但与此同时，在广告和客户数据交易方面，隐性收入商业模式仍然非常受欢迎。

需要思考的问题

- 我们能否将客户从收入流中分离出来?
- 我们可以用其他方式进行资产的商业化吗?
- 如果我们开发了额外的隐性收入流,我们还能够保持现有的业务关系和客户吗?

25

The Business
Model
Navigator

成分品牌商业模式：品牌中的品牌

模式的形态

成分品牌（Ingredient Branding）商业模式是指给一个产品加注商标，但该产品只能作为另一个产品的一部分来购买，也就是说，该成分产品不能单独购买。这种成分产品是作为最终产品的一个重要特征而被推广的。事实上，消费者在查看最终产品时能看到"品牌中的品牌"（如何做）。公司提供这样的成分产品是为了能够增加其品牌的知名度，以吸引高端客户。由成分品牌创建的品牌意识不易被其他的替代产品所超越，使公司在与最终产品的生产商进行交易时有更多的讨价还价的空间（如何做）。

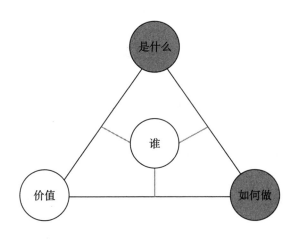

在理想状况下，成分品牌能够实现双赢的局面，成分产品的积极属性能够转化到最终产品上，以提升它对消费者的吸引力（是什么）。对于成功实施成分品牌原则而言，提供的成分产品必须满足最终产品中的某项主要功能，而且必须要比同类竞争产品更好。否则，很难说服消费者相信该成分是最终产品中完整且有价值的一部分。

模式的起源

自 20 世纪中期以来，公司管理人员一直在使用这种成分品牌商业模式。特别是在化工企业，他们在向消费者推销其染料和塑料产品的同时，也认识到了这种商业模式的优势。杜邦公司（DuPont de Nemours）成立于

1802 年，是一家美国化工公司，开发了聚合物聚四氟乙烯，创建了后来为人们所熟知的品牌特氟龙（Teflon）。特氟龙是一种功能繁多的合成材料，其固有的低摩擦系数和非抗电性特质使其在众多行业中得到广泛应用。特氟龙被确立为集实用性和高质量为一体的品牌代名词，这也就意味着其他公司可以通过把特氟龙这种成分融合到他们自己的产品中，从而使自己的最终产品对消费者来说更具吸引力。用特氟龙涂层生产的煎锅就是其中一个典型的例子，这一做法给煎锅制造商带来了好处，而杜邦公司也可以不生产煎锅就可以获得收益。目前，特氟龙商标在众多的坛坛罐罐中都可以见到，该品牌的辨识度一直维持在 98% 以上。

模式的创新者

总部位于美国的戈尔公司成立于 1958 年，它通过应用成分品牌商业模式非常成功地推销了其戈尔特斯（Gore-Tex）薄膜。戈尔特斯膜是一种透气的、防水、防风的薄膜，于 1976 年成功面世。尽管戈尔特斯薄膜是一个创新型产品，但一开始消费者对它的优点并不是很了解。但通过采用成分品牌商业模式，戈尔公司对戈尔特斯薄膜进行了成功的宣传，并最终取得了商业上的成功。至今，戈尔公司已经与至少包括阿迪达斯、巴塔哥尼亚（Patagonia）或 Military 品牌供应商在内的、使用和宣传过戈尔特斯薄膜的 85 家知名纺织企业建立了合作关系。

美国半导体芯片制造商英特尔公司就是应用成分品牌商业模式的另一个先行者。该公司在 20 世纪 90 年代推出了"Intel Inside"的活动，以提升其品牌的知名度。个人电脑制造商同意在他们的电脑上为英特尔处理器做广告，作为交换，英特尔公司支付他们部分广告费。与此同时，英特尔公司还独立推出了大量的广告推广活动，以提高消费者对微处理器重要性的认识。该策略为增加最终消费者的需求做出了卓越贡献，也使得英特尔公司成为全球微处理器的第一品牌。实施这项策略至今快有 25 年的时间了，英特品牌集团（Interbrand）将英特尔列为世界十五大最具价值的品牌之一。

成分品牌商业模式如图 25-1 所示。

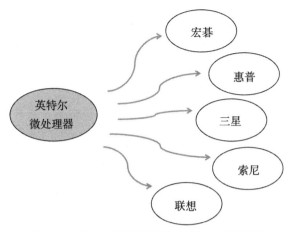

图 25-1　成分品牌商业模式：英特尔微处理器

　　另一个应用成分品牌商业模式的成功案例是禧马诺（Shimano）。禧马诺公司成立于 1921 年，是日本一家生产自行车零件的跨国公司，在自行车零部件市场中占有 80% 的市场份额。在很长一段时间里，消费者认为多齿轮的自行车过于昂贵和复杂，因此在自行车变速行业没有一家公司能够建立起明确的领导地位。禧马诺公司认识到成分品牌商业模式在自行车零部件行业的潜力，成功地创建了一个强大的品牌。类似的策略还被威曼斯（Remus）公司应用于摩托车排气管的生产中。

　　博世公司是德国一家工程和电子产品跨国企业，也是世界上最大的汽车零部件供应商之一，同时是汽车行业对成分品牌商业模式进行改进的创新者。博世公司因其产品的高质量和创新而闻名，它的创新包括电子稳定系统（ESP），即防止牵引力丧失的一个系统。博世公司在高质量和可靠性方面的声誉吸引了汽车制造商将博世品牌纳入到他们的设计中，或者张贴醒目的博世商标来销售他们的车辆。成分产品的良好声誉往往能投射到最终产品中。博世公司无须加入汽车制造业，也能从别的公司对博世成分产品的需求中受益。博世公司的电助力自行车电池也采用了这种策略。博世公司生产的锂电池是市面上最领先的锂离子电池之一，但公司本身不制造电助力自行车。自博世 2010 年推出电助力自行车驾驶系统以来，电助力自行车的受欢迎程度激增。在德国，电助力自行车从 2010 年到 2018 年的增长率为 390%。作为领先的电助力自行车电池制造商，博世抓住了这股发展趋势，并因此在 2020 年年初宣布成立独立的电助力自行车业务部。

近来成功应用成分品牌商业模式的例子，当属宜家和音响专家搜诺思（Sonos）之间的合作了。搜诺思是美国的一家消费电子公司，以高质量设计精美的音响系统而闻名。该公司同意为宜家的 Symfonish 无线音箱提供扬声器。宜家的资料显示，这种音箱外观精美，音色出众，能以新方式融入家中，让顾客能更为轻松地在家里设置音响系统。这款音箱也可以被纳入到搜诺思广受欢迎的全屋音响系统中，多个房间的音箱可同时播放音乐。在这个成分品牌的例子上，搜诺思的参与让顾客对宜家的新 Symfonisk 音箱有了信心。

应用成分品牌商业模式的时机和方式

在消费者中享有较高品牌知名度和高质量的产品能够从成分品牌商业模式中受益。当成分产品和最终产品相互协作或互为补充时，这种模式的作用会更大。

需要思考的问题

- 我们如何保证成分品牌不会影响到最终产品？
- 我们如何防止竞争对手采用同样的成分产品，导致我们的产品变得一般化？
- 我们如何与原始设备制造商和组装公司进行区分？

集成者商业模式：参与整个生产链

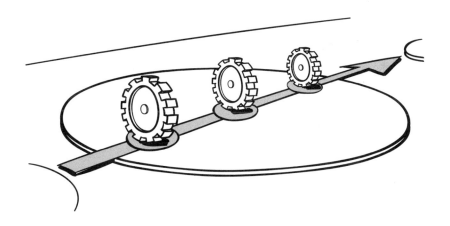

模式的形态

在集成者（Integrator）商业模式下，一家公司控制大部分或者所有供应链上的环节（如何做）。例如，公司参与生产过程的各个环节，从采购原材料到生产和配送。这样的控制范围能让公司提高规模效益和效率。这个方法消除了由于依赖第三方供货商而带来的延期风险，因此降低了成本（如何做）。另外，通过为行业需求和环节量身打造价值链，公司能够降低交易成本（价值）。公司既能从更高效地创造价值中受益（例如，通过更短的运输时间或更好地协调中间产品），也能从对市场变化的快速反应中受益（如何做和价值）。当然，集成者商业模式也存在缺点，即公司没法利用专业化的道路，因此可能会因为把专项任务外包给专门的供货商而受到影响（如何做）。

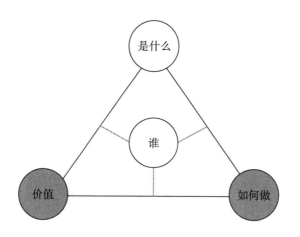

模式的起源

在 19 世纪早期的工业化进程中，集成者商业模式是在首批大型国际公司的创立过程中形成的。这些公司集成化的主要目的是使市场力量最大化，并保证获得重要资源和配送渠道。美国卡内基钢铁公司（Carnegie Steel）由安德鲁·卡内基（Andrew Carnegie）于 1870 年创建，是集成者商业模式早期的应用先锋。通过获取具有战略性重要地位的铁矿石资源和钢铁行业的整个价值链，他的公司成了世界上第二大的钢铁企业。除了购买生产钢铁所需的煤矿和锅炉，卡内基钢铁公司还建造了整个外围铁路网络来支持公司的运作。1901年，卡内基钢铁公司以4亿美元的价格被卖给了美国钢铁公司（大约相当于2019年的120亿美元），进而让后者再次拥有高度垂直的集成价值链，成为全球钢铁市场的巨头。

模式的创新者

集成者商业模式也扩展到了其他行业。著名的例子能够在石油行业找到，大多数石油公司不仅拥有油田和钻井，也拥有炼油厂，甚至还拥有加油站。跨国石油和天然气生产商埃克森美孚公司创建于1999年，展示出了高度垂直的集成价值链，包括石油生产、加工和冶炼。作为石油和天然气产品提供商，美孚公司拥有成百上千家子公司，例如埃索润滑油公司（Esso）、SeaRiver Maritime 航运公司和帝国石油公司（Imperial Oil Ltd）。

福特汽车公司在汽车行业普及了集成者商业模式的应用。如今，福特公司作为覆盖面非常广的制造商而广为人知。20世纪初，为了比以前更高效地大量生产汽车，福特公司开始生产很多原先外包生产的部件。公司还拥有了一家钢铁厂，从而得以将钢铁生产直接集成到公司业务中来。

在汽车行业的另一个集成化例子是比亚迪公司。这家公司创建于2003年，是一家中国汽车制造商，"BYD"正是"成就你的梦想"（Build Your Dreams）的首字母缩写。该公司就使用了集成者商业模式。公司主要为中国生产汽车，但是也出口到其他地区，例如巴林、多米尼加共和国，以及非洲和南美洲部分地区。其生产的汽车种类有小型和中型汽车，包括紧凑型汽车、客车、轿车和混合型汽车，以及新能源电动汽车。比亚迪公司控制汽车每一个核心构成部分的所有生产环节。这一模式促进了公司的创新，提高了效率，并且让比亚迪汽车在汽车行业中拥有了一个富有竞争力的地位，成为中国最大的汽车生产商之一。

西班牙时装零售商 Zara 也使用了集成者商业模式。不像大多数竞争对手，Zara 决定不将业务外包给亚洲的服装生产供应商和其他新兴经济体。相反，公司决定让自己位于西班牙和其他欧洲国家的工厂来设计和生产大部分服装和配饰，从而使公司能够对不断变化的时尚和各种各样的要求迅速做出反应。事实上，Zara 推出一个新系列，从设计室到商店橱窗，仅仅需要 2 到 3 周时间。同时，竞争对手几乎所有的衣服都在中国生产，比 Zara 花费的成本更少，但是他们不得不减慢速度：把服装成品从中国运到世界各地的商店，仅海运就需要几周时间。如果一个新系列不能满足客户的期待，Zara 有能力在非常短的时间内进行调整或者甚至全部停产。这一商业模式让 Zara 成为时装界最有创意和成功的公司之一。

集成者商业模式如图 26–1 所示。

一个强大的垂直集成者模式能够缩小价值链中各个步骤之间的循环。例如，Zara 可以对市场趋势和客户需求快速做出反应，因为价值链的末端（销售）直接对前端（设计）报告。必要的修改（生产）能够直接在店里实现或者在内部进行操作。这样一来，Zara 在商店里就实现了短期的周转。

图 26–1　集成者商业模式：Zara

在全球，YouTube、奈飞和 Instagram 等人气最旺的信息和娱乐平台都是由不同的开发者所开发。但在中国，有一家平台开发商似乎有一个解决方案，可以容纳中国人数字化生活所需的每个应用，这个解决方案就是腾讯。腾讯是一家集权式的科技公司，通过集成者商业模式取得了累累硕果，几乎所有在线平台和应用都可以在腾讯找到替代版本。例如，WhatsApp 是一个国际知名且全球使用广泛的通信平台，但在中国，腾讯的微信是即时通信领域的垄断者。腾讯是一个出色的例子，让我们看到公司是如何将各种各样在线平台的开发和推广整合到自身的供应链中的。

模式的形态

运用单一业务（Layer Player）商业模式的公司通常专注于某一价值链的一个或者几个环节（如何做）。这样的公司往往会同时为几个行业的很多市场环节服务（是什么）。公司的典型客户就好比一位指挥家（指挥家商业模式），会把价值链上的大部分活动外包给提供专业服务的供应商。作为单一业务的提供商，公司因专注于效率提升和专业知识扩展以及知识产权方面的专业能力而获益。综上所述，这个模式经常能够影响和拓展其专业领域内的标准，进而对自己有利（如何做）。

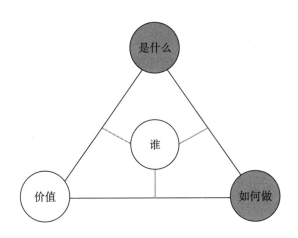

在单一业务商业模式中，专注于某个行业价值链上的每一个具体步骤，发掘规模经济和卓越专业能力所带来的益处。公司常常能够扩展到其他领域。例如，亚马逊以销售图书起家，之后延伸到其他分支领域，如CD、DVD 和其他种类非常广泛的产品。

模式的起源

20 世纪 70 年代，在很多行业中，公司的效率和成本优势变得越来越相关。这导致了简化价值链的整体趋势出现（更多信息请参考指挥家商业模式）。劳动力以新的方式组织起来，逐渐形成了单一业务商业模式。这些发展直接导致的结果就是专门的计算机技术服务供应商在印度成立。威普罗技术公司（Wipro Technologies）就是其中的一个例子。该公司专门从事信息技术外包服务和相关的咨询服务，目前是印度、也是全世界最大的信息技术公司之一，主要提供咨询和外包服务。公司重点放在客户服务阶段，为行业客户提供信息技术方案。

模式的创新者

单一业务商业模式在其他领域也有很好的表现。举个例子，美国TRUSTe公司专门提供数据隐私管理服务，并运行一个隐私密封程序，以确保客户的网站安全，从而增加该公司在公众心中的可信度。公司提供的相关服务包括声誉管理、供应商排名和代理数据隐私纠纷。作为一家在线数据隐私的领先公司，TRUSTe公司为很多成功的公司服务，如Facebook、微软、苹果、IBM 和 eBay。

另一个因单一业务商业模式兴盛起来的公司是位于卢森堡的德尼梅尔集团（Dennemeyer）。作为单一业务提供商，德尼梅尔公司专门在知识产权（IP）管理和保护领域内提供全套服务。公司的服务范围包括提供法律建议、软件解决方案、咨询服务和证券管理。因此，大公司把相关的服务全部外包给德尼梅尔公司。德尼梅尔公司提供的服务看上去非常多样化，但是他们会严格限定在与知识产权管理相关的领域，并且非常集成化。公司会为全球所有行业成千上万的客户服务。

单一业务商业模式还有一个例子就是国际邮政公司 DHL。DHL 提供运输派送服务，其行为代表着线上零售商价值链中一个增值环节。公司 1969 年成立于旧金山，后在 2002 年成为德国邮政敦豪集团（Deutsche Post DHL）的一个业务部门。德国邮政敦豪集团目前是世界上规模最大的物流公司，在全球 220 余个国家和地区提供服务。

PayPal 公司非常成功地应用了单一业务商业模式，专门进行在线支付服务，在这个领域内提供多种多样的服务。PayPal 公司的服务在电子商务和很多行业中得到了广泛应用。苹果公司的支付服务 Apple Pay 和阿里巴巴的移动支付平台支付宝也采用了类似的商业模式。2018 年，支付宝的用户达到了 8.7 亿人。

单一业务商业模式如图 27–1 所示。

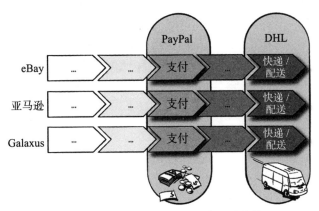

图 27–1   单一业务商业模式：专注的优势

应用单一业务商业模式的时机和方式

作为单一业务提供商，要将专业化中的潜能最大化，并且在你的特色专业领域中成为一名领导者，这样你就有能力为几个不同的行业服务，并准备好把从一个情境中学到的技术运用到另一个情境中去。如果你在一个竞争非常激烈的环境中开展业务，专业化可能非常适用，它能让你专注于核心的专业领域，培养和建立自己的优势。

需要思考的问题

● 我们是否有足够的知识来发现变化的趋势，然后根据市场需求快速调整我们的业务？

● 规模经济在专业化领域中是否起到重要作用？

客户数据杠杆化商业模式：充分
利用已知信息

模式的形态

客户数据杠杆化（Leverage Customer Data）商业模式主要受益于当今科技的进步，并在数据收集和处理领域创造了诸多可能性。那些聚焦于数据获取和分析（怎样做）的公司已经得到充分的发展壮大，同时也反映出了这一领域的巨大需求。与此同时，被反复提及的相关观点也充分印证了诸如"数据是新的石油"这类理念。回到2006年，迈克尔·帕尔默（Michael Palmer）在其博客中表示，没有经过处理或分析的大量数据就像原油，没有什么用处。如果想要让它们对企业有用，就需要经过处理。

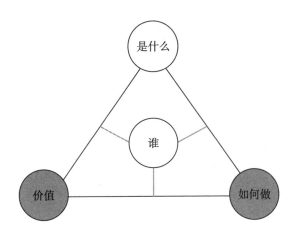

将数据的市场潜力比作石油行业，不仅因为它们内在的可能性，还因为它们在价值链方面也有着非常大的相似之处。这个价值创造过程是客户数据杠杆化商业模式的核心，把客户数据作为一个可以产生利润的资源，需要使用适当的工具进行处理（如何做和价值）。

收集到的客户数据用来建立个人的档案。个人的数据档案上可能会包含上千个的属性特征（如何做）。考虑到可用数据的数量会不可估量地增长——目前计算的增长速度为每5年增长10倍——因此专门为某个大数据库命名就不足为奇了。我们用"大数据"这个术语来描述庞大的数据库，它们很难用传统的数据库和管理系统来估量。很多目前用来分析数据的方法都属于数据挖掘的范畴。感谢不断增强的计算能力，让我们现在能够大规模地分析数据，并且比以前要容易得多。在这种背景下，我们有必要强调一下人工智能在数据分析应用中日渐增强的重要性。人工智能中与机器学习和深度神经网络相关的所有工具与科技都尤为相关。未来几十年里，人工智能在商业世界将会得到进一步的应用。

这些应用似乎是独立于一家公司所在的行业，如生产制造、能源、金融或者健康行业都在使用"大数据"。客户数据杠杆化商业模式能够帮助企业保持竞争优势，发掘潜在能力，进行实时市场分析，创造更加有效的宣传推广，并发掘其中的关系所在。简言之，这个模式是一个非常有力的决策工具（如何做和价值）。

模式的起源

20世纪80年代，随着信息管理的普及，人们逐渐了解到数据的价值。而随着创造个性化广告能力的提升，人们真正迎来了数据大潮。同时，首次尝试直接通过客服小组收集公司客户的通讯录，建立个人关系，从而更加有效地满足客户个性化的需求。20世纪90年代，数据库的发明便于企业掌握这类信息，并能更准确地收集小规模的客户群体的信息。我们这里讨论的是现代电子客户关系管理（CRM）系统的前身。这些早期的系统因客户忠诚度项目的设立而得到了快速发展，尤其是那些与信用卡相关的项目，因为这些项目提供了与购买模型相关的可直接拿来用的数据流。

随着互联网的普及，客户开始留下更多的数字化踪迹，对企业（特别是零售商）来说，收集此类信息，创建详细而个性化的客户档案变成了一件相对简单的事。这些数据的新用途也引发了社会的大量批评，并且目前对数据隐私的担忧也在日益增加。

模式的创新者

亚马逊公司一直在零售商中遥遥领先。亚马逊在分析和培养客户关系方面之所以具有强烈的愿望，是因为获得一个新客户的成本比保持一个满意客户需要的投入高5倍。利用这个差异，亚马逊公司使用销售数据来分析产品之间的关系，查明哪些消费促成了消费者后续的购买行为。亚马逊公司发现，要想准确估计客户未来的行为，就需要相对较少的基本信息。这是个性化推荐或者专门定制网页的基础，其目的是为了促使客户进行冲动消费，这是亚马逊成功的重要贡献因素之一。

谷歌公司销售自己个性化的广告服务，甚至将获取数据与创造收入更紧密地联系在了一起。谷歌公司成功地运用了一种广告赞助的商业模式，在关键词广告（AdWords）服务的基础上，把谷歌浏览器推向市场，仅仅两年的时间就大获成功了。关键词广告悄悄地把定制广告放入搜索结果中。2004年，谷歌公司扩展了关键词广告的功能，引入了关联广告（AdSense）服务，其能够直接融入客户的网站中。第二年，谷歌公司收购了Urchin软件的网络分析服务，从而让它能更加充分地使用客户数据杠杆化模式。这个服务是一个强大的网站分析工具，现在被命名为谷歌分析（Google Analysis），并免费提供给网站拥有者。谷歌公司90%的收入来源于广告，它通过各式各样的免费服务获得数据，如搜索引擎、个人日历、电子邮箱账户、地图和评分系统。

在线社交网络的商业模式完全依赖于对用户数据的分析。通过分析这类数据，Facebook和Twitter在社交网络的网页上可以高效地发布第三方的个性化广告。迄今为止，这两个社交网站都可以免费使用，因此我们可以认为用户提供的数据就是使用这些服务的费用。当Facebook继续扩大这个商业模式的规模时，Twitter已经决定选择另一条不一样的途径：Twitter的企业用户可以使用某些高级服务，让企业信息在粉丝的资讯来源中优先出现，从而起到广告的作用。此外，Twitter已经开始与第三方数据分析公司合作，他们能够无限制使用Twitter的数据库，这些数据库似乎为市场研究、广告和研发提供了源源不断的信息来源。

23andMe是美国一家基因组学和生物科技公司，创建于2006年，公司通过互联网提供快速的基因检测服务。这家公司既满足了组织和研究基因数据的需求，也为个人客户提供信息。客户在23andMe网站上注册之后，会收到一个测试套装，完成取样之后，客户把样本寄给23andMe公司。在美国临床实验室委员会（Clinical Laboratory Improvement Amendments，CLIA）认证的实验室完成对样本的分析之后，客户登录网站，查看收到的基因测试结果。客户愿意为基因检测和进入在线数据库付费，从而获得健康和基因分析的信息。同时，23andMe 公司使用这些信息进行研究，开发新的药物和治疗方法，并且享受随之而来的收入。

PatientsLikeMe 是一个为使用药物和有健康问题的人群提供服务的网站。用户能够在这个平台上联系其他有类似情况的人来分享他们的经历，互相交流怎样更好地面对现状。在此过程会产生有价值的数据，PatientsLikeMe 把这些通过网络聚合起来的匿名数据出售给医药领域的第三方，如研究者、医药公司和医疗器械生产商。PatientsLikeMe 通过销售数据而获得收入，同时医药公司也能够在未来开发药物和医疗方法时使用这些数据，如图 28-1 所示。

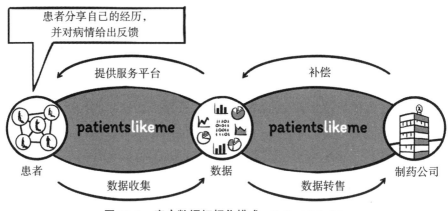

图 28-1　客户数据杠杆化模式：PatientsLikeMe

另一家应用客户数据杠杆化模式的健康卫生公司是柏林的初创公司 ADA 健康公司（ADA Health）。该公司开发了一款医疗应用，将医学知识和智能技术联系在一起。ADA 是一个虚拟的健康顾问，能帮助用户分析症状，根据人工智能和数据分析来进行准确的评估。自 2016 年上线以来，ADA 已经协助完成 350 万次健康评估，相当于每 5 秒进行一次评估。

应用客户数据杠杆化商业模式的时机和方式

客户数据杠杆化模式常常在与隐性收入商业模式相结合时会变得更加有用。客户行为和交易留下了数字化痕迹，可以从不同的角度分析这些信息。当与完全不同的企业结合起来时，客户数据常常能够发挥杠杆作用，例如使用谷歌搜索引擎的智能家居。由于客户逐渐意识到了将敏感数据提供给公司的风险，因此你不得不仔细评估这些态度可能给你的业务带来的影响。顾客希望保护自己的隐私，这种想法正在限制客户数据杠杆化商业模式。自 2018 年起，《欧盟通用数据保护条例》（EU General Data Protection Regulation）禁止全面利用客户数据。从健康卫生到银行等几乎各行各业都受到了影响。要采用客户数据杠杆化商业模式，就必须放弃数据隐私。

需要思考的问题

- 我们能否通过我们的客户数据创造价值，并且不会失去客户或者危及我们的基础业务？
- 是否有其他手段能把我们的客户关系资源商业化？
- 如果我们利用客户数据，我们能否保持我们和客户的业务关系？
- 我们是否已经征得顾客的同意，使用他们的数据？为此付出的代价是什么？

模式的形态

许可证经营（Licensing）商业模式的产生与知识产权的出现有关，需要由知识产权所有者授权许可方能使用。该模式的焦点在于如何使企业的知识产权商业化（如何做），而非将其实体化和资本化。许可证经营的一个重要优势是，能够将知识产权出售给多家对此感兴趣的企业。许可证经营能使公司的收益和风险多样化（价值）。此外，由于产品和服务通常具有更高、更快的传播速率，该授权品牌的识别度也将会越来越高，从而更有可能增加消费者的忠诚度（价值）。许可证经营商业模式的劣势在于，相对于一次性出售知识产权的收入，企业所获得的专利费通常较低，但这种模式能更迅速地推广企业的产品和服务，创造更多的销售额（价值）。

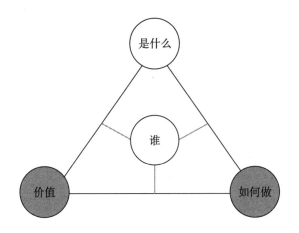

许可证经营商业模式还有一个优势，那就是它能让企业自由地专注在知识产权的研究和开发上，而不需要考虑生产或市场营销方面的具体运作（如何做和价值）。因为这些工作将由购买知识产权的企业去完成。而对这些企业而言，它们也无须进行昂贵、费时且具有较大不确定性的研发活动。

模式的起源

许可证的概念可以回溯到中世纪。罗马教皇以颁发许可证的形式授权当地的税吏行使收税的权利，使他们得以正式隶属于天主教会。将权利转让出去以换取许可费的做法一直延续到了18世纪，两位英国名媛授权一家化妆品生产商将她们的名字作为商标印在一系列产品上，并收取一定比例的利润作为回报。

由德国商人阿道弗斯·布希（Adolphus Busch）和埃伯哈德·安海斯（Eberhard Anheuser）创建于 1852 年的安海斯 – 布希公司（Anheuser-Busch）是美国著名的啤酒酿造商，以生产百威啤酒而闻名于世。布希先生将他和他公司的名字授权给生产多种产品的企业，如日历、开瓶器、刀具和开塞钻。这家啤酒厂商驰名海内外的知名度让这些生产商受益匪浅。虽然安海斯 - 布希公司收取的许可费不多，但它的品牌却随着各类产品的巨大销售额而得到了广泛传播，从而获得了极强的品牌识别度。这样一来，消费者更愿意购买百威啤酒和该公司的其他产品，从而为公司带来源源不断的收益和利润。

由沃尔特·迪士尼创建于 1928 年的卡通形象——米老鼠是最著名的许可证经营商业模式案例之一。1930 年，迪士尼公司把米老鼠作为商标授权给一家企业，用以生产书包、电影、电子游戏等各式各样的产品。沃尔特·迪士尼用许可经营模式创建了一个无比强大的品牌，并从这一创举中获得了巨额利润。

许可证经营商业模式如图 29–1 所示。

图 29–1　许可证经营商业模式

模式的创新者

IBM 公司是应用许可证经营商业模式最知名的企业之一。该公司自1911 年成立以来，一直具有巨大的国际影响力。创建初期，IBM 公司先于大多数信息和媒体技术产业的竞争者，开始对其知识产权进行授权经营。IBM 公司将那些其研发部门开发出来的而不能直接应用于内部新产品开发的技术授权给其他公司。IBM 公司通过许可证经营获取了约为 11 亿美元的收入。实际上，IBM 公司研发中心有一项特别的任务，即创新其许可证经营方式。应用许可证经营商业模式的关键前提是强大和严格的专利权，这正是 IBM 公司极为重视专利战略的原因。

位于英国剑桥的 ARM 公司专门从事微处理器的系统性结构和技术参数设计。尽管如此，ARM 公司自身不从事微处理器的生产，而是专为有意购买公司产品的企业进行微处理器技术的研发或芯片设计的授权。该策略让 ARM 公司在微处理器研发领域赢得了竞争优势，并通过知识产权的许可经营获得了极为可观的利润。

来自德国的眼镜制造商——卡尔蔡司光学公司（Carl Zeiss Vision）为我们提供了另一个切实可行的许可经营策略。卡尔蔡司光学公司不生产镜片，也没有大型生产基地，但它会将新技术授权给小型实验室，以帮助它们完成个性化镜片的生产。作为世界领先的镜头生产商，卡尔蔡司光学公司是许可证经营商业模式的开拓者。该公司在十多年前就发展和引进了"自由技术"的理念。

许可证经营商业模式也常常被用在音乐会、表演、体育赛事和其他活动的电视转播上。例如国际足联将世界杯的转播权、欧足联将欧洲冠军联赛的转播权都授权给广播电视公司，以便于电视台进行转播。这些转播权必须出钱购买。因此欧洲冠军联赛几乎都是由所选择的收费电视提供商独家转播。欧足联的收费电视台转播策略非常有争议性，因为它让大量球迷享受不了赛事带来的快乐，所以必须在挖掘市场潜力创收（或是所有观众）和通过许可创收之间找到平衡点。

应用许可证经营商业模式的时机和方法

在知识或技术密集型市场环境中应用许可证经营商业模式最为合适。通过这种模式，企业可以充分利用其非核心产品或技术来获得收益。与其放弃这类产品和技术，倒不如通过许可证经营为企业提供持续而稳定的收入。但时刻需要记住的是，可靠的专利才是成功进行许可证经营的先决条件。你也可以运用这种商业模式提升自身产品和品牌的认知度，或以此加速企业的全球分销。

需要思考的问题

- 哪些产品或解决方案不是企业的核心组成部分并能够授权给其他企业？
- 让竞争对手接触我们的技术能产生哪些战略性的影响？
- 我们的专利是否强大到足以保证其他企业无法自行研发出解决方案？
- 通过授权给其他企业，我们是否能够提高自身产品和品牌的认知度？
- 许可的范围是什么？独家授权还是区域性授权？付款方式是什么？是按营业收入的比例，还是按售出产品数，抑或固定费用？

锁定商业模式：用高转移成本确保客户忠诚度

模式的形态

在锁定（Lock-in）商业模式中，消费者被"锁定"在供应商的产品和服务上，如果他们想更换供应商的话，将会遭受财务或其他方面的损失。在这种模式中，需要注意的是，"成本"并不仅仅单指货币成本，进行新的选择和学习如何使用新产品所花费的时间成本对消费者来说也很重要。

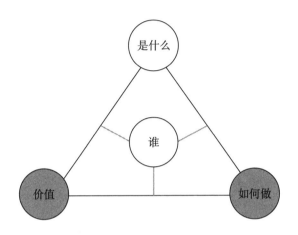

很多方式都可以把消费者与企业绑定在一起，例如，使消费者不得不投资于一些新技术（如新的操作系统），或者不得不与对其需求了如指掌的特定客服打交道（如何做）。卖方最需要关心的事情是如何避免自身与竞争对手之间的共通性，以此保持消费者对自身公司、品牌或供应商的依赖性，这样就能主动增加消费者的忠诚度和未来的重复购买行为（价值）

过去的购买经历会影响到消费者未来的决定和选择的弹性。尽管公司都非常熟悉转移成本，但发现管理和评估这些成本仍非常困难。为说服消费者继续购买某公司的产品，锁定商业模式可以与其他商业模式一起使用，比如剃刀和刀片商业模式。

锁定商业模式表现出很多不同的形式。其中非常明显的一个特征是其合同规定消费者必须与某一特定供应商合作（如何做）。另一种非常普遍和正式的做法是让消费者投资某些资产，继而不得不产生后续的购买行为（如何做）。这种依赖性通常是由技术限制促成的，比如兼容性或专利。专利在锁定商业模式中起着决定性作用（如何做）。供应商与消费者之间的紧密联系可以用购买附属产品的方式来建立，因为如果消费者改变供应商的话，就会失去之前的投资。此外，特定供应商所提供的某些培训和课程也是一笔不菲的转移成本（如何做）。

模式的起源

由于锁定商业模式有不少衍生形式，因此很难追溯它的起源。公元 6 世纪时，罗马帝国记录了通过谈判确立的合同。这些合同规定了合法的、具有约束力的义务。锁定商业模式的变体，诸如培训需求和技术机制可能也已出现了很长一段时间。

100 多年来，复杂的技术进步和专利的普及使越来越多的企业采用锁定商业模式，尤其是在电脑和软件行业，19 世纪末的科学技术开发使锁定商业模式获得了这类企业的偏爱。

模式的创新者

美国的吉列公司是剃刀和个人护理产品制造商，率先发明了一次性安全剃刀，是世界上最早成功应用锁定商业模式的公司之一。早在 1904 年，吉列公司就开始出售配备一次性刀片的剃刀。与锁定商业模式的基本原则一致，只有吉列公司生产的一次性刀片才能与吉列牌剃刀手柄相匹配。如此一来，消费者就不得不购买吉列牌一次性刀片，从而给企业带来更高的利润。利用附属产品的专利防止竞争对手进入市场的做法，进一步加强了企业对消费者的控制。这种一次性刀片（消耗品）为企业持续带来了具有高边际收益率的收入，并且完全能弥补之前低价出售剃刀手柄造成的损失。

乐高公司在丹麦创建，主要生产一系列小型的拼插玩具。乐高公司设计的产品和配件只能与其设计专利相配套的零部件相互兼容。消费者不可能把乐高积木与其他竞争者的产品进行组装，于是只能购买与乐高积木兼容的产品。从而为乐高公司保留了大量客户，同时也增加了公司的收入。

雀巢公司曾经是应用锁定商业模式的典范。它的一名雇员在 1976 年发明了奈斯派索咖啡机。这个咖啡机由一个胶囊咖啡机和获得了专利的咖啡胶囊组成，后者由雀巢公司独家售卖。由于胶囊咖啡机在技术上的排他性，消费者只能持续购买雀巢公司生产的咖啡胶囊。如果消费者更换别的系统，已有的咖啡机就无法再使用，只能重新花钱购买新的产品系列。通过适当的产品更新，锁定商业模式通常能发挥较大的作用。雀巢公司发现，咖啡机出故障是影响消费者忠诚度的最大威胁之一，而决定奈斯派索咖啡机使用寿命长短的关键部件是机器内部的垫片。因此，雀巢公司不再把垫片内置到咖啡机里，而是把它放置到咖啡胶囊中，以此延长胶囊咖啡机的使用寿命，从而延长消费者更换咖啡机的时间——购买另一台奈斯派索咖啡机或是竞争品牌的咖啡机。尽管将垫片内置到咖啡胶囊里的成本较高，但这个解决方案在很大程度上延长了咖啡机的使用寿命，也因此增强了锁定商业模式的效果。近年来，奈斯派索咖啡机和其咖啡胶囊仍然能实现锁定效应，原因就在于其多年来与客户之间培养起来的、强大的品牌关系。不管怎样，奈斯派索咖啡机在 2014 年推出了一款新机器，只适用于其特有的咖啡胶囊。该机器通过二维码可以识别每个胶囊，从而在咖啡制备工艺中提供最佳的参数配置（压力、温度和时间）。这种做法提升了顾客价值，顺带也带来了锁定效应。

锁定商业模式如图 30–1 所示。

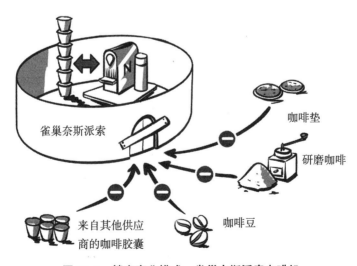

图 30–1　锁定商业模式：雀巢奈斯派索咖啡机

另一家通过锁定商业模式获得兴旺发展的就是苹果公司。苹果公司通过其设备上通用的操作系统和设备与 iCloud 的连接来绑定自己的用户。用户可以在苹果设备上无缝共享各种媒介，但同安卓等其他第三方系统进行同步时却相当不方便，这也加大了用户转换到非苹果设备时的成本。Apple TV 的 Airplay 可以让 iPhone 和 iPad 上的音乐和视频轻松地通过无线网络进行分享，众多这类功能进一步促使顾客保留甚至是扩充其苹果生态系统。

应用锁定商业模式的时机和方法

"保持现有客户比开拓新的客户资源更便宜"，这句由来已久的市场营销格言道出了锁定商业模式的基础。你可以用以下三种方式来应用锁定商业模式：首先，在法律层面上，与客户签订合同，写明严格的终止条款，显然是消费者最讨厌的方式，并且突显企业目光短浅；其次，在技术层面上，通过创造产品或其使用过程中的锁定效应，防止消费者选择其他供应商或卖家，这通常需要与持续不断的客户维护活动相结合；最后，在经济层面上，制造出某些诱因，让消费者在更换供应商或卖家前需要再三考虑而不是轻易做出决定。对累积购买进行经济奖励也是锁定商业模式常用的方法，但更为奥妙的机制可以将锁定商业模式与其他商业模式结合起来设计，诸如剃刀和刀片商业模式或固定费用商业模式。

为使锁定商业模式成功地发挥作用，必须仔细思考众多因素。一个重要因素就是产品的上架时间。上架时间越短，转移成本就越低。另一条需要考虑的标准就是转售某产品或提供一系列副产品的能力。相应地，这种方式是否有用取决于有多少供应商愿意并且能够提供这些产品。

长尾商业模式: 积少成多的小额收入

模式的形态

与品种少却销量大的热销产品模式（是什么）相反，长尾商业模式的特点是专门供应销量小却品种丰富的产品。虽然应用长尾（Long Tail）商业模式售卖个性化产品的利润不会太高，销量也不够大，但从长期来看，企业仍能在大范围内赚取相当可观的利润（价值）。长尾商业模式形态与经典的"二八原则"不同，后者认为一家企业大约 80% 的利润来自其20% 的产品。在长尾商业模式中，大众产品和小众产品（niche，又称利基产品）能带来同等的利润；在一些极端的案例中，小众产品带来的利润甚至大大超过了大众产品（价值）。这种模式让出售小众产品的企业区别于出售热销产品的企业，并创造出另一种收入来源（价值）。长尾商业模式也赋予消费者一个独特的好处，使他们能在更广泛、更多样的产品体系里找到满足个人需求的产品（是什么）。

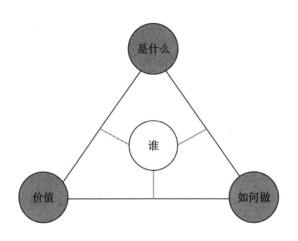

要想成功应用长尾商业模式，企业必须具备高效管理分销成本的能力。更具体地说，一款小众产品的销售成本大体上不能高于热销产品的销售成本（如何做）。另外，消费者无须付出相当高的搜索成本就能够轻而易举地找到所需的利基产品。基于消费者以往的搜索习惯和购买行为而设计的智能搜索引擎和产品推荐系统，能有效地帮助消费者毫不费力地找到他们所需的产品（如何做）。另一个减少搜索成本的方法是让消费者自己设计产品（如何做）。这个概念在大规模定制和用户设计商业模式中应用得较为广泛。在这些商业模式中，消费者可以调整甚至创造一个全新的产品来满足个人需求。

模式的起源

长尾商业模式是由《连线》杂志主编克里斯·安德森（Chris Anderson）在 2006 年最早提出的，该杂志在互联网领域获得了巨大成功。最终，企业无须再受某些因素的制约而拘泥于实体产业的形式，诸如物理距离或某一绝对需求。这种模式的发展为利基产品的销售带来了全新的机遇。数字化让企业能够以微乎其微的成本将货品进行数字化存储。如今，产品尤其是利基产品的分销，其成本效率要远远高于 20 年前。

创建于 1994 年的在线零售商亚马逊和创建于 1995 年的网上交易平台 eBay 都是应用长尾商业模式的先驱。根据有关资料统计，亚马逊公司 40% 的营业收入来自线上图书销售，而传统书店很难做到这一点。对亚马逊公司来说，利基产品的长尾效应不仅为其带来了价值可观的收益流，还使它区别于传统的图书贸易。在 eBay 网站上，独立的个体通过在线商品交易创造了长尾效应。每天都有数百万笔交易在 eBay 上进行，其中不乏一些罕见而独特的产品，比如罗马教皇十六世（Pope Benedict XVI）的大众 – 高尔夫牌汽车，或是与沃伦·巴菲特共进午餐的机会。

长尾商业模式如图 31–1 所示。

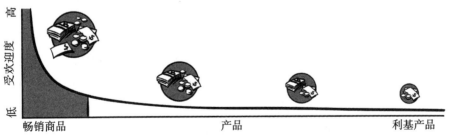

图 31–1 长尾商业模式：复杂度管理是先决条件

模式的创新者

随着互联网的极速扩张，另一些创新者也开始纷纷效仿亚马逊和eBay。奈飞公司将长尾概念运用到了视频租赁业务中，使其流媒体服务得到了迅速扩张。奈飞公司的用户可以在官网上浏览 10 万多部电影、电视剧和表演视频，其数量大约是传统音像租赁店的 100 倍。借助其独一无二的产品广度，奈飞公司完全超越了传统的音像租赁店。不论以什么标准来衡量，拥有 1.5 亿用户的奈飞公司的确是当之无愧的行业翘楚。

银行业也同样采用了长尾商业模式。为了提高竞争力，一些金融服务公司开始针对小众市场提供服务，这种做法让他们得以覆盖越来越多的顾客。银行业基于长尾商业模式所进行的转变中，最显著的当属各种新形式的商业化小额贷款。小额贷款的目的是为较低阶层的贫困人口提供额度很小的信贷资金，这些人常常被传统银行业务所忽视。例如，格莱珉银行就成功地推行了该商业模式。该银行改变了传统的银行业做法，取消了贷款必须要抵押担保的要求，建立了一个立足于相互信任、问责制和参与性的银行体系。格莱珉银行认为，信贷是扶贫工作上一种具有成本效应的工具，而且为数百万贫困人口提供贷款可以推动新兴市场的发展。截至 2018年 12 月，该银行已经拥有 908 万成员，其中 97% 为女性。格莱珉银行设有 2568 个分行，在 81 677 个村落提供服务，覆盖了孟加拉国 93% 的村落。

最后一个例子是 YouTube 网站。它也是成功运用长尾商业模式的公司之一。2005 年创建于美国的 YouTube 公司是世界上最大的在线视频分享网站。2006 年，在谷歌公司以 16.5 亿美元收购了 YouTube 以后，YouTube就成了谷歌公司的子公司。专业用户和业余用户都可以在 YouTube 网站免费上传和分享内容丰富的视频，包括个人视频、电影、电视剪辑短片、电影短片、教育资料和视频博客，并且几乎没有时效限制。视频储存的低成本为大规模多样化内容的提供创造了条件。搜索引擎和目录浏览功能可以帮助 YouTube 用户快捷地搜寻并播放该网站上的数百万个视频短片，以及其他网站和社交媒体平台分享到 YouTube 上的视频。

应用长尾商业模式的时机和方法

你设想了很多次，如果可以饭来张口、衣来伸手的话，生活似乎会变得容易一点，也不再需要花时间和精力决定购买哪种产品。但实际上，太多成熟企业因为缺乏核心产品和资质而在激烈的竞争中深陷困局。然而，如果你想设法运用处理复杂问题的知识——产品、技术和市场——使成本低于你的竞争对手，尤其当你提供的是高度专业化和个性化的产品时，选择长尾商业模式是非常有用的。

需要思考的问题

- 如果我们能为消费者提供一切东西，他们能从中获得附加价值吗？
- 我们比竞争对手更善于管理错综复杂的情况吗？
- 我们的生产流程和 IT 系统能处理大规模的产品吗？
- 我们能做好后台处理吗？比如在线购买、订单处理、物流和信息技术？
- 我们是否已经发现产品多元化会在哪些方面提高管理的复杂程度？我们是否能对这些因素加以管理，使其保持稳定且可持续？

附加值商业模式：使核心业务
以外的技术多样化

模式的形态

在附加值（Make More of It）商业模式中，企业将其专有技术或资源提供给其他企业而不仅仅只供自身使用。通过这种方式，"剩余"的资源能够产生除企业核心业务以外的收入。实际上，这种专业技术和资源是被当作服务卖给第三方的（是什么和如何做）。使累积的专业知识和富余产能充分商业化并形成新的专业知识，所有这一切都能更好地完善企业内部流程并振兴其核心业务（价值）。一家使用附加值商业模式的企业可能被他人视作改革先锋，对其销售额也将具有长期积极的影响（价值）。

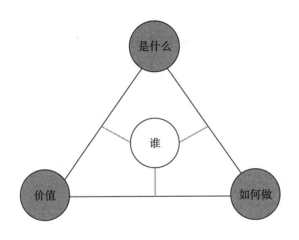

模式的起源

1931 年，由奥地利工程师创建的保时捷汽车公司，是隶属于大众汽车集团的子公司，以生产跑车而闻名于世。保时捷公司出色的研发品质和高效的客户发展战略令人印象深刻。其子公司保时捷工程集团（Porsche Engineering Group）通过将企业的核心资产外包给第三方进行融资。保时捷工程集团为客户的整车及配件生产流程提供支持，分享保时捷多年来的工程经验和研发能力。保时捷工程集团拥有的工程专业知识和能力使其成为该领域的创新领导者，因此争取到更多的新客户，带来更多的收益。在大众集团收购保时捷公司之前，保时捷公司生产的汽车种类很少，其高水准的研发能力无法持续得到充分利用。在研发能力利用率较低的阶段，保时捷公司开始把自主研发的工程技术转卖给第三方。保时捷公司使哈雷戴维森摩托车公司完成了现代化改造并发展了其明星机型 V-Rod，同时也为迅达集团完善了电梯产品的驱动模块。如今，保时捷公司 70% 的服务都提供给了大众家族以外的企业。

瑞士的苏尔寿公司（Sulzer）采用了与保时捷相同的模式，通过 Sulzer Innotec 推广自己的工程知识和专业技术。该公司将其专业知识出售给其他公司，获得了更雄厚的财力，以支持自身的研发活动。发明了涡轮机的 MTUa 公司也通过旗下的 MTU 工程有限公司应用了附加值商业模式。

模式的创新者

自动化技术专家费斯托集团（Festo Group）极为有效地利用了附加值商业模式。早在 20 世纪 70 年代，费斯托集团就开始在自动化产品生产领域开发出了一系列课程体系和培训。消费者的青睐促使费斯托集团成立了培训部，从而成为该行业最早的技术教育机构和咨询服务供应商。在 20 世纪 80 年代至 90 年代，费斯托在部分政府基金的支持下，特别是在发展中国家，为大批未来的自动化技术人员开办了大量培训。结果，几乎整整一代工程师和技术人员都接受过费斯托的产品培训，这些人之后都成了费斯托产品的使用者和消费者。费斯托公司的核心业务也因此得到持久的增长。如今，费斯托培训部已确立了其在工业培训和继续教育领域的世界领先地位。每年有 4.2 万多人在费斯托培训部接受培训，并且有 3.6 万多所技术学校和大学使用费斯托公司的产品。

附加值商业模式如图 32-1 所示。

巴斯夫公司是一家提供化学品、塑料制品和其他工业用合成材料的德国公司。其生产工厂与巴斯夫网络系统（BASF's Verbund）紧密相连，这样一来，不但可以高效利用原材料，还能使副产品的生产在各个生产环节无缝衔接。巴斯夫公司经常利用网站与其子公司和其他公司进行合作，这些合作伙伴自然而然成了公司副产品的购买者，从而增加了巴斯夫公司的营业收入。

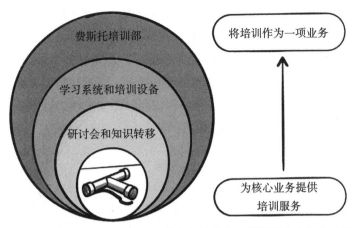

图 32-1　附加值商业模式：同费斯托培训部一样发展自身核心力量

森海塞尔电子有限公司（Sennheiser Electronic Gmbh& Co. KG）是一家生产高端音频产品的德国公司，其产品包括为私人和商业用户生产的手机、扩音器和立体声收音机。该公司把附加值商业模式视作一种开拓自身海量专业技术的有效方式。森海塞尔声音学会（Sennheiser Sound Academy）为其雇员、零售商和消费者提供多个系列的音频技术和生产流程培训及其专业知识，这不但使森海塞尔的高品质产品日臻完美，也进一步巩固了该公司在音频技术领域的权威地位。

西门子公司内部的咨询部门西门子管理咨询公司（Siemens Management Consulting，SMC）也是附加值商业模式的好例子。西门子管理咨询公司有 450 余名专家，他们处于不同的职业发展阶段，数十年来在西门子生态系统内扮演着积极的角色。该咨询公司在能源、制造和医疗卫生等技术领域拥有广泛的专业知识，也为外部公司提供服务。自动制造工艺和物联网相关主题等领域的专业知识更是让他们成为抢手的合作对象，因为他们不仅有专攻实施的工程师为实施提供支持，还拥有西门子 170 年来全球各市场的运营知识。

应用附加值商业模式的时机和方法

附加值商业模式设想出一种比业务外包更有意义的方式来作为企业的

核心竞争力。你应该将自身的核心竞争力视作抓住新市场机遇的法宝。独一无二和难以模仿的资质能够帮助企业开拓新的市场。汽车行业的高精度机械公司曾抓住附加值商业模式带来的商机，成功转型至医疗器械行业。在制定你的战略之前，要考量并确定哪些技术、流程和技能有助于提高你的核心竞争力。以这些评估为基础，你就能够检验那些能够以新型创新方式将你的核心竞争力发挥极致的市场。

需要思考的问题

- 我们真的了解企业的核心竞争力吗？
- 企业的核心竞争力真的独特到难以复制吗？
- 我们能将核心竞争力应用到不同行业并加以类比吗？
- 熟知新目标市场的创新专家们是否对企业核心竞争力的内在潜力进行过反复考量？
- 我们考证过关于目标市场的假设是否正确吗？它的特征是什么？在现实情况和外部专业技能方面，它的吸引力何在？

**大规模定制商业模式：大批量生产
个性化产品**

模式的形态

严格地说，有关大规模定制（Mass Customisation）商业模式的描述有些自相矛盾，因为它融合了两个相互冲突的理念——"大规模生产"和"量身定制"。大规模定制商业模式在根据客户需求进行定制的同时，又能像传统的大规模生产一样进行高效生产（是什么和价值）。标准化的模块产品结构使这种模式的实施成为可能（如何做）。将个性化的模块进行组合，就能大规模生产出各式各样的产品，从而为消费者提供多种选择以满足其个人品位。消费者不花大价钱就能买到定制的产品，这无疑是大规模定制带给消费者的最大好处（是什么）。对企业来说，提供大规模定制服务，能使其与采用大规模生产的竞争者大相径庭（价值）。这种方式也有可能拉近企业与消费者之间的距离，因为后者在购买个性化定制产品的过程中有一种强烈的参与感。消费者与他们参与制造的个性化产品之间形成的情感联系也会投射到整个企业中，形成对该企业的情感互动（价值）。

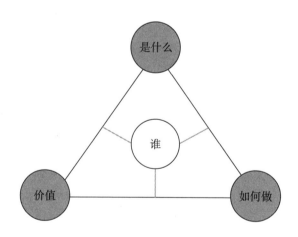

模式的起源

大规模定制中显而易见的矛盾早已暗示了该模式与财务上的可行性需要经过长期磨合。要怎么做，具有规模经济效应的规范化产品才可能实现个性化生产呢？ 20世纪90年代出现的计算机辅助生产方式彻底扫清了高效模块化生产的障碍，很好地解决了这个问题。大规模定制的兴起促进了市场的不断细分。如今的消费者已不再满足于大批量生产的产品，而是对个性化解决方案越来越感兴趣。

个人电脑生产商戴尔公司是最早利用这些技术发展起来的公司之一。与其竞争对手出售预先配置好的电脑不同，戴尔公司根据消费者所需要的参数来配置和生产电脑，这样大规模定制商业模式就能帮助戴尔公司成为个人电脑领域中的执牛耳者。

模式的创新者

汽车行业也广泛使用了大规模定制模式。很长时间以来，特别是高档汽车制造商，都在竭力为其消费者提供多样化选择的可能：车辆底盘（用于小轿车、客货两用轿车、敞篷车等）、机动化、自动或手动变速箱、外观颜色、内饰颜色、轮框等。反之，便宜的汽车所能提供的选择相对较少，附加组件通常包含在产品套装中或随机赠送中。生产商不得不替消费者做出决定，以期使决策过程更容易一些。大规模定制模式为汽车行业带来了约 5% 的利润增长，如图 33-1 所示。

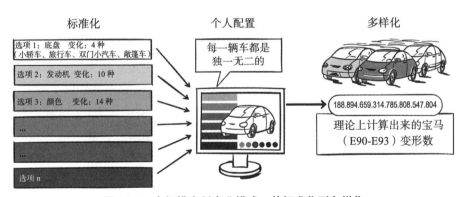

图 33-1　大规模定制商业模式：从标准化到多样化

Miadidas 是运动服饰生产商阿迪达斯推出的个性化自定义服务项目，旨在向消费者提供个性化定制的足球鞋、足球服及配饰。消费者通过 Miadidas 网站的高级图形界面进行个性化定制，包括颜色和其他一些设计选择，比如个性化图案的设计和印刷等。一旦配置参数设定完毕，网站即在线下达该产品的生产指令。随后，成品将会被快递到消费者手中。大量消费者被 Miadidas 的个性化定制所吸引，极速增长的客户数据库使该企业完全掌握了竞争的主动权，这远非标准化的运动产品和设计所能做到的。阿迪达斯的主要竞争对手耐克也加以效仿，推出了专属定制服务"Nike by you"。

成立于 2007 年的 mymuesli 公司是另一家应用大规模定制商业模式的企业。消费者可以从 5660 亿种可能的配方中选择他们喜欢的早餐谷物和麦片！自由搭配出梦想中的麦片，这种无限的可能性与超市货架上所能提供的有限选择比起来，简直是天壤之别。多亏了大规模定制商业模式，该公司 2018 年的营收已经达到 6000 亿美元。

应用大规模定制商业模式的时机和方式

大规模定制商业模式满足了消费者日益增长的对个性化、自定义产品和解决方案的需求。如果你善于应用该商业模式为消费者提供个性化的产品和服务，就能获得消费者更高的忠诚度和更多的营业收入。几乎所有行业都能应用大规模定制商业模式提供产品和服务。要想成功应用该模式，你就必须具备必要的后台系统来处理复杂的数据。如果你可以将工业自动化发挥到极致，大规模定制商业模式就是你的菜。你的价值创造过程越智能，你就越容易地将个性化定制与大规模生产的经济效应结合起来，价值创造过程包括在线下单、计算机辅助生产和机器人装配。3D 打印技术可与大规模定制商业模式完美匹配。3D 打印技术可让产品以非常小的批量进行生产，而且可以处理金属、塑料和食品成分等各种材料。

需要思考的问题

- 我们如何根据消费者的个人品位和期望来调整我们的产品和服务?
- 我们如何提高自身价值链各环节的灵活性?
- 我们的哪个业务领域内可以最大限度进行顾客价值定制化?
- 我们能够调整后台系统并高效利用它为大规模定制商业模式服务吗?
- 我们如何让整个流程自动化?

模式的形态

平价服务（No Frills）模式并不复杂，即企业尽可能地减少能够提供给客户的价值主张（是什么），从而节约生产成本，大幅降低产品价格（是什么）。该模式最基本的目的就是吸引更多的目标受众，理想情况下还能够打入大众市场（谁）。尽管这些目标受众比处于上层社会经济地位的人价格敏感度更高，但只要该模式被成功应用于大众市场，也同样能给企业带来丰厚的利润（价值）。成功运用平价服务商业模式的特征之一是要不断调整所有流程，将成本最小化，这是唯一能够保证企业保持低价并吸引大批消费者的途径（如何做）。

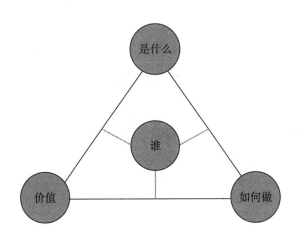

将企业的产品（不局限于商品，还包含服务、信息等）标准化是保持低成本的一个有效办法。只有这样才能充分利用规模经济的优势和企业的生产能力（如何做）。另一个有效办法是优化分销方式，比如引进自助服务等（如何做）。如果一切顺利的话，精简后的价值主张与成本共同发挥作用，企业就能获得成功。这意味着价值主张的减少需要集中在最能降低成本的方面。

模式的起源

当亨利·福特于 1908 年引入 T 型车以后，他就成了蜚声世界的平价服务商业模式的开创者。最初，消费者仅需花费 850 美元就能买到一辆 T 型车，价格低得令人不可思议。这个价格只是当时一辆普通汽车造价的一半。福特公司之所以能够以超低价格出售 T 型车，是因为它引入了大批量生产的方式，随后还采用了流水线生产。虽然消费者不能再按照自己的愿望定制汽车，但低价格还是带来了大销量。针对这种现象，亨利·福特有句著名的玩笑话："只要是黑色，颜色任选。"可如今上述景象也时过境迁了。T 型车之所以能以低价进行销售的关键原因是整车采用了更精简的结构，即相对简单的钢底盘上安装了马力适中的 20 马力发动机。亨利·福特因此获得了令人难以企及的成功，自 1918 年以来，美国生产的每两辆车中就有一辆是福特公司的 T 型车，直到该车型停产的 1927 年，T 型车一共售出了 1500 万辆。

模式的创新者

自福特公司的 T 型车问世以来，平价服务商业模式在很多领域都成了创新型商业模式的引领者。一个类似的例子是航空业的廉价航班模式。美国西南航空公司早在 20 世纪 70 年代便推出了这种模式——出售廉价机票并减少一些提高舒适性的服务，比如机餐供应、预订座位和旅行社的订票服务。与传统航空公司不同，应用该模式的航空公司通常不使用大型机场，反而偏好坐落于城市周边地区的小型机场。这些小机场交通不便，因此收取的机场税也比较低。廉价航班模式的引入让航空业产生了巨大变化，据统计，欧洲每两趟航班中就有一趟是廉价航班。

以低价售卖百货的折扣超市是另一个应用平价服务商业模式的例子。一般来说，折扣超市通过尽量避免销售品牌产品和减少商品种类的方式来降低成本。这些方式的回报往往非常高，意味着折扣超市不但能够节省库存成本，还能在与供应商的谈判中占据上风。除此之外，折扣超市通常没有不必要的装饰（这也是坚持平价服务商业模式原则的一种做法），只会留用最少的现场工作人员。这个行业内颇为成功的知名企业是奥乐齐和历德（Lidl）这类连锁超市。

麦当劳快餐连锁店同样依赖于平价服务商业模式。当麦当劳的汽车餐厅在 20 世纪 40 年代风靡全美的时候,公司老板理查德·麦当劳和莫里斯·麦当劳兄弟俩对公司的商业结构进行了重组。他们减少了菜单选项,总共只有十几个选择,用纸盘代替了陶瓷餐盘,采用了更新、更廉价的汉堡制作方法,他们还解雇了三分之二的服务员并引进了自助式服务。这些改变使麦当劳公司有可能以 15 美分的超低价出售汉堡。平价服务商业模式帮麦当劳重获昔日的辉煌,时至今日,它仍然是麦当劳公司的商业逻辑之一。重新开业以后,消费者经常在服务台前排起长队——余下的情形就不用赘述了,其火爆程度大家都有目共睹。

基于平价服务商业模式进行创新的公司如图 34-1 所示。

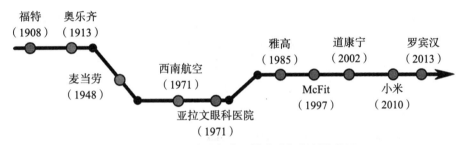

图 34-1　基于平价服务商业模式进行创新的公司

中国小米公司目前通过平价服务商业模式取得了可观的发展。公司的策略是以低价销售配置较好的手机和设备,并借此以微薄的利润在竞争异常激烈的电子设备市场取得了成功。为了降低管理成本,公司没有开设任何实体店,完全是通过线上进行销售。公司同时也打开了其他关联产品、数字设备、娱乐和“生活方式”产品与服务的市场。小米走了与苹果公司截然不同的道路,公司 2018 年首次公开发行股票时自称“以手机、智能硬件和物联网平台为核心的互联网”。

应用平价服务商业模式的时机和方式

如果一个市场的目标受众大都具有较强的成本节约意识,那么这个市场就适合应用平价服务商业模式。具有价格高度敏感的消费者只会倾向于购买对他们来说特别便宜的产品和服务。若企业能充分利用规模经济的优势，并能通过产品、生产流程以及服务方式的标准化来降低成本，平价服务商业模式就能发挥最大作用。新兴市场及其"省钱"产品是孵化平价服务模式的温床。"少即是多"就是该商业模式奉行的口号。

需要思考的问题

- 顾客的哪些要求可以被捆绑在一起，通过标准化来减少产品的品牌？
- 哪个领域的确需要采取差异化路线？
- 我们如何才能在这个过度设计的社会里打破常规进行思考？我们又该如何才能面对对成本极度敏感的新兴市场？
- 我们在价值链的哪个环节能够做到减少浪费并降低成本？
- 如何做才能在采购、生产、研发和分销环节产生规模经济效益？
- 我们可以彻底地重新设计生产流程以降低成本吗？

开放式创新商业模式：推动协作以创造价值

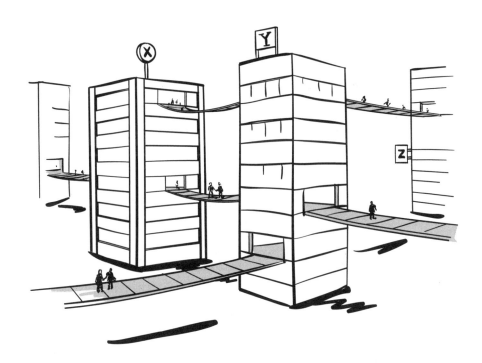

模式的形态

开放式创新（Open Business）商业模式的应用通常意味着一家企业的商业逻辑发生了意义深远的范式转换。开放性是指企业让外部合作者参与到自身原本封闭的价值创造过程中来，例如，参与研发工作（如何做）。这些合作采取的具体形式并不是一成不变的，而是基于某种趋向于从本质上改变传统的客户—供应商关系的合作理念。奉行开放式创新模式的企业会力争将有利可图的小众市场留给模式内的潜在合作伙伴，让其能够独立从事收益颇丰的商业活动（价值）。一个健康的商业生态系统通常由应用不同商业模式却能和平共处的企业构成，它们能够通过合作蓬勃发展起来。这种商业生态系统通常是围绕企业的重要产品和服务构建起来的——这个概念与生物生态系统中的"基石物种"的概念相似——如果这种商业生态系统消失的话，整个行业都会受到毁灭性打击。

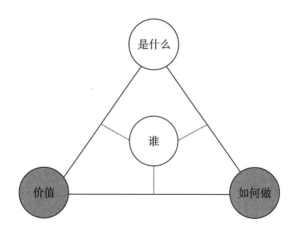

采用开放式创新模式，需要对价值创造过程进行系统识别，即鉴别出合作方能够贡献其资源或是能够创造性使用现有资源创造价值的环节。使用这种方式的主要目的是为了提高效率，得到部分新市场的份额和（或）确保战略优势的发挥（如何做和价值）。开放式创新模式的设计需要仔细考量以下两个方面：一是原本的商业模式，特别是其价值链，必须具备内部一致性，同时也能调整和适应未来合作伙伴所应用的商业模式；第二点非常重要，既确保创造的附加价值，也能使原来的商业模式获益，也就是说，对利润率的追求与合作方目标之间的矛盾必须采用双赢的解决方案（价值）。

模式的起源

亨利·切萨布鲁夫（Henry Chesbrough）在 2006 年首次构想出与封闭的商业模式相反的开放式创新商业模式。因此，这个模式的创建与切萨布鲁夫提出的"开放式创新"概念密切相关，换句话说，就是要改变企业封闭式创新的传统做法，让相关知识在企业内外部自由流动。与闭门造车式的创新活动不同，开放式创新商业模式要求企业联合起来，充分利用潜在的合作机会和创新能力。消费品制造大鳄宝洁公司于 2000 年发起"联合＋发展"项目时就十分重视上述原则。为开发创新能力，宝洁公司积极主动地从合作方那里寻求产品理念和知识，并共同将之投放到市场中。宝洁公司的明星产品——朗白先生神奇清洁海绵（Mr. Clean Magic Eraser）采用了巴斯夫公司研发的一种工业用三聚氰胺海绵。在日本，这款产品被当作全能清洁海绵售卖时也引起了宝洁公司市场调查员的注意。于是，宝洁公司与巴斯夫公司签订了协议，确保能合法使用其技术。"朗白先生"品牌通过这款新产品而大获成功，并且迅速与巴特勒家居产品公司（Butler Home Products）开发出一系列清洁产品。巴特勒公司提供产品理念和生产能力，宝洁公司则提供其知名品牌以及强大的分销网络。超过一半的新产品都是宝洁公司基于这种互惠式伙伴关系开发出来的。宝洁公司及其合作伙伴不遗余力地互换技术、理念和生产能力，共享分销网络和品牌，以开放式创新为范式，将之推广到整个开放式创新商业模式中。

模式的创新者

开放性对应用该模式的企业而言，具有多种深远的影响，而不仅限于企业开放的研究活动。比如 IBM 公司在从产品供应商到服务供应商的转变过程中，不再开发自己的操作系统。取而代之，IBM 公司主动致力于发展 Linux 开源系统（Linux Open Source System）。IBM 公司的研发成本也因此减少了 80%，同时，日益流行的可免费使用的 Linux 操作系统提升了

IBM 公司服务器的无缝兼容能力，从而使 IBM 公司的服务器业务跃上了一个新台阶。IBM 公司对 Linux 的深刻了解大大推动了新业务的蓬勃发展，而该公司在 20 世纪 90 年代末的重大转型在很大程度上归功于其日益开放的商业模式。

华盛顿州贝尔维尤市的 Valve 公司从事电子游戏的开发和分销，公司通过采用开放式创新商业模式从两个方面受益匪浅：一方面，该公司在 1998 年首次推出了第一人称射击游戏《半条命》（*Half Life*）时，就开始采用该模式，以便让具有技术头脑的玩家更容易地创建游戏模式。经过 Valve 公司的积极努力，将自主设计的第一人称射击游戏引入市场的开发者们构建起了一个健康的商业生态系统。其中一些开发者研发了史上最受欢迎的网络游戏——《反恐精英》（*Counter-Strike*），并促成了大受欢迎的亚洲职业游戏联盟（Professional Gaming Leagues of Asia）的诞生。随后，Valve 公司把应用开放式创新商业模式的成功经验套用到其电子游戏发行平台 Steam 的运营中。Valve 公司的竞争对手们通常仅仅利用企业的发行平台来分销自己的产品，它们认为这些产品属于企业的核心竞争力，需要保护起来。2005 年，Valve 公司反其道而行之，允许世界上任何一个游戏开发商使用 Steam 平台销售其产品，但后者须支付其收入的 20%~25% 作为回报。目前，Steam 平台为独立游戏开发商和主要的游戏工作室提供服务，可自由下载 2000 多款游戏。开放式创新商业模式帮助 Valve 公司创造了超过 30 亿美元的价值，并成为娱乐产业中的隐形冠军企业之一。2018 年年初，Valve 公司凭借其仅为 Steam 开发的游戏和大型游戏工作室与第三方的内容，每月积极用户超过 9000 万人，平台高峰时有 1850 万玩家同时在线。有趣的是，最成功的游戏都是 Valve 自身的游戏，那些也是了解平台用户的行为和偏好后的成果。得益于开放式创新商业模式，Valve 这家私营企业目前估值超过 30 亿美元，也成为微软等大公司的潜在收购对象。

开放式创新商业模式如图 35–1 所示。

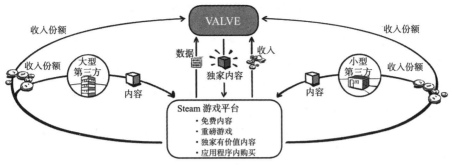

图 35–1　开放式创新商业模式：Valve 公司

哥斯达黎加的霍尔希姆公司（Holcim）是另一家成功应用开放式创新商业模式的企业。以 2010 年发起的开放式创新为基础，霍尔希姆公司始终与合作伙伴一起，积极寻求为消费者提供附加价值的新方法。这样做的一个结果是形成了 Los Olivos 共同体，这是哥斯达黎加第一个完整的社会和可持续发展共同体。为建设该共同体，霍尔希姆公司还创建了一个平台，来整合所有各方提供的解决方案，包括建筑公司、开发商、大学、咨询机构和社会研究人员。开放式创新商业模式的应用让霍尔希姆公司能够在为低收入家庭提供住房解决方案的过程中设定新的行业标准——这种努力最近得到了哥斯达黎加国家建设厅的认可，并被授予可持续建筑奖（Sustainable Construction Prize）。

机械工程公司通快集团（Trumpf）在 2015 年因为基于开放式创新商业模式而受人瞩目，其目标是为工业 4.0 提供标准化的操作系统。直到现在，众多制造公司还因为不同的界面、系统和标准而无法将生产线上的各生产机器联网。其新建设的 Axoom 平台旨在打造一个类似于谷歌安卓系统的开放式操作系统，从而建设智能的价值链。该软件解决方案可以在生产操作过程中不断地进行订单处理，其中包括对各生产应用产生的数据进行传输、存储和分析。此外，Axoom 平台凭借该系统提供了一个面对制造世界的、类似于应用商店的开放平台。例如，用于评估传感器数据的应用可以由第三方整合到自身的工艺中，这可以为商品销售者和应用开发者提供一个开发环境和销售渠道。

应用开放式创新商业模式的时机和方式

开放式创新商业模式将合作方纳入你的价值链生产过程中，是增加企业未来收入和发挥竞争优势的关键因素。各个行业逐渐聚合于一个紧密相连的世界中，只有进行开放式创新，企业才能经久不衰。仔细考量建立一个什么样的生态系统才能创造出任何一个成员都无法独立创造的价值。要使这样的生态系统发挥功效，所有成员就必须获得足够的收入并受益于这种合作方式。

需要思考的问题

- 与其他企业的合作能为消费者创造出什么样的附加价值？
- 我们公司的哪一部分能从外部知识和合作方那里获得最大的好处？
- 在整个生态系统中，合作方扮演着什么样的角色？我们又该如何定位自己？
- 我们如何与合作方合理分配收入？
- 我们如何才能从整个生态系统中获益？

**开源创新商业模式：共同合作设计出
免费的解决方案**

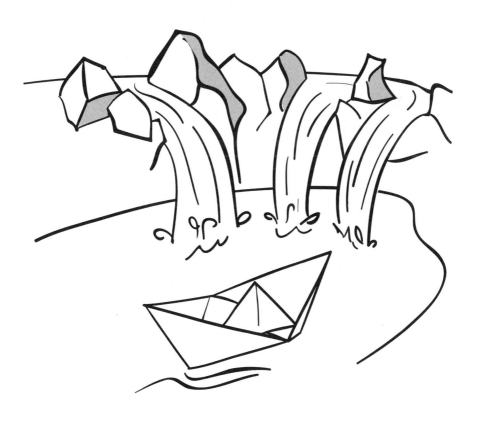

模式的形态

开源创新（Open Source）商业模式是指产品由开放的公共社区开发出来，而不是单靠某一家企业（如何做）。源代码是开放的，任何人——爱好发明的业余人士或专业人员，都能加入这个公共社区中贡献其专业知识。这样探索出的解决方案不属于任何一家公司，而属于整个公众。正因为如此，通过开源创新商业模式开发出来的产品是免费使用的（是什么），但这并不排除利用该模式获得收益，即以开源创新商业模式为基础研发出来的产品和服务能够带来间接收益，而非直接获益于其创造出来的解决方案（价值）。

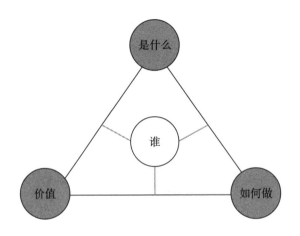

该商业模式最明显的优势在于，公司无须再对新产品进行研发投资（价值）。公共社区的成员通常会自然而然地进行免费研发。这些成员往往带着很强的个人动机参与到研发活动中来，例如，对更新现有的解决方案具有浓厚兴趣。开源创新商业模式的支持者认为，相对于专有开发方式，这种模式能开发出更好的解决方案，因为它能利用公共社区内头脑风暴的所有成果（是什么）。毫无疑问，开源创新商业模式的一个重大优势在于，其能够独立于投资人自由地发展（是什么和如何做）。

模式的起源

开源创新商业模式源于软件行业，最初由 IBM 公司于 20 世纪 50 年代开始使用。在 IBM 公司推出初代计算机两年后，其用户创建了共享小组来分享技术项目、操作系统和数据库信息。20 世纪 90 年代，开源模式被用来发展网景浏览器。由于微软公司在浏览器软件市场逐渐占据主导地位，网景公司不得不改用其他盈利方式。这标志着 Mozilla 开源项目的启动，后来，该项目开发出了火狐浏览器。同时，开源软件成为软件行业必不可少的组成部分。红帽公司（Red Hat）是业界公认的、最先在该领域建立盈利模式的公司。其绝大部分收入都来自为 Linux 操作系统提供的服务协议和互补软件应用。该公司是首批通过开源产品获得超过 10 亿美元收入的公司之一。

开源创新商业模式如图 36–1 所示。

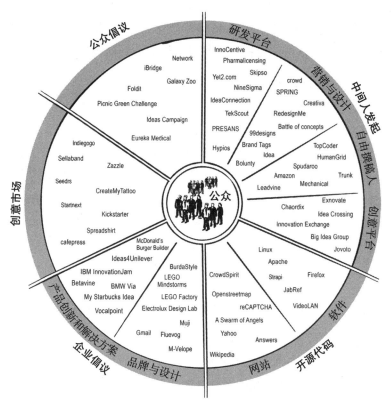

图 36–1　开源创新商业模式：不同可能性

模式的创新者

近年来，开源创新商业模式逐渐在软件行业之外流行起来。创建于2001年的在线百科全书——维基百科可能是最著名的例子。如今，它已成为世界上使用最多的参考文献。维基百科的条目是由全世界的互联网用户自由撰写而成的，并不断地被编辑和改进。由于维基百科是一项免费服务，该公司主要依靠捐赠维持运营。目前，维基百科已经取代了许多百科全书出版商，迫使它们放弃老旧的商业模式。

瑞士蒙多生物科技公司（mondoBIOTECH）同样也应用了开源创新商业模式。该公司声称自己是世界上第一家开源生物科技公司并致力于研发治疗罕见病，又称"孤儿病"（orphan diseases）的化合物。研究者们通过互联网为这种化合物的需求者扫描现有研究结果和信息，实验室不再成为药物的研发阵地。这种方式不但能更有效地开拓关于药物作用模式的知识领域，还能降低研究成本。蒙多生物科技公司创建11年以来，总共开发出300多种有效物质，其中已有6种物质达到孤儿药的标准。而在传统的药物研究领域，1万种有效物质中仅有1种能达到这种标准。

开源创新商业模式也已经帮助大量研究活动取得成功，其中包括人类基因组项目。其最大的难点不是要"创造"价值，而是"获取价值"。在设计此类商业模式时，必须确保至少部分所创造的价值要留在发起的公司内。应用开源创新原则的公司收到了众多风险投资，这也充分说明了开源的价值。开源创新的概念同样也是分布式账本技术和区块链项目的基础。它们主要的目标就是通过分散的平台和安全的交易来向主流平台经营者发起挑战。多数分布式账本技术平台都是开源的，例如Hyperledger、Polkadot和Ethereum。

应用开源创新商业模式的时机和方式

开源创新商业模式在软件行业中得到了广泛应用。在执行某项目时若能不拘形式，你就可以通过制定标准、分享资源和风险，创造一个用户社区来获得竞争优势，这个互联网社区的用户就是你潜在的产品和服务的购买者。在 20 世纪 90 年代，开源创新商业模式剑走偏锋，走在时代前列，而今越来越多的领域都在应用该模式。尤其是年轻的程序员，他们特别偏爱这种开源模式。生物科技领域和药物研制领域的公司也逐渐开始重视利用该模式来开展业务。

需要思考的问题

- 所考虑的技术（软件、信息等）是否适合采用开源创新商业模式？
- 分享研发成果能帮我们获得竞争优势吗？
- 我们能否期待自己的产品和社区按照战略方向发展？
- 开源创新模式能帮我们创造价值或获取价值吗？

37

指挥家商业模式：价值链管控

模式的形态

应用指挥家（Orchestrator）商业模式的企业专注于自身的核心竞争力。价值链中任何不属于核心竞争力的环节都外包给专业公司，后者通常具备必要的技能从而能够顺利完成委托业务（如何做）。因此，作为一个价值链的管理者，需要花大量时间来协调和匹配个人价值创造活动。与其他人合作带来的收益能抵消应用该模式所产生的相对较高的成本（价值）。指挥家商业模式的一个重要优势是企业能与外部合作伙伴紧密合作，而这些合作者也都能利用企业的创新能力使自己的生产过程受益（如何做和价值）。

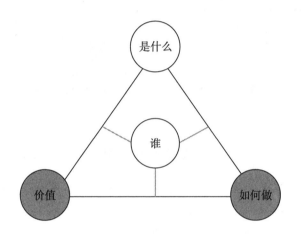

模式的起源

指挥家商业模式可以追溯到 20 世纪 70 年代。随着全球化趋势愈演愈烈，降低成本的压力迫使越来越多的企业将自身价值链中的一些环节外包给生产力低下且拥有廉价劳动力的国家。首次外包大潮的主要获益人是"亚洲四小龙"，它们的出口导向型工业战略同西方国家的外包目标可谓绝配。时尚业是指挥家商业模式的开拓者之一，很早之前就开始向亚洲外包大量产品的生产业务。

耐克公司是应用该商业模式的典范。在 20 世纪 70 年代早期，耐克公司在 CEO 菲尔·耐特（Phil Knight）的带领下，开始在收入较低的国家，诸如印度尼西亚、中国、泰国和越南生产部分产品，并将更多的精力集中在研发、产品设计和市场营销等核心竞争力上。外包业务带来的成本降低和新的发展重心使耐克公司在竞争中获得了极大优势，最终缔造了一个强大的体育王国。如今，耐克公司约有98%的产品产出于亚洲，使该模式成为其商业模式中不可或缺的一部分。

指挥家商业模式如图37–1所示。

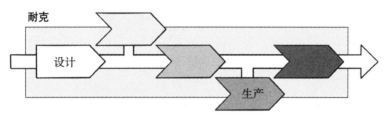

图37–1　指挥家商业模式：以耐克公司为例

模式的创新者

过去，很多企业成功应用了指挥家商业模式。创建于1995年的印度电子通信运营商 Airtel 就是其中之一。拥有2.6亿用户的 Airtel 逐渐发展为世界级电信运营商。最初，与其他电信运营商相比，Airtel 毫无优势可言。自2002年以来，该公司转而采用指挥家商业模式，开始着力经营自己的核心竞争力（诸如市场营销、销售和财务），并将价值链中的其余部分外包给别的公司，例如，将信息技术支持外包给爱立信、诺基亚、西门子和 IBM 等公司。Airtel 与这些公司讨价还价，尽量将外包成本向真实成本靠拢。通过这种方式管理价值链，使 Airtel 公司能以很低的价格为客户提供电信服务。指挥家角色的成功扮演，让 Airtel 公司的财务收入增加了120%，其年度净利润从2003年到2010年间增长了280%。

中国的利丰集团（Li & Fung）也是一家应用指挥家商业模式的盈利公司。它接受如 Abercrombie & Fitch 或沃尔玛等大客户的从玩具到服装配饰等品类繁多的生产订单。利丰集团自身并不生产这些产品，而是管理着一个由1万多个供应商组成的全球性生产网络，以完成这些订单。因此，利丰集团就成了一个应用指挥家商业模式的全球性供应商，其核心竞争力是协调个性化的价值链合作者并进行高效加工。尽管利丰集团并未开设任何工厂，却能每年赚取数十亿美元。

食品公司 Richelieu 生产冷冻比萨饼、沙拉酱、酱汁、腌汁、调料和熟食沙拉，其产品此后由其他公司打上自身店铺的标牌或采用白标商业模式进行销售。由此该公司可以将心思都放在食品的制造环节，不用操心市场营销和品牌建设等工作。Richelieu 食品公司在 2016 年营收约 3.25 亿美元，平均每人创收约 3.6 万元。

应用指挥家商业模式的时机和方式

应用指挥家商业模式，你需要清楚地知道和理解公司的核心优势是什么。这一点在你积极参与环节众多的价值链时尤为重要。作为一名"指挥家"，你必须在你所擅长的领域全力以赴，将其他部分外包，以此降低成本并增加企业的灵活性。最为重要的是，你得抓住手里的王牌，占据绝对优势，否则，你将面临被其他公司替代的风险。要想成为一名优秀的"指挥家"，你还必须擅长管理不同的合作者。

需要思考的问题

- 我们的关键活动是什么?
- 我们独一无二的优势到底有哪些?
- 通盘考虑我们的价值主张，哪些业务并没有那么重要，我们能把它们外包给其他公司吗?
- 通过外包这些业务，我们能降低总成本吗?
- 我们可以因此变得更具灵活性吗?
- 我们有能力同时管理多个不同的合作者吗?

模式的形态

计费购买（Pay Per Use）商业模式是指按消费者实际使用产品和服务的数量进行结算。该模式被广泛地应用于消费者媒体市场（电视、在线服务等），其灵活性吸引了大量倾向于按需消费的受众。也就是说，在这种模式中，消费者有效使用多少产品和服务就付多少钱，无须按固定价格付费（是什么）。依据消费者的使用量，可采用多种收费方式，比如，以消费的数量计费，或以服务的使用时长计费（价值）。这种付费方式最大的优点是使消费者支付的初始成本高度透明化（是什么）。另外，这种模式也非常公平，用的少，就花的少（是什么）。B2C 市场也正在使用该模式。

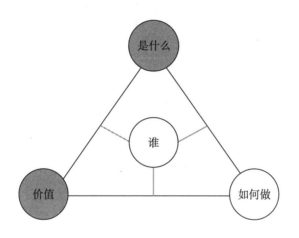

这种模式由于消费者对产品和服务的使用比较随意，而使企业很难对销售额进行估算。为确保经营计划的实施和稳定收入的获得，许多企业都在合同中规定了基本服务使用量，以保证获得持续收入。

模式的起源

计费购买商业模式由来已久。租赁行业似乎一直都是按比例收费的，也就是说，按照使用某租赁服务的具体时长来收费，而新兴的电子付款方式使这种模式在其他领域也有了用武之地。数字电视的出现，使计费购买商业模式衍生出了按"点播服务"付费的新模式：观众可以花钱点播感兴趣的电影和体育赛事，不用花钱定期订阅电视节目。与传统电视不同，数字电视拥有更丰富的频道资源，观众也能在诸多支付选项中自由选择。

计费购买商业模式如图 38-1 所示。

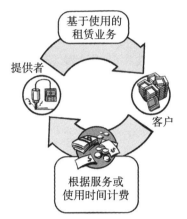

图 38-1　计费购买商业模式的创意

模式的创新者

计费购买商业模式催生了很多创新型商业模式，包括互联网广告的"点击付费"模式。广告商将根据互联网用户真正点击广告的次数来付费，而不是一次性支付投放广告所需的费用。于 1998 年第一次使用这种收费方式的 Start-up GoTo 公司被业界公认为点击付费模式的首创者。点击付费模式目前已成为在线广告最主要的付费方式。谷歌公司 90% 的收益都来源于基于这种付费方式的广告收入。

2008 年，戴姆勒公司发起了汽车共享项目——"Car2Go 智能租车"，这是一种由计费购买商业模式发展而来的创新型商业模式。传统的汽车分享或租车服务以小时或天数租赁车辆并收取费用，Car2Go 则采取不同的方式：按分钟出租车辆。另外，消费者无须明确一个具体的还车时间，也可以在任何方便的时候归还钥匙。Car2Go 还有一点与其他提供汽车共享服务的公司不同，它不收年费，只在消费者注册时收取一次性费用。

Car2Go 借鉴了电信行业的经验，采取与之相似的方法——按照客户的实际使用情况收取费用。这种极具灵活性的、能自由控制使用成本的方式深受消费者的青睐，戴姆勒公司似乎已经尝到了这种模式的甜头。2019 年底，Car2Go 和其竞争对手宝马公司的汽车共享服务 DriveNow 强强联手，合并成立了 ShareNow。这家德国汽车共享服务现有车辆超过 20 500 辆，在全球 14 个国家 26 座城市提供服务。自行车和电助力自行车领域也出现了类似的计费购买商业模式的趋势。

计费购买商业模式也被应用到了保险行业中。汽车保险公司早已开始运用"按里程付费"的保险方式。保险费按照投保人可能出现的各种风险进行计算。这些风险来自投保人的驾驶习惯和其他风险因素，比如行车地点、行车时间等。以上数据通过 GPS 系统传输给保险公司。美国联合汽车金融公司 Ally Financial（原通用汽车金融服务公司 GMAC），自 2004 年开始转型为按里程付费的保险公司。

HOMIE 是荷兰代尔夫特理工大学（TU Delft）的衍生公司，希望借助计费购买商业模式来大幅降低家电产品对环境的影响。公司提供高质量家电的免费安装和维护服务。HOMIE 最初只提供洗衣机，但也计划扩充自己的产品名录。顾客按照洗衣次数支付费用，而且也会有相应的功能来激励顾客采取可持续性的行为（例如降低洗衣温度的设置）。其定价基础是 HOMIE 自身的消费者调查、可行的商业案例分析，以及刺激可持续性消费的目的。公司自身并不制造洗衣机，但采用合适的技术对既有洗衣机进行了改造，以实现计费购买商业模式。

应用计费购买商业模式的时机和方式

物联网是一种物物相联的智能互联网，它能敏锐地感知并产生数据，通过信息交换进行更多的数据分析或智能研究。计费购买商业模式巨大的潜力归功于运用新产品开发能力来收集和分析信息。计量产品使用情况的技术一直存在，但多亏了不断下降的信息技术成本，使得应用计费购买商业模式在影响力更大的商业实例中成为可能。

需要思考的问题

- 我们如何能最大可能简化自身的计费流程？
- 我们引入计费购买商业模式之后，客户会改变他们的行为吗？
- 我们能计量和分析哪种数据？
- 除了使用数据，我们还能利用这些智能产品为客户提供哪些额外价值？
- 计费购买商业模式能让我们了解到什么样的客户行为？

The Business
Model
Navigator

39

按需付费商业模式：无论如何，
你值得拥有

模式的形态

在按需付费（Pay What You Want）商业模式中，产品或服务的价格由消费者来决定（是什么）。供应商承诺接受消费者的出价，哪怕出价为零或远低于产品的实际价值。有时，企业会提供最低限价或指导价格供消费者参考。尽管这种商业模式能吸引庞大的客户群，但它最适用于边际成本较低的产品市场，这类市场竞争往往很激烈，且买卖双方的联系最为紧密，也拥有较为公平明理的消费者群体。出人意料的是，消费者极少运用这种商业模式。研究表明，按需付费服务的价格在统计上从无到有变化极大。

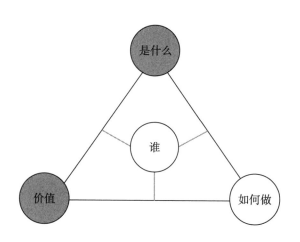

社会规范（如公平）作为一种控制机制，在定价过程中发挥着重要作用。另外，消费者经常通过比较其他产品的价格来定价。他们认为这种定价策略非常有用，因为这样一来，他们就能很好地控制附带成本（是什么）。对供应商来说，按需付费商业模式带来的一个好处是有可能获得积极正面的舆论，因此带来客户的显著增长（价值）。

模式的起源

按需付费商业模式出现已久：典型的例子就是给街头艺人或者服务生付小费。盐湖城有一家饭店叫 "One World Everybody Eats"，它于 2003 年首次采用该商业模式。食客们除了能够自行决定花多少钱为他们喜欢的食物和饮料买单以外，还可以用物物交换的方式付款，比如志愿清洗餐具或是在花园里劳动一段时间。该餐馆的创始人丹妮丝·施瑞塔（Denise Cerreta）坚信，以按需付费的理念为基础，能够为那些不那么富有的人提供健康、高品质的菜肴。

模式的创新者

按需付费商业模式在过去几年开始流行起来。在音乐史上，英国摇滚乐队"电台司令"在 2007 年推出新专辑《彩虹之中》（*In Rainbows*）时首次运用了这个模式。在乐队的官网上，乐迷们可以自由下载该专辑的歌曲，并自行决定购买方式和购买价格。虽然乐迷们的平均出价要低于该专辑的平均市价，但该专辑的下载量比乐队之前所有作品的下载总量还要多，乐队也因此名声大噪。

服装制造商 Everlane 主打的是极致透明和注重道德，在这个行业是一种特殊的存在。公司让顾客选择自己在购买特定产品时想要出多少钱。顾客每年会有两次这种机会，自行决定在根据生产成本确定的最低价格的基础上，还愿意额外支付多少钱。"我们选择产品，您来确定价格。我们会披露每分钱花在什么地方。"

2010 年，Humble Bundle 在一次市场营销实验中开始使用按需付费商业模式。Humble Bundle 是一家提供在线独立游戏捆绑销售服务的网站，同时还出售与游戏内容相关的周边产品，比如提供电子游戏、电子书和音乐的下载服务。这些产品都是由消费者自行出价购买的。这种机制还通过一些刺激手段来获取巨额利润：出价高于平均价格的买家能够免费获得一些奖励，排名靠前的出价者还将在官网公示出来。另外，企业还将售价的一部分捐赠到一些非营利组织，开展慈善活动。

按需付费商业模式如图 39–1 所示。

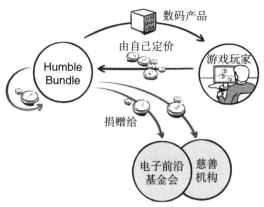

图 39-1 按需付费商业模式：Humble Bundle

应用按需付费商业模式的时机和方式

按需付费商业模式假设消费者完全懂行，了解产品的价值并且愿意理性消费该产品。这个模式来源于消费者市场中的 B2C 模式，但却在 B2B 模式中得到了广泛应用。企业并不需要针对其全部产品或服务而采用该模式，只需要部分使用即可。例如，一些咨询公司允许客户根据他们对咨询服务的满意度来支付部分咨询费。

需要思考的问题

- 如果消费者能够自行定价，那他们能对我们的哪些产品进行合情合理的估价？
- 我们能否把营收模式分成固定部分和弹性部分，弹性部分由消费者自行定价？
- 我们如何回避免费使用者，也就是那些消费了产品却不愿付费的人？
- 我们的业务是否适合采用社会规范和公平公正的思维方式？

P2P 商业模式: 个人对个人的商业模式

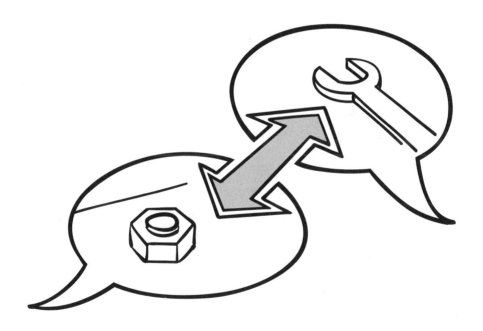

模式的形态

"对等"（peer to peer，P2P）这个短语源自计算机行业，意思是两台或多台具有相同功能的计算机同时进行通信。在商业模式术语中，"P2P"通常是指个体之间的交易，比如出租个人物品、提供某些服务和产品或是分享一些信息和经验（是什么）。组织机构在其中只是起到一种中介的作用，有效管理这些交易行为并确保其安全性（如何做），理想情况下，它还能成为社区关系的纽带。随着时间的推移，这种功能还能创造价值，例如，可以收取交易手续费或通过广告、捐赠等间接获得收入（价值）。

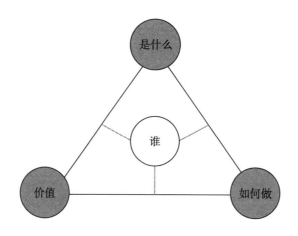

P2P 商业模式的一个主要优势是，消费者可以将其个人物品及服务当作一般商品（是什么）。另外，消费者非常重视 P2P 商业模式具有的社交层面的价值（是什么）。一家企业是否能够成功应用该模式，取决于其是否能够建立起一个可信赖的多种服务提供商的形象（如何做）。因为在用户享受私人提供的产品和服务时，也希望整个交易过程简易有效。

模式的起源

20 世纪 90 年代早期，P2P 商业模式开始初具规模。互联网的出现是该模式得以发展的核心驱动力。协作消费的趋势也对该模式的发展起到一定的作用。协作消费的核心理念是振兴社区精神和共享资源。在线拍卖网站 eBay 是 P2P 商业模式的先驱，它为 30 多个国家的用户提供在线拍卖其闲置私人物品的机会。eBay 每天都要处理 120 多万起来自全世界各地的拍卖交易。

模式的创新者

在过去几年中，不少公司追随 eBay 的脚步，试水 P2P 电子商务领域。Craigslist 是一家私有的、刊登免费分类广告的大型网站，主要针对本地产品和服务提供分类服务，诸如房屋信息、招聘信息、演出信息、可出售的私人物品或其他需求等。Craigslist 创建 P2P 电子商务网络之后，打破了之前平面媒体在该领域的垄断，市场也因此发生了重大变革。通过免费的广告分类，Craigslist 逐渐发展为一家大型的 P2P 电子交易网站，拥有 600万个新的分类广告和 500 亿的月浏览量。Craigslist 利用这个颇受欢迎的市场定位收取某些广告费，比如职位招聘或公寓出租，其他分类广告仍是免费的。

基于 P2P 商业模式进行创新的公司如图 40–1 所示。

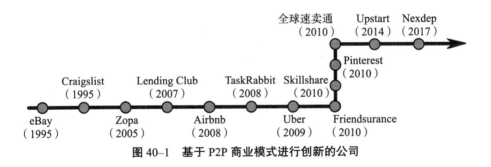

图 40–1　基于 P2P 商业模式进行创新的公司

在柏林创建的 friendsurance.com 网站开创了另一种 P2P 商业模式。该模式在一种经典保险理念的基础上，通过社交网络创建了另一种 P2P 保险模式。这个保险理念的基础是通过社交网络建立一种互助式保险网络（比如，四五个朋友一起）。以车险为例，如果需要定损的话，个人的互助网络将拿出一部分金额（比如每人 20 欧元）。余额则由一份经典的保险备份来补偿。通过这种方式，friendsurance.com 将投保人的保险费率降低了一半。不仅仅是消费者得到了好处，保险公司理赔的成本也下降了，而且客户口口相传，能主动吸引更多的客户。道德风险也因此大幅降低。

Uber 公司使用智能手机应用为用户提供 P2P 交通运输服务，为旅客和独立的出租车驾驶员牵线搭桥。整个坐车过程很简单：注册用户使用该应用叫车，Uber 司机会被派到旅客的位置，将该旅客送至目的地。出租车驾驶员用自己的车来提供出租车服务，而 Uber 会得到车费的约 20%。车费本身由 Uber 的应用来进行计算，最终取决于供需情况。Uber 给出租车行业带来了革命，在创立仅仅 9 年之后，2018 年的营收就超过 110 亿美元。

1999 年在纽约市创建的"老虎 21"（The Investment Group for Enhanced Returns in the 21st century，TIGER21）是一个高净值投资者的学习平台。该组织的会员门槛是最低拥有 100 万美元的资产，而会员包括企业家、CEO、投资方、最高行政官等。这样做的目的是为了增加会员的投资知识，探索有关财富保值、资产规划和家庭动力学的问题。"老虎 21"的独特之处在于每月召开一次小型会议，着重讨论与健康相关的主题和另一些投资组合问题。这些会议的保密性和专业化程度很高。与会人员提出商业理念、个人事务或着眼于世界大事，共同对议题进行评估和讨论，以期抓住商机，为成员们进行财富管理。会议的真正价值在于与会人员讨论时产生的不同见解。在会议结束前，外部专家作为演讲嘉宾对会议进行总结。"老虎 21"向会员收取 3 万美元的年费，涵盖了小组会议、专家讲座和在线社区的费用。

Airbnb 公司给用户（房屋所有者）提供一种在 P2P 社区中面向大众出租自有资源的方式，比如居住空间、私人房屋、公寓、城堡、船只和其他资产。登录界面友好的网站以后，用户就可以在网上发布居住空间或其他资产的短期租赁信息，给旅行者社区或其他寻找民宿的用户提供丰富的信息。网站引入排名系统，为住宿提供者和租用者提供交易保障，以尽量杜绝不实信息。Airbnb 公司的主要收入来自预订服务费（通常在 3%~10%），其他的收入来源还包括用户信用卡结算时的手续费。Airbnb 公司由布莱恩·切斯基（Brian Chesky）、乔·吉比亚（Joe Gebbia）和内森·柏思齐（Nathan Blecharczyk）三人共同创立。公司创立仅仅 10 年后年营收就已经超过 26 亿美元。

部分 P2P 电力交易项目也借助区块链技术开始冲击集中管理的电力市场。可再生能源推动了分散式的能源生产和产消者（Prosumer，同时生产和消费电力）的趋势开始出现。分布式账本技术和区块链让人们可以进一步使用多余的能源，并通过代币在本地 P2P 市场上将多余能源变成商品出售。瑞士瓦伦施塔特的 Quartierstorm 公司在 2018 年创立了一个成功的 P2P 平台，供 37 个家庭进行能源交易。

应用 P2P 商业模式的时机和方式

P2P 商业模式应用于在线社区能发挥最大效用。该模式最核心的原则是增加产品或服务的边际效用。P2P 网络中的每个用户对新用户来说都具有很大吸引力。"胜者为王"的市场规则产生了一种自我强化循环效用（self-reinforcing cycle），这使新玩家进入这个市场变得更加困难。

需要思考的问题

- 我们如何说服消费者放弃正在使用的网络转而使用我们的网络？我们能为网络社区带来什么好处？
- 我们能提供什么样的激励机制让客户持续使用我们的网络？我们能产生温和的锁定效果吗？
- 我们如何严密实施我们的设计蓝图？
- 通过建立 P2P 网络，我们希望获得什么？
- （何时）应该结束免费的网络服务并引入一个以免费服务为基础的"免费增值收入模式"？

41

The Business
Model
Navigator

绩效契约商业模式：以结果计费

模式的形态

绩效契约（Performance-based Contracting）商业模式是指供应商在计算某种产品的价格时，以其提供的服务为准，而不是该服务的表面价值。消费者以特定价格购买公司的服务，这种服务以确切的使用量来计量（是什么和价值）。这个价格通常包含所有的相关费用，如运营费、维护费和修理费。采用这样的计价方式，消费者更容易控制成本（是什么）。需要引起重视的是，产品的使用强度与定价无关，这是与"计费购买商业模式"最根本的区别。此外，这个模式多数使用在 B2B 领域，而"计费购买商业模式"通常是在 B2C 领域。在这个模式中，推出新产品的制造商不自觉地被整合到消费者的价值创造过程中（如何做），通过产品传递以往经验并在产品使用过程中获得新的专业知识（价值）。"自有整合操作系统"（integrated own-and-operate systems）是这种商业模式的一个较为极端的变化形式。在这个系统中，公司仍拥有客户已购产品的所有权和运营权（如何做）。与消费者之间建立起更为长远和默契的协作关系，能够降低该模式所带来的更高的金融风险和运营风险（价值）。

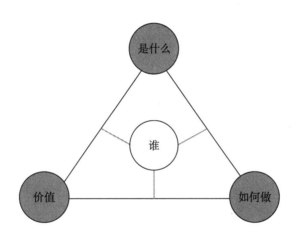

模式的起源

绩效契约商业模式源自 20 世纪中期出现的公共部门基础设施政策，并被应用于公私合作伙伴关系中（public-private partnerships，PPP）。公私合作伙伴关系是指公共部门与私营企业之间的合作协议。公共部门授予企业特许权，允许它们合法行使公共职能。一般而言，委托方根据合同的履行程度来付给企业报酬（比如，企业建成的可用来修建幼儿园的地点的数目），换句话说，就是按合同履行结果付费。

久而久之，以结果为付费基础的模式逐渐在工业领域得到广泛运用。英国飞机引擎制造商劳斯莱斯公司是使用该模式的先驱。在20世纪80年代早期，劳斯莱斯首次采用"按飞行小时包修合同"策略并获得巨大成功。劳斯莱斯不出售飞机引擎，而是以每飞行小时的性能计价收费。劳斯莱斯公司拥有这些飞机引擎的所有权，并负责引擎的维修和保养。绩效契约商业模式很受劳斯莱斯公司客户的欢迎，该公司超过70%的利润都产生于这种商业模式。

绩效契约商业模式如图41–1所示。

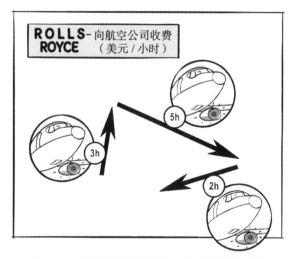

图41–1 绩效契约商业模式：劳斯莱斯的引擎

模式的创新者

绩效契约商业模式在很多领域都得到了应用。在化学工业领域，巴斯夫公司自20世纪60年代晚期就开始使用单位成本模式。汽车涂料的成本以每单（模型）涂料收费，而不是以涂料用量收费。巴斯夫公司在汽车上漆现场为客户提供指导，帮助他们提高工作效率。通过更经济地使用这种模式所节省下来的费用都可以在消费者与公司间划分，形成双赢格局。

美国施乐公司是一家生产打印机、复印机和其他外围设备并提供多种文件管理业务的公司。施乐公司为客户提供打印机和复印机，但其产品的所有权仍归施乐公司所有。公司拥有的丰富资源和广博的专业知识为客户节约了成本，提高了效率。换句话说，施乐公司提供打印机、复印机和其他设备并负责维护，消费者则按使用量付费。施乐公司在该领域卓越的经验使它能够降低运营成本并获得不断增长的利润。

在照明领域，飞利浦采用绩效契约商业模式，通过创新型方法来满足顾客的需求。顾客照明所必需的所有活动、资源和工艺都由飞利浦公司负责。飞利浦公司针对的都是企业客户，这些客户看重可持续的建筑物管理，但又不想培养必要的技能或进行必要的投资。灯具、维护、修理和控制等复杂的管理都外包给了飞利浦公司，顾客的照明设施得到了保障。对飞利浦公司而言，飞利浦的技术提升了能源效率，从而也有了收入。飞利浦公司的解决方案以传统的能源成本为基础进行估算，但长时间运行之后，飞利浦公司将能够降低成本。对飞利浦公司而言，另一大收益在于，这种营收的可预测性更高。

应用绩效契约商业模式的时机和方式

绩效契约商业模式能让你利用现有的知识和服务获取收益，比如流程知识、维护专业知识和其他相关服务。如果你生产的是一种复杂的并存在一定的应用风险的产品，那绩效契约商业模式将非常好用。想要避免前期成本的消费者倾向于选择绩效契约商业模式，而考虑到成品和服务的成本，期望获得更多透明度和稳定性的消费者也会做出相同的选择。

需要思考的问题

- 客户的真正需求到底是什么？

- 给客户提供知识和服务包，能够为他们创造附加价值吗？

- 成本结构的透明会便于顾客按实际用量管理自身成本，客户倾向于选择这种方式吗？

- 我们如何设计价值链以促进执行水平和增加可靠性？

剃刀和刀片商业模式：诱饵和鱼钩

模式的形态

在剃刀和刀片商业模式中，基础产品通常以低于成本的价格廉价出售或是免费赠送，而与其配套使用的附属产品则以高价出售，成为企业最主要的收入来源（是什么和价值）。这个简单却巧妙的商业策略描述了这种免费营销的商业模式，又叫作"诱饵和鱼钩模式"。这个商业模式的主要理念是通过降低购买基础产品的门槛以提高消费者的忠诚度（是什么）。当消费者开始购买与基础产品匹配的配套产品时，企业就开始盈利了（价值）。

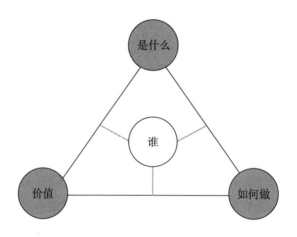

在剃刀和刀片商业模式中，附属产品是基础产品的一种交叉补贴（cross-subsidised）。如果附属产品需要频繁更换，该模式将给企业带来巨大利润（价值）。换句话说，企业除了出售基础产品，还要通过附加产品未来的销量增加收入。为实现这个目标，产品供应商必须设置一定的障碍，防止客户从竞争者处购买配套产品。常见的战略包括将配套产品专利化或创建一个强大的品牌（价值）。剃刀和刀片商业模式通常与其他商业模式结合起来使用，比如锁定商业模式，本书曾经用雀巢奈斯派索咖啡机作为案例阐述过这个模式。

模式的起源

要回溯剃刀和刀片商业模式的起源，我们需要仔细回顾一下相关历史。该模式的创始人之一是约翰·D. 洛克菲勒（John D. Rockefeller），他从 19 世纪晚期就开始向中国出售廉价的石蜡灯。要使用石蜡灯，消费者就不得不购买昂贵的灯油，这些灯油均产于洛克菲勒标准石油公司的精炼厂。这个模式给洛克菲勒带来了巨额财富，使他成为当时美国乃至世界上最富有的人。"剃刀和刀片"源自另一个知名企业家——于 20 世纪发明了可更换刀片的金·坎普·吉列（King Camp Gillette）。为促进这种刀片的销量，吉列公司将与之匹配的剃须刀刀架作为礼物送给军事机构和大学。一次性刀片的成功太不可思议了，以至于在该产品推出市场不到 3 年的时间，吉列公司就卖出了 1.34 亿套刀片。顺便说一句，吉列也是将专利与剃刀和刀片商业模式相结合的范例。仅仅"吉列锋隐至顺系列"产品就申请了多达 70 余项专利。这样，吉列公司的竞争对手就很难进入一次性刀片市场，更别说侵占吉列公司的市场份额了。

模式的创新者

有 150 年之久的剃刀和刀片商业模式逐渐孵化出了更多富有创意的应用。惠普公司在 1984 年推出世界上第一台用作私人用途的喷墨打印机 ThinkJet 时，就首次应用了该模式。与昂贵的工业用打印机不同，ThinkJet 每台仅售 495 美元，对普通美国人而言，这是一款十分经济实惠的家用打印机。惠普公司的主要收入都来自随后出售的打印机墨盒。这种商业模式对整个打印机产业的发展产生了深远的影响，且一直作为主要的商业模式应用至今。

基于剃刀和刀片商业模式进行创新的公司如图 42-1 所示。

另一个应用剃刀和刀片商业模式的主要品牌是雀巢公司的奈斯派索胶囊咖啡机。这个产品包括廉价的咖啡机和昂贵的咖啡胶囊。20 多年前，咖啡行业引入了剃刀和刀片商业模式，标志着咖啡行业传统逻辑的突破。一直以来，咖啡只是一种简单的产品，缺乏更高的定价和创新空间。奈斯派

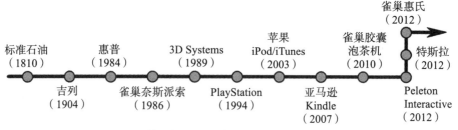

图 42-1 基于剃刀和刀片商业模式进行创新的公司

索胶囊咖啡机应用该模式获得了巨大成功——2018年，公司预计创收约50亿欧元——因此，雀巢公司将剃刀和刀片商业模式继续用于其他产品，例如雀巢胶囊泡茶机。

剃刀和刀片商业模式也同样在游戏机产业得到了成功应用，其中包括索尼的 PlayStation 和微软的 Xbox 产品线。公司以接近生产成本的价格销售游戏机，利润来自游戏。现在，顾客可以直接在游戏机上购买游戏，使得购买变得更加方便。在这个例子中，剃刀和刀片商业模式也可以与订阅商业模式进行结合。关于剃刀和刀片商业模式的案例，还可以参考电子阅读器和牙刷行业。

该商业模式有一个有趣的变种，就是逆剃刀和刀片商业模式。科技巨头苹果公司和家电企业福维克（Vorwerk）均采用了这种模式。他们的基本产品都溢价出售，而所必需的易耗品则价格相对低廉，或者甚至在使用产品时无需其他易耗品。苹果针对其 iPod 采用了逆剃刀和刀片商业模式。iPod 的售价很高，但连接 iTunes 商店购买音乐时的价格比较合理。福维克公司则针对其智能厨房设备美善品（Thermomix）的菜谱配方和真空吸尘器袋采用了逆剃刀和刀片商业模式。但针对这两家公司的情况，顾客通常可以轻松使用其他公司生产的易耗品，这也导致两家公司将营收重点放在销售基本产品上，易耗品只是一种辅助作用。

应用剃刀和刀片商业模式的时机和方式

剃刀和刀片商业模式在 B2C 的商业环境中如鱼得水。未来，我们会看到更多的 B2B 企业应用该模式，尤其是在售后业务领域，如机械行业。

这种商业模式与锁定商业模式结合起来，作用非常强大。如今，不少企业已学会应用该模式来保护其有利可图的售后业务和零配件业务，防止模仿者与之竞争。应用剃刀和刀片商业模式需要企业加强专利研发能力和品牌塑造能力。如果售后或服务能得到保护，这个模式也可以被应用到机械设备行业。当备件有专利，或者是原始设备制造商能更高效地操作远程诊断工具，锁定商业模式就有可能得到实现。

需要思考的问题

- 我们是否能在产品设计阶段开发出售后业务的独特功能？
- 独一无二和难以模仿的特点能防止竞争对手模仿我们的服务或零配件业务吗？

租赁商业模式：购买短期使用权

模式的形态

"租而不买"（Rent Instead of Buy）这个短语本身已经说明了一切。对消费者来说最大的好处就是无须购买产品，从而节省了初始购置成本，而这些产品可能是他们根本负担不起的（是什么）。租用物品和服务避免了长期占用大量资金，给消费者留下更大的财务周转空间（是什么）。很多人喜欢这些好处——尤其是涉及资本密集型资产时更是如此。与买断交易相比，这种模式可能增加产品的潜在销量（价值）。应用租赁商业模式的一个先决条件是企业有能力预先承担产品的成本，因为应用这种模式只能在将来通过租赁赚取利润（价值）。从这个层面来看，租赁商业模式与计费购买商业模式相似，但它们最大的不同是前者按使用时间计费而非实际使用情况计费。有时，租赁商业模式与计费购买商业模式能够流畅地相互转换，比如在客户超出规定里程的限制时，汽车出租机构除收取起步价之外，还额外收取一定的费用。

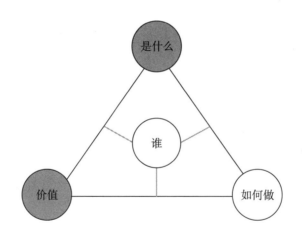

模式的起源

租赁商业模式是一种古老的商业模式。有证据表明，早在公元前 450 年，罗马人就开始租赁牲畜供他人使用。接着，这个概念开始被广泛运用。中世纪，贵族把自己的土地租给农民耕种，获得一部分庄稼（什一税）作为回报。这种"租金"当然不是自愿缴纳的，而是以领域庄园的概念为基础，因为农民的社会地位要低于教会和贵族。如今，租赁商业模式在房地产市场应用得最为广泛。在德语国家，超过一半的公寓都是由人们租住的。

模式的创新者

租赁商业模式产生已久并一直酝酿着一些创新模式。产生于 19 世纪末 20 世纪初的第一家汽车租赁企业就很好地印证了这一点。该领域的一个重要的先驱是乔·桑德斯（Joe Saunders）。他于 1916 年开始将福特 T 型车租给商业人士使用，用每公里赚取的 10 美分保养这些汽车。作为一个精明的企业家，他很快意识到整个商业帝国都可以建立在这个理念上。到 1925 年，桑德斯系统汽车租赁公司已在美国 21 个州设立了分公司。

租赁商业模式如图 43-1 所示。

汽车所有权	汽车租赁		汽车共享	
	租赁公司	P2P	叫车服务	拼车服务
Daimler BMW Ford GM	Avis Europcar Hertz Alamo	Getaround Turo niyacar	Lyft Uber Grab DiDi	Via Parizzo BlaBlaCar

图 43-1　租赁商业模式：汽车所有权的发展演变

复印机生产商施乐公司创新了租赁模式。其于 1959 年在市场上推出的施乐 914 型复印机是世界上第一台使用干影印技术的商业全自动复印机。这款机器拥有的革命性技术令人震惊，复印机的工作效率从以前的每天 15 ～ 20 张迅速提升到每天成千上万张。施乐 914 型复印机对大部分潜在买家来说过于昂贵，于是施乐公司以每月 95 美元的价格出租这款设备。这种方式使施乐 914 型复印机的需求量极速增长，甚至导致几年后该产品出现了供不应求的局面。《财富》杂志随后称施乐 914 型复印机为美国历史上最受欢迎的产品。

创建于 1908 年的瑞士 CWS-boco 公司有着悠久的历史，该公司不仅提供工作服定制服务和洗涤业务，也出售或租赁其丰富的产品。除了单纯的销售，CWS-boco 公司还提供便利的全包卫生服务。对消费者来说，租用该公司的产品和服务比购买它们更具吸引力，而且更便利。

SolarCity 公司希望能在私人业主家庭中快速推进太阳能技术的使用。该公司在住宅的屋顶设计和安装太阳能系统。顾客可以有两个选择，或者直接购买该系统，或者是以租代买。在以租代买时，安装是免费的。如果签署长期合同（20~30 年），业主同意购买太阳能系统所发的电，而所发的电出售条件要比普通绿色电力更为优惠，顾客可以通过签署较长年份来规避价格增长。合同期结束后，顾客就是该发电系统的所有人。SolarCity 则可以从顾客持续的买电行为中获利。SolarCity 还通过与特斯拉的 Powerwall 等创新型合作伙伴的合作，来丰富自己的价值主张。鉴于顾客的咨询需求较高，SolarCity 也同样使用上门销售的方式，以同顾客个体建立密切的关系。

尽管租赁商业模式已广为所用，但诸如组装、专业知识咨询服务和操作等额外服务一直以来都是该商业模式的有益补充。大多数滑雪胜地已感受到滑雪租赁的日益流行——对消费者来说，主要的激励因素是这种方式更弹性、更简易、更便利。德国 Luxusbabe 公司和英国 RentAFriend 公司充分利用了租赁商业模式：消费者既可以廉价租用名牌皮包，甚至也可租一个朋友。

应用租赁商业模式的时机和方式

租赁商业模式已得到了广泛的应用。如果你以固定价格提供产品和服务，就可以考虑采用该模式。如果你选择了它，就会逐渐融入一种共同趋势中：人们需要使用某些东西但并没有必要拥有它们。这个趋势产生于消费品行业，但已经开始在汽车制造业得以应用，并将迅速影响更多其他行业。

收入共享商业模式：双赢的共生关系

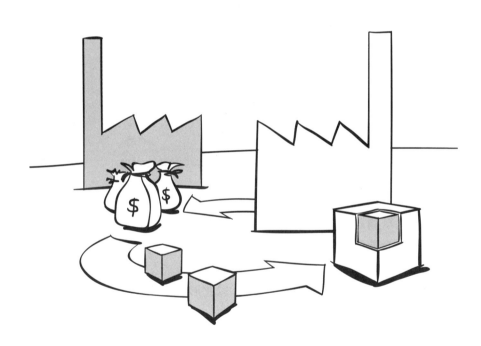

模式的形态

收入共享（Revenue Sharing）商业模式是指个人、群体或公司合作并分享收入的模式（是什么和价值）。这个模式通常与互联网上建立的加盟计划有关。例如，一个电子商务网站运营商通过加盟广告向消费者推荐某个商家并以点击量获得相应报酬。运营商获得收入，商家则经由网站的推荐吸引大量客户。个人用户可以通过很多方式在网上注册，为共同目标努力并分享所创造的利润。这些网站鼓励用户进行内容分享，被分享的内容则与某些广告横幅同时出现在网页上。根据广告出现的位置和点击量，用户便能获得部分广告收入作为回报。

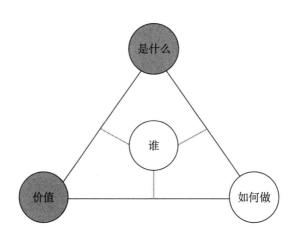

收入共享商业模式有助于建立战略合作关系，旨在扩大客户群、增加收入并增强企业的竞争力。该模式也可以用来降低分销成本并与其他利害关系人分担风险（价值）。为使收入共享商业模式发挥作用，其中一方必须努力增加收入并与合作者积极分享，以此形成一种双赢的共生关系。

模式的起源

最早的收入共享商业模式可以追溯到公元前 810 年左右，即威尼斯商人的扩张时期。两个合伙人发明了康曼达契约（commenda contract），并在该契约的约束下一起售卖商品。具体来说，由威尼斯商人进行投资，由在不同港口转运货物的商人开展贸易。风险分担和收入分成都由合同事先固定下来：投资者承担借贷风险，旅行商人则承担人力成本。如果生意有利可图，贷方和借方就按 3∶1 的比例分成。

法国第一个收入共享商业模式产生于 1820 年。当时，法国国家保险公司（the French National Insurance Company）开始尝试与员工分享利润，并作为其一部分工资来发放。随后，许多不同行业的公司都开始应用收入共享商业模式。以哲学家约翰·穆勒（John Stuart Mill）和罗伯特·哈特曼（Robert Hartman）的观点为基础，收入以及利润共享商业模式迅速流行起来。哈特曼认为，收入共享商业模式能加强员工与雇主之间的联系和一致性。更强大的动机通常能产生更多的利润。

模式的创新者

1994 年，杰森·欧列姆（Jason Olim）和马修·欧列姆（Matthew Olim）两兄弟创建了 CDnow 公司，为乐迷们提供 CD、电影和视频的网上销售服务。公司成立 3 个月后，他们开始实施"购买网络计划"，也就是现在我们所知道的"联盟营销"。唱片公司和较为小众的艺术家们可以在该网站上创建链接（可以是音乐视频和音乐电影）来出售作品。为鼓励合作者在网站上发布作品链接，公司与他们签订了收入共享合同。凡在 CDnow 网站上销售音乐产品所得的收入，合作方可以获得收入的 3%。这个方式已被证明对合作双方都非常有吸引力。

美国消费电子产品制造商和在线服务供应商苹果公司在经营其应用商店和媒体内容上也采用了收入共享商业模式。开发者开发自身应用后，可上传到苹果应用商店，应用可免费下载或由开发者自行设定下载价格。在审核通过后，这些应用就会在应用商店发布，苹果公司可获得销售收入的三分之一。相同的原则也适用于媒体内容：乐队、艺术家、唱片公司可以在 iTunes 上传他们的作品，苹果公司和乐队或唱片公司按 2∶1 的比例分享其音乐作品每次下载后所获得的收入。最近数年里，音乐行业的收入逐渐不再取决于单一歌曲的购买。2019 年上半年，流媒体的收入占到了整个音乐行业收入的 80%。苹果公司开始同 Spotify 争夺市场老大的位置。

2018 年，苹果公司针对 Apple Music 的订阅商业模式提供每月 9.99 美元的订阅服务，而通过流媒体每收听一首歌就会带给该艺术家约 0.00735 美元的收入。苹果公司的平台为协同作用的发挥提供了充足的空间：不断在应用商店增加应用软件的种类和数量，获得佣金并吸引越来越多的消费者购买苹果的硬件。除了苹果设备的吸引力外，消费者也被苹果公司提供的种类繁多的应用软件所吸引。这种策略对苹果公司和想要分销应用产品的开发者来说都是非常有利的。

收入共享商业模式如图 44–1 所示。

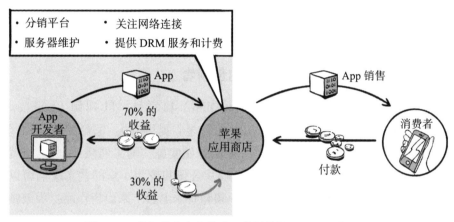

图 44–1　收入共享商业模式：苹果公司、iTunes 和 App

Sanifair 是另一家采用收入共享商业模式的公司。顾客使用该公司安装的厕所设施必须支付费用，但能换来一份购物券，可在附近商店、餐厅和酒吧使用。顾客在使用购物券时，消费额必须高于购物券金额，由此商店可以获得更高的销售量，并将购物券所创造的收入拿出来同 Sanifair 共享。2019 年，Sanifair 单独管理着德国高速公路服务站 520 余间厕所，日平均使用量为 500 次，这为 Sanifair 的商业模式创造了丰厚的收入。

2006 年创建于旧金山的 HubPages 是一个用户生成内容的收入共享型网站。作为一个社交平台，作家们（或称之为网站的使用者）可以在上面分享杂志风格的文章。网站文章分类繁多，包括时尚、音乐、艺术、技术和商业等。网站鼓励使用者分享内容以及与其相关的图片和视频。用户网页上会设置可点击的广告，该广告产生的收益由用户和 HubPages 共享。

一些服务供应商和咨询公司目前也在尝试使用收入共享商业模式，帮助其研究以价值为基础来定价的服务。对客户来说，这意味着可以减少高成本带来的风险，而咨询公司也可以借此与客户保持更积极的关系。

应用收入共享商业模式的时机和方式

逐渐变得细碎、开放和独立的价值链使收入共享商业模式显得越来越重要，并且已得到了广泛应用。无论你身处哪个行业，都可以获得与战略联盟分担风险的好处。这在 B2B 和 B2C 的商业环境中尤为突出。

公司越来越懂得在打造顾客消费之旅时必须坚持生态系统建设的思维方式。也正因为如此，在最近数年里，这种商业模式显得越来越重要。选择正确的合作伙伴至关重要。

需要思考的问题

- 对我们的商业模式来说，谁才是合适的合作方？
- 我们该如何设计产品包来创造协同增效效应？
- 我们的合作理念能创造出协同增效效应吗？
- 我们能采用简单的流程或机制来轻松地分享财务收入吗？
- 联合品牌将创造积极的还是消极的溢出效应？
- 我们是否有清晰明确的联盟退出机制来保证我们仍然可以盈利？

逆向工程商业模式：向竞争者学习

模式的形态

在逆向工程（Reverse Engineering）商业模式中，企业仔细研究已存在的技术或竞争者的产品，用获得的信息开发相似或可兼容的产品（如何做）。这种方式只需极少的研发投资，其开发出的产品比市场竞争者的价格要低很多（价值）。逆向工程商业模式不仅限于产品和服务，例如，当仔细分析竞争者的价值链且将其中的原则广泛应用于核心企业时，逆向工程就可以用于整个商业模式。

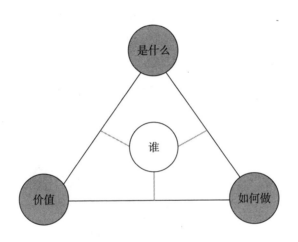

这种模式的一个优点是摒弃了不必要的功能，用更便宜的材料代替昂贵的材料，并能够将已获得成功的产品引入新的细分客户，这些客户通常不愿意或者负担不起那些昂贵的原版产品。吸取先驱者的经验和教训，仿制品通常能与原版一样好（是什么）。逆向工程商业模式的主要目的不是获得"先动优势"，而是充分利用已存在的产品。

这些仿制品也许会侵犯发明者和研发者的知识产权，所以全面了解产品的安全性和执照信息以保证所作所为在法律允许的范围内是非常必要的，并且还要尽量避免时间消耗和昂贵的诉讼（如何做）。持续关注专利权失效日期也十分重要，如果仿制的对象已过专利有效期，最初的专利持有者是无法追究其违法的。

模式的起源

逆向工程最初用于军事领域，确切地说，它诞生于第一次世界大战和第二次世界大战之间。当时，技术的飞速发展使了解敌军的武器和运输系统变得顺理成章。逆向工程频繁地被用于研究截获或偷来的敌军装备，并将这些珍贵信息用于自己的武装部队。

在汽车行业，日本制造商，诸如丰田和尼桑公司，为了解如何制造出高品质的汽车，购买并系统分析了西方的产品。它们拆掉每一辆车，分析所有组件的功能、结构和特性。这是 20 世纪七八十年代日本汽车工业向西方汽车工业学习的开端。由于学习与改进，加上运用系统方法例如"持续改善"（Kaizena）和"质量圈"（quality circles）等理念，丰田和其他日本汽车公司最终超越了西方的汽车公司。

逆向工程商业模式如图 45–1 所示。

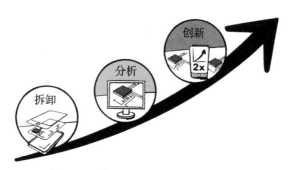

图 45–1 逆向工程商业模式的流程图

模式的创新者

百利金公司（Pelikan）是一家瑞士公司，应用逆向工程商业模式生产钢笔、圆珠笔、纸张、美术用品、打印机配件和办公设备。在 20 世纪 90 年代早期，百利金公司开始模仿与其他品牌打印机匹配的产品，生产富有价格竞争力的墨水盒。这种做法之所以可行，是因为百利金公司不用进行持续的研发投资或补贴低成本打印机。百利金墨水的品质与知名品牌相当，对消费者来说极具吸引力，其竞争定价战略也使产品大卖，为百利金公司赚取了巨额利润。

在中国，科技公司小米成功地应用了逆向工程商业模式。行业竞争对手［例如国际科技巨头苹果公司的首席设计官乔纳森·伊夫（Jonathan Ive）］形容小米公司的商业行为是"小偷"，这也给小米公司蒙上了一层阴影。尽管小米公司的产品在某些方面非常类似于其竞争对手（如苹果公司）的产品，但公司利用逆向工程的方法，融入自身的理念，在公司的科技生态系统里添加了众多吸引人的产品，这也促使公司在 2018 年的智能手机销量接近于 1.19 亿台。

在多个商业领域内因为使用逆向工程而取得极大成功并闻名天下的当属柏林的创业孵化器火箭互联网公司（Rocket Internet）。该公司由桑威尔（Samwer）兄弟创办并掌舵，他们是欧洲最为成功的创业者。他们通过逆向工程创立的公司之一就是重量级的电子商务公司 Zalando。Zalando 是美国零售商 Zappos 的翻版，充分证明了逆向工程方法也可以被应用到整个商业模式上。该公司获得了持续的发展，2018 年营收达 54 亿欧元，成为欧洲线上商店中的佼佼者，领先 Otto 和亚马逊等其他大公司。

应用逆向工程商业模式的时机和方式

汽车、制药和软件行业的公司经常应用逆向工程商业模式。该模式的吸引力和好处显而易见，其中包括削减成本、减少研发活动所需的时间，同时也不用努力去了解与原版产品相关的知识和专门技能，更不用费劲重新创造从未面世的产品。3D 扫描和打印技术的发展也有助于逆向工程的推广。在应用该商业模式时，必须牢记，学习比抄袭更重要。

需要思考的问题

- 我们能从本行业的成功实践中以及其他行业的领先经验中学到什么?

- 我们如何合法利用竞争者的产品?

- 我们在哪些领域中能学到最多?

- 如何从行业引领者那里了解到产品功能和成本领先战略?

- 我们如何处理对逆向工程实践持批评态度的公众的声音?

- 采用逆向工程的公司通常会遇到棘手的法律问题,我们能在法律允许的范围内畅行无阻吗?

- 对于产品和企业来说,我们如何才能做到学为己用?

逆向创新商业模式：学习出色的
解决方案

模式的形态

在逆向创新（Reverse Innovation）商业模式中，商品最初专为发展中国家设计开发，随后才被重新包装并以低成本在工业国家销售（如何做）。最初为发展中国家设计的电池驱动的医疗器械或车辆就是很好的例子。为新兴经济或低收入国家开发的诸多产品必须满足各种严苛的要求正是这种模式潜在的逻辑。为使消费者买得起这些商品，其生产成本只能是高收入国家同类产品的一小部分。同时，商品的功能还必须符合发达国家市场的标准。

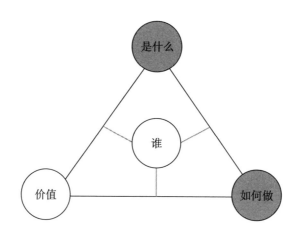

在这样复杂的环境中做生意通常会产生全新的问题解决方案，这对相对发达市场中的消费者来说很有价值（是什么）。过去，商品通常先在西方国家的实验室里研发出来，再引入新兴经济或低收入国家中去（通过地方特色的全球化实现）。逆向创新将这个过程颠倒过来：新产品率先在新兴经济或低收入国家研发出，然后再在发达市场进行全球商业化（如何做）。这种做法直接违背了某些经济原则，比如弗农（Vernon）于20世纪60年代提出的"产品生命周期理论"（product life-cycle theory）。该理论认为，产品应在知识和资本密集型的高收入国家研发出来，并在劳动力酬劳较低的国家进行生产。

模式的起源

逆向创新商业模式源于 20 世纪 90 年代，彼时正值一些低收入国家（如印度或中国）逐渐成为越来越有吸引力的市场。在过去几年中，很多跨国企业在这些国家建立了研发中心，为当地消费者提供创新产品。然而令它们吃惊的是，这些产品在发达市场也很畅销。于是，逆向创新商业模式就此诞生了。

美国通用电气公司被公认为开创了逆向创新商业模式。2007 年，通用电气公司专为印度和中国市场开发出了一种便携式的心电描记法装置（ECG）。这种装置能与一台标准笔记本电脑连接起来，且成本只是传统超声波仪器的十分之一。该项目启动数年后，通用电气公司将这个低成本的替代品引入法国、德国和美国等发达市场，也获得了极大成功。

逆向创新商业模式如图 46-1 所示。

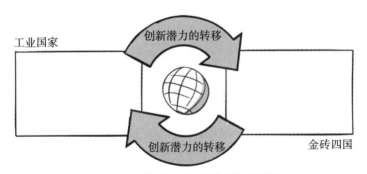

图 46-1 逆向创新商业模式的全局图

模式的创新者

不仅是通用电气公司，其他很多公司都已开始应用逆向创新商业模式。芬兰的诺基亚电信公司利用"逆向创新"这个概念在 2003 年开发出了经典机型诺基亚 1100。这款低成本的手机是专为印度低收入人群开发的，摒弃了一些造价昂贵的特性，比如彩屏和相机，而是选择了实用的具有印度特色的功能，如手电筒、闹钟和防滑手机壳。随着诺基亚 1100 手机在印度的成功，其在工业国家也吸引了大量喜欢单一功能手机的用户，他们不需要手机的某些附加功能。诺基亚 1100 手机在全世界卖得都很好——一共卖出了超过 2.5 亿台，成为世界上有史以来最畅销的消费电子产品。

达契亚洛根（Dacia Logan）牌小汽车是逆向创新的另一个案例。针对东欧市场，尤其是罗马尼亚的低收入消费者，法国汽车制造商雷诺汽车公司设计制造了一款低成本的汽车，并以 5000 欧元的低价出售。这款车采用省钱的设计和生产技术，以及在人力成本较低的国家进行劳动密集型装配流程。在罗马尼亚获得成功以后，达契亚洛根汽车被引入发达市场，该款汽车随后在这些国家的汽车销售收入占到了雷诺汽车公司这款汽车总收入的三分之二，并且自 2006 年达契亚洛根汽车面世以来，共售出 20 多万辆。

中国的海尔电器集团最初采用逆向创新商业模式开发出一种仅在中国农村地区销售的小型洗衣机。20 世纪 90 年代末，海尔公司开始用"小神童系列"小型洗衣机取代昂贵的大洗衣机。廉价洗衣机在中国大获成功以后，海尔公司开始在世界市场上引入该洗衣机的修订版，也获得了巨大成功。海尔是全球家电的领导者，2018 年营收超过 120 亿美元。

为了将专为中国市场研发的产品转售到发达市场，企业需要经常进行细分市场创新。举例来说，在中国开发出来的专为中国市场设计的产品通常具有更简单的功能。只具备满足基本需求的功能简单的产品被称作节俭产品（frugal products）。西门子公司专为中国制定了产品开发的 SMART 原则，即"快速"（speedy）、"免费维修"（maintenance-free）、"价格适当"（affordable）、"可信"（reliable）、"上市时间短"（timely）。当为中国消费者设计的产品被引入发达市场后，公司则开始拓展新的细分市场和领域。因此，一个便宜的超声波仪器不再是医院专用，而且还能够被带到急救现场使用。成本的大量节约，使得同一款产品获得了新用途并开拓出了新的细分市场。

应用逆向创新商业模式的时机和方式

逆向创新商业模式是一种相对较新的战略。如果你在中国或印度等新兴国家拥有强大的研发实力和创新资本，这个商业模式也许更能吸引你。如果你的企业在较高收入水平的经济环境中运营，并正面临巨大的降低成本的压力，那么逆向创新也可能会对你有所帮助。到目前为止，医疗技术行业已为我们带来了许多逆向创新范例，其他行业势必也会紧跟其上。

需要思考的问题

- 我们在新兴市场中的研发和创新能力足够强大吗？
- 我们能成功保护我们的知识产权吗？
- 我们如何避免对中国或印度的本地竞争者产生意想不到的知识溢出效应？
- 我们能将节俭产品转售到较高收入的市场吗？
- 我们能处理好发现于西方的"非此处发明综合征"（如断言在中国设计的产品永远不可能在欧洲拥有市场）吗？
- 我们是否已做好准备去解决将产品转移到较高收入市场时，必然会遇到的差异和新的细分市场问题？

罗宾汉式商业模式：取之富者，施之贫者

模式的形态

为罗宾汉式（Robin Hood）商业模式想一个更贴切更形象的名字的确比较困难。在这种模式中，"富人"购买产品或服务的价格比"穷人"高得多。大部分利润来自广大的富裕客户的消费。以低价吸引较穷的客户虽然不能直接产生利润，但却能产生竞争者无法企及的规模经济效应。此外，以这种方式来对待贫困消费者能够塑造积极的企业形象。

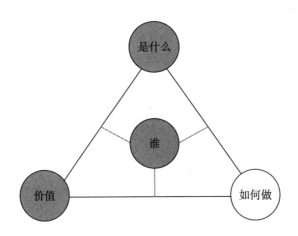

通过罗宾汉式商业模式，一家追求"劫富济贫"经营理念的公司将会以牺牲富有的人为代价在经济上支持较贫困的人。这样做的主要目的是为穷人提供他们原本无法负担的产品或服务（是什么）。从富人手中赚取的利润都被用来补贴低价或免费提供产品或服务给穷人所带来的损失（是什么和谁）。穷人们从这种模式中获得好处，而富人们也能够因为做了好事而心安理得（是什么）。罗宾汉式的经营方式能够极大地改善企业形象（价值）。

模式的起源

虽然中世纪就有了罗宾汉的传说，但以罗宾汉命名的商业模式却在20世纪70年代左右才出现。罗宾汉式商业模式发展的核心驱动力是企业日渐觉醒的社会责任感，即"社会责任"。印度的亚拉文眼科医院最先实践了这一理念。该医院于1976年由加文答帕·文卡塔斯瓦密博士

（Govindappa Venkataswamy）创立，旨在为患眼疾的印度平民提供各种医疗服务。60%以上的失明是由白内障导致的，而这种失明可以通过外科手术治愈。不幸的是，这种手术对大多数印度人来说都太昂贵了。为避免这种不公平，文卡塔斯瓦密博士创建了一种新的商业模式，即富有的人以高价支付这种手术的费用，而穷人只需付极少的、他们能够承担的费用，有的手术甚至全部免费。富人消费医疗服务创造的利润用来补贴穷困病人的治疗成本。印度患眼疾的穷人太多，目前医院已具备足够的能力进行大量的外科手术，并产生了规模经济。这种商业模式的成功的确令人印象深刻：尽管亚拉文眼科医院近三分之二的手术都是免费的，但每年仍能盈利，并且到目前为止，已经完成了超过200万例眼科手术。

模式的创新者

随后，一些公司开始利用罗宾汉式商业模式开发出了适合自己的创新型商业模式。位于美国加州圣塔莫尼卡市的汤姆布鞋公司（TOMS）就是其中之一。该公司由布雷克·麦考斯（Blake Mycoskie）在2006年创立。那一年，他到拉丁美洲旅行，目之所及令他大为震惊，当地很多人穷得买不起鞋，要么光脚，要么穿着质量很差的便宜货。由于双脚长期暴露在带细菌的脏土中，当地的足病非常普遍，比如象皮病（苔状足疣）。于是，麦考斯决定创建汤姆布鞋公司，希望能结束当地人这种糟糕的状况。汤姆布鞋公司发起一项"买一送一"（One for One）的策略：每卖出一双鞋，汤姆布鞋公司的非营利性子公司 Friends of TOMS 就捐赠一双新鞋给贫穷的人。公司根据阿根廷帆布轻便鞋设计鞋类产品，在发达国家进行销售，借此创收。为了能够平衡公益活动的开支，汤姆布鞋公司给每双鞋定价为50至100美元。这个定价大约是每双鞋生产成本的2倍——但消费者似乎不介意。在公司成立仅4年后，就向超过25个国家售出了100多万双鞋子。公司在其随后开发的服饰和眼镜产品的销售中也采用相同策略，并获得了极大成功。

"每个孩子一台笔记本"项目（One Laptop per Child，OLPC）也成功应用了罗宾汉式商业模式。2005年，位于迈阿密的非营利组织 OLPC 成立，出于教学目的，该组织承诺为发展中国家的孩子提供便宜的 XO-1

型笔记本。这个项目源于麻省理工学院的尼古拉斯·尼葛洛庞帝教授（Nicholas Negroponte）带头发起的教育研究计划。这个计划旨在为低收入国家的孩子提供获得知识、信息和现代传播工具，以帮助他们创造更美好的未来。XO-1 型笔记本是这个项目的亮点，其生产成本仅需 100 美元，并专门为低收入国家的学校教学使用而设计。为了尽快在全球推广这款笔记本电脑，OLPC 采用了与汤姆布鞋公司类似的商业模式："给一台得一台"（Give 1 Get 1）计划。如果美国和加拿大的消费者以 399 美元的价格（包含了运费）购买了一台 XO-1 型笔记本电脑，那么一台同样的笔记本电脑就会被赠送给发展中国家的一个孩子。目前，OLPC 开始专注于在发达国家融资，不再销售笔记本电脑。

基于罗宾汉式商业模式进行创新的公司如图 47-1 所示。

图 47-1 基于罗宾汉式商业模式进行创新的公司

德国初创公司 Lemonaid 自 2008 年开始销售自制柠檬水，采用的也是罗宾汉式商业模式。公司第一张大型订单数量只有 4 万瓶，但 4 年后已经突破 200 万瓶。Lemonaid 公司的价值主张是提供可持续的、能无所顾虑畅享的饮料。公司因此将目标人群设定为那些在吃东西时非常理智或者在消费商品时能同时做好事的人。为了能覆盖这个目标群体，Lemonaid 没有批发商或折扣商，完全依靠有机商店、小餐厅或酒吧来进行销售。此外，产品和生产过程都经过精心设计，尽可能地做到可持续，以符合自己雄心勃勃的价值主张。例如，所有原料只由参与公平贸易项目（Fair Trade）的公司供货。此外，每瓶饮料零售价格约为 2 欧元，每卖出 1 瓶就向慈善项目捐赠 5 欧分。为了能做到"喝饮料，出份力"（Drinking helps!）这句口号，特别成立的 Lemonaid & ChariTea e.V. 协会负责这些项目。

罗宾汉式商业模式也同样被美国知名的私立大学所采用。让我们看看哈佛大学和哥伦比亚大学这些常青藤大学，低收入学生可以得到强有力的经济支持，甚至免除高昂的学费。2018 至 2019 学年，本科生的学费平均为每年 53 611 美元。通过基金会和学校捐赠，该系统为中低收入家庭的学生提供了打破社会阶层的机会，而高收入家庭的学生则需要全额支付学费。

应用罗宾汉式商业模式的时机和方式

如果你能在一个核心市场吸引大量稳固的客户，并且能够配置一些资源为他们提供产品，或者将产品的改进版以较低价格卖给低收入客户，那么罗宾汉式商业模式就将非常有效。该模式有两个主要目标：一是提高企业的声誉；二是作为一种有价值的战略，获得未来可观的销售量。如今，绝大多数公司都可以期待它们未来的收入增长必定发生在低收入经济体。到 2025 年，超过 18 亿人将成为全球消费阶层的一部分。罗宾汉式商业模式能迅速帮你与低收入消费者建立起强大和持续的关系。当这些消费者成为全球消费阶层的一部分时，这种关系在未来就有可能成为一种重要的竞争优势。

需要思考的问题

- 我们能够为低收入消费者提供产品和服务吗？
- 我们如何可靠地、可持续地对市场进行细分？
- 我们能补贴这种产品吗？或如何调整产品设计以降低成本？

自助服务商业模式：让消费者
自己干活

模式的形态

　　在自助服务（Self-Service）商业模式中，消费者参与产品或服务的价值创造过程，以获得低廉的价格（如何做）。这种方式特别适合成本高但消费者能够获得较低感知价值的生产过程。除了花钱少，消费者发现自助服务也能为他们节省时间（是什么）。他们甚至觉得这种方式效率更高，因为在某些情形下，他们可以采用一种目标导向更明确的方式迅速实施价值增值步骤。传统的自助形式通常包括消费者从货架上自取货品、自己规划项目或自行结算。自助服务具有很大的节约潜力，客户的劳动通常也能节省大量的员工岗位（价值）。

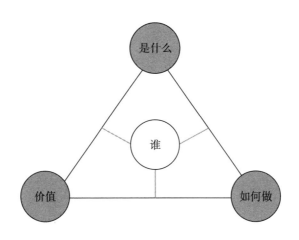

模式的起源

　　自助服务商业模式起源于 20 世纪之初的美国，出现了自助服务商店。在传统的夫妻店（mom and pop stores），顾客需要去柜台买东西，但在自助商店里，他们不得不自己从货架上选购商品。随着工业化的发展，人们开始重视生产力和效率，自助服务的概念也应运而生。坊间传闻自助服务产生于这样一种情境：消费者因生活压力大而逐渐失去耐心，不想等候柜台服务，转而自己从货架上拿取所需物品。久而久之，自助商店开始在北美随处可见；20 世纪 30 年代，瑞士开始出现自助商店；第二次世界大战以后，德国也出现了自助商店。

自助服务商业模式如图 48-1 所示。

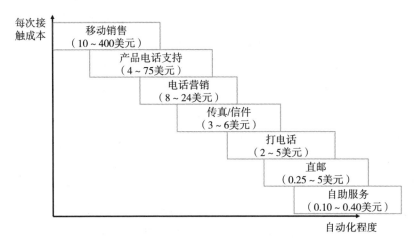

图 48-1　自助服务商业模式：降低成本

模式的创新者

与零售业不同，自助服务商业模式因能满足其他行业对高效的需求而迅速发展起来。瑞士的宜家家居公司为广大消费者提供各式各样的待装家具和家居装饰品，是成功运用自助服务商业模式一个不得不提的案例。消费者自助选购自组装产品（床、椅子、桌子等），并将之带回家，这个过程实质上参与了企业的价值创造。消费者在陈列着所有产品的销售区挑选和抉择，然后到下一层的仓库拿取盒装的压缩版待装产品。宜家由此节省了大量分销和生产成本，为消费者提供了极具价格竞争优势的产品，同时也赚取了巨额利润。由于宜家的压缩式包装充分利用了存储空间，它的存货成本也远低于传统的家具生产商。宜家的商业模式如今已被广为称道，它在 70 多年前首次运用自助服务商业模式进行销售时，确实彻底改变了家具行业。

自助服务商业模式领域最著名的例子是麦当劳，因为它的绝大部分业务都是基于自助概念发展而来的，并且已成为全世界最大的特许经营品牌。麦当劳以特许经营或直营的方式，在全球 119 个国家的餐厅提供标准化菜单，包括汉堡、鸡肉、法式炸薯条、早餐、软饮和甜点。在大多数麦当劳餐厅，消费者在柜台点餐，按序取餐后自己找桌子用餐，整个过程并没有桌边服务生提供帮助。在某些麦当劳餐厅，可使用的自助方式包括得来速式（drive-through）和智慧取餐（walk-through）。麦当劳公司专注于核心服务，以提供具有价格竞争优势的快餐，减少使用服务生的人力成本和其他杂费。这样一来，麦当劳的客流量和利润都获得了持续增长。

自助服务商业模式的理念在烘焙业也得到了广泛应用。BackWerk 面包就是第一家在德国应用该商业模式的面包店。BackWerk 把各色糕点摆放在透明玻璃柜里，顾客们则拿着托盘和夹子边看边选，整个过程都没有任何店员参与。选好想买的糕点后，顾客拿着托盘直接到柜台的收银处结账就可以了。由于消费者参与了价值创造过程的某些环节，企业也只需提供最必要的服务（比如收银），因此减少了相应的人力成本，能够以低于传统竞争者30% ~ 45% 的价格销售产品。 BackWerk 面包店以自助模式取得了巨大成功，目前拥有的分店已经超过 350 家。

超市也在加大自助服务商业模式的应用。尽管瑞士的杂货店在 1965 年就已经尝试过这种模式，但只有在新科技得到发展之后，支付流程现在才日渐交由顾客自己完成。在越来越多的超市里，顾客可以在购物结束后自行记录商品并支付。沃尔玛和 REWE 等多家知名公司正在全球逐渐采用这种模式，而在瑞士，部分连锁超市（如 Coop 和 Migros）甚至让顾客在购物时自行拿着条形码扫描仪扫描商品。自助服务方式发展的下一个层次就是在购物过程中完全自动地记录所购物品。这就是亚马逊公司的目标，为此公司目前正在开发摄像头支持的杂货店。

应用自助服务商业模式的时机和方式

自助服务商业模式非常适合那些愿意用一些劳动来换取更低价格的消费者。当生产过程中的某种 DIY 元素能够创造顾客感知价值的时候，自助服务商业模式也是很适用的，例如消费者自主设计文化衫。为了能够成功地应用自助服务商业模式，需要你站在客户的立场上仔细分析该模式的潜力。

需要思考的问题

- 我们如何才能与提供整套服务的竞争者角力?
- 我们如何定价自助式服务?
- 我们正在提供客户所期待的价值吗?
- 客户会把自助服务方式视为积极体验吗?
- 我们如何保证客户的自助行为不带来其他麻烦和问题?

模式的形态

店中店（Shop in Shop）商业模式是指零售商或服务提供商在其他公司的零售店里开设一家独立的商店（如何做）。这种综合性业务通常可以根据企业自身特点自由选择产品范围，自主设计销售空间。因此，以这种方式推广自己的品牌并不需要付出额外的代价。这种强强联合产生了极具价值的协同效应，带来了双赢的解决方案。场地提供商至少能获得两个好处：一是场内子品牌提供的产品和服务能够吸引大量消费者，从而增加主品牌的销售量；二是可以获取租金收益。对进驻大型商场的企业来说，在活跃的商业区或工作区推广自家品牌受益匪浅，能够获得更便宜的资源，比如经营空间和劳动力。经验表明，依托成熟销售场地做生意比自立门户更能获得便宜的资源，所面临的选择也更有弹性。当然，有时也能获得一些单凭一己之力不可能获得的黄金地段（价值）。

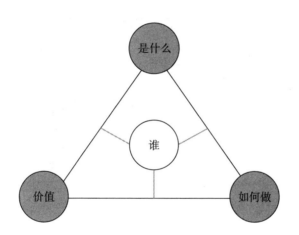

很显然，业主公司的规章制度也能为租用场地的商家服务。出租自己的销售空间有很多优势：目标客户会因为额外的产品和服务（是什么）所带来的附加价值而变得越来越忠诚；为业主公司带来租赁收益，并且能节约某些产品生产线的选择成本以及产品陈列成本，因为这些内容已经被租用场地的商家接管了（是什么和如何做）。店中店商业模式能为消费者提供品类多样的产品和服务以及便利的一站式支付方式（是什么）。店中店商业模式的合作合同也能以多种不同的形式签订，从传统的租赁合约到新兴的特许经营概念都是可行的。

模式的起源

店中店商业模式可以一直追溯到古罗马时期。当时，众多企业纷纷在图拉真市场（Trajan's Market）里组团开店。20 世纪初期，美国逐渐出现该概念的现代版本。各种商店都利用购物广告的零售空间开设门店。后来，当专卖店开始租赁其他店的零售空间并单独对该空间进行重新组织时，店中店商业模式开始建立。

店中店商业模式如图 49-1 所示。

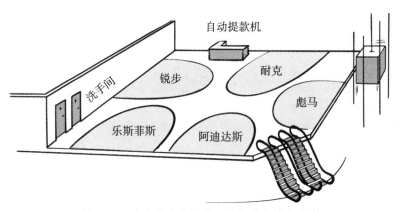

图 49-1　店中店商业模式：零售业中的店中店

模式的创新者

工具制造商博世集团是全世界最著名的店中店商业模式的创新者。这家德国公司主要生产工业产品，包括建筑材料、动力工具和家用电器。在世纪之交，博世集团发现越来越多不知名的小企业进入了该领域，并且五金店的消费者开始逐渐选择小企业提供的更廉价的产品。绝大多数消费者并不了解工具，他们需要工具时通常直接走进五金店购买。这时，巨大的价格差异会让他们直接跳过昂贵的品牌。实际上，这些人迫切需要了解更多细节，以便更好地熟悉不同工具的特性。这种情形促使博世公司这一类认可度高的品牌开始运用店中店的概念。于是，博世公司开始尝试在其他商店内的自营零售空间售卖一些产品。自营零售空间是一个相对独立的区域，博世公司拥有自己的品牌设计和陈列布局，货架上摆满特定的广告产品。在这里，消费者能够更详细地了解博世公司的产品，并能获得细致的咨询服务。与"不知名"的竞争者相比，这种形式让博世公司以更受欢迎的方式陈列它的产品，而且消费者也更喜欢博世公司的员工以更专业的方式为他们展示产品。这些措施为博世公司带来了可观的收益，也使消费者能够选对真正需要的产品。在店中店商业模式中，出租销售区域的业主企业在获得租赁收入的同时也得益于承租方为其创造的附加价值。

提供邮政服务的德国邮政集团（Deutsche Post）同样应用了店中店的概念。众所周知，邮局的运营成本非常高。日益蓬勃的私人信使服务、物流公司和电子邮箱的广泛使用，都成为邮局的强大威胁。独自经营邮局不再是一个好的选择。因此，德国邮政集团开始在一些超市和购物中心开设柜台服务。包裹、信件的寄送和收取变得非常便利，消费者享受到了覆盖面极广的打包服务。通过与大型商店共建设施，德国邮政集团提高了服务网点的覆盖率和使用率，扩大了客户群，并通过便利和高密度的店中店服务赚取了大量利润。

蒂姆·霍顿斯公司（Tim Hortons Inc.）①是一家加拿大连锁餐厅，最初以售卖咖啡和甜甜圈起家，现在也提供其他食品，诸如酥皮糕、百吉饼和蛋糕。目前，蒂姆·霍顿斯公司是加拿大最大的一家快餐店，全加拿大共有数以千计的分店，其他国家的分店数量也很惊人。与开在其他位置的标准化快餐店一样，蒂姆·霍顿斯公司在机场、医院和大学内也开了不少分店。通过在繁华区开分店的形式，蒂姆·霍顿斯公司提供了更高品质的服务，并增加了品牌的曝光度。它通过运用店中店商业模式与其他商家和组织合作，用更小的店面取代了大而全的餐厅，降低了管理成本。这使蒂姆·霍顿斯公司扩大了业务范围，增加了客户群并获得了更多的利润。

---

① 2023 年 1 月 9 日，Tim Hortons 中国业务宣布启用中文名"天好咖啡"。——译者注

店中店商业模式也吸引了电子商务世界的兴趣。德国在线服装贸易商 Zalando 提供针对某一品牌的专用数字空间。在同 Topshop 和 Topman 等品牌合作后，数字化的店中店商业模式得到进一步的加强，在 Zalando 的普通商品展示时会一再出现宣传活动和广告，以增强参与品牌的价值，延伸了实体店中店模式的应用空间。书店、高档服装店、电子产品零售商和化妆品行业等的实体店依然在采用店中店商业模式。

应用店中店商业模式的时机和方式

如果你依靠分销商和中间商来出售产品，也许可以考虑一下店中店商业模式。这种模式能加强目标消费者的品牌意识，因为他们可以更直接参与到与公司的互动中。你同样也能从消费者那里获得一些关于经营和产品的反馈。新的数字化服务正在逐渐模糊实体世界和数字世界之间的界限，提供了增强顾客体验和指引顾客找到合适店铺的机会。

需要思考的问题

- 我们能够利用销售渠道增加品牌和企业的曝光度吗？
- 我们如何提高消费者的品牌意识和解决方案的感知度？
- 哪种渠道和平台能用来展示企业的一切？
- 哪些合作伙伴与我们的品牌和竞争力相匹配？

解决方案提供者商业模式：在一站式
商店中找到你需要的一切

模式的形态

解决方案提供者（Solution Provider）商业模式能在某个特定领域为消费者提供所有的产品和服务，使之整合为一个强大的资源（是什么）。除了所有必需的产品和服务外，它还提供定制协议和咨询服务。该模式的目标是为消费者提供某领域内的全方位一揽子服务，以帮助他们完成自己的任务，解决自身的问题。消费者则可以聚焦于自身的核心业务，不断提高业务水平（是什么）。这个模式特别适用于愿意把某个专业领域外包出去的公司，比如将网络服务外包给互联网服务提供商（ISP），或是将国际运输业务外包给运输公司。解决方案提供者商业模式最大的优点是可以与客户建立日益密切的关系（价值）。

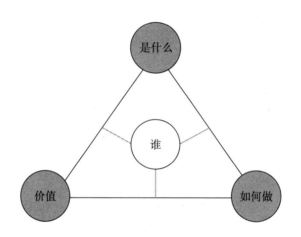

一家提供一站式服务的公司通常将产品和服务视作单一标的，能够通过特别的信息或培训帮助客户解决问题，以此提高客户的工作效率和工作表现（如何做）。成为解决方案提供者，能够让企业不断通过新的方式拓展其业务领域来增加收入。对客户需求和习惯的洞察能帮助企业提升这种产品和服务的品质。

模式的起源

理论上讲，"解决方案提供者"这个概念适用于任何可以想到的行业，但实际上这个概念却源于机械行业。因为机械行业具有高度的周期性，大多数企业都依赖于产品销售以外的渠道获得收入。海德堡印刷设备有限公司（Heidelberg Printing Machines）就是一个经典范例。过去 20 年，该公司令人印象深刻的是其完成了从一家传统的印刷机制造商到解决方案提供者的转型。海德堡公司不但出售机器，还为客户提供整个印刷品生产过程需要的所有服务。因此，除出售印刷机以外，海德堡公司还为客户提供监测和咨询服务以帮助他们改进印刷工作流程。另外，该公司还是单张纸胶印机领域的全球领导者。

模式的创新者

近几年来，解决方案提供者商业模式颇受欢迎。曾以织造亚麻起家的 Lantal 纺织品公司（Lantal Textiles）如今也开始在全球向航空公司、巴士公司、铁路公司和游轮提供纺织品和服务。为此，Lantal 公司 CEO 乌尔斯·里肯巴克（Urs Rickenbacher）解释说："Lantal 公司正处于一个持续的从传统生产精美纺织品的公司转变为为客户设计和执行全方位解决方案的过程中。"除了个人用品，Lantal 公司的服务范围还包括为运输市场和酒店市场提供全面的解决方案和额外服务。Lantal 公司的客户能享受全面的室内设计活动，包括创新的发展、健康和安全方面的考虑、产品的运输、仓储、升级和维护。这些综合性服务不太受商业周期的影响，能为公司带来较为稳定的收入。提供解决方案让 Lantal 公司在行业竞争中保持着持久而强劲的竞争力，从而一跃成为行业领袖。

处于全球领导地位的德国伍尔特集团公司以超过 12 万种的紧固和组装产品、配件、工具极大丰富了其传统螺丝业务。消费者能从伍尔特公司买到任何他们需要的产品，大多数情况下，他们甚至完全不需要担心耗材会供应不上。伍尔特集团公司通过一代人的努力，将公司由双人业务转型为一站式解决方案提供商，拥有 75 000 多名雇员并获得了超过 130 亿欧元的收入。瑞典的利乐包装公司（Tetra Pak）也学会了如何成为出色的一站式解决方案提供者。该公司为客户提供各式各样关于食品加工、包装和分销的产品和服务。从餐饮（食品和饮料）到食品的后期加工、包装，利乐公司为客户提供全方位的一站式服务。除了改进包装材料外，利乐公司还拥有灌注和包装工厂。它独创的无菌处理技术延长了饮料和食品的保质期，从而降低了分销和储存成本。利乐公司凭一己之力为客户提供了所有的解决方案，如此高效而具有成本效益的服务吸引了大批客户，为获得稳定收入和高额利润提供了保障。2018 年，该公司营收超过 110 亿欧元，员工数超过了 2.5 万人。

百思买集团旗下的极客团队专注于为客户提供全年无休的综合性服务，包括为各种类型的电器（如电脑、手机、打印机、电子设备控制台、网络摄像机、DVD 和 Mp3 播放器等）提供技术支持和检修服务。消费者遇到任何问题都可以求助极客团队以获得专业服务，受过专业训练的极客团队组成的内部工作小组会通过电话或网络的方式帮助客户。技术支持会员计划与维修计划和保险服务一样收取固定的月费。极客团队似乎瞄准了逐渐被复杂的电子产品所吸引的现代消费者。目前，公司的大本营在美国，拥有 2 万多名代理。

解决方案提供者也是数字世界里常见的商业模式。亚马逊云科技服务（Amazon Web Services，AWS）就是一个全方位服务的例子。AWS 根据顾客需要提供以云技术为基础的整套产品和服务，是 Dropbox 等其他众多立足于云技术的公司的基础设施支柱。有了该技术，客户可以通过互联网随时使用虚拟的计算机集群。AWS 的虚拟计算机模拟真正计算机的大多数功能，其中包括硬件（中央处理器和图形处理器，本地/RAM内存、硬盘/SSD 存储设备）、可选择的操作系统、网络和预载的应用软件（如网络服务器、数据库、CRM 等）。作为基础设施服务的市场领导者，AWS 占据了约 50% 的市场，是主要竞争对手微软公司的 3 倍多。

解决方案提供者商业模式如图 50–1 所示。

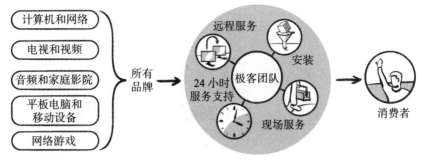

图 50-1　解决方案提供者商业模式：百思买的极客团队

应用解决方案提供者商业模式的时机和方式

如果客户认为你的产品和服务可以并应该有所拓展，那么你可以考虑成为一名解决方案提供者。售后服务是一个典型的可以应用这个理念的领域。在某些行业（如电梯行业）中，售后服务已经在重要性和盈利能力两方面都超过了设备初装。另一个极为有效的应用是为你的客户整合来自不同供应商的产品和服务。

需要思考的问题

- 通过整合我们的产品和服务，我们能为消费者提供更多可感知的附加价值吗？
- 在产品创新初期，我们能够规划并设计售后服务业务吗？比如，机械行业中的预防性维护和远程诊断。
- 我们能处理好持续增加的多样化所导致的复杂性吗？
- 若为了拓展产品和服务范围牺牲了一定的专业性，我们如何才能成为见识和能力俱佳的合作伙伴来保持目前的市场地位？

51

The Business
Model
Navigator

订阅商业模式：购买季票享受服务

模式的形态

订阅（Subscription）商业模式能让消费者有规律地享受产品和服务。商家与消费者订立合同，规定产品和服务供应的频次和周期。消费者提前付费或定期付费，通常是按月付费或按年付费（价值）。一次次重复购买私人用品和服务使一些消费者不胜其烦，所以他们选择使用订阅服务来节省时间和金钱。另一个好处是，订阅总的来说要比数次购买产品和服务更便宜（是什么）。许多企业提供订阅服务时都有一个折扣价，因为订阅意味着用户将重复购买该公司的产品或服务，这类似于一种给企业带来可预见的回报的保证（价值）。为使订阅商业模式长期有效，非常重要的一点是必须让消费者切切实实获得好处，而不能让他们感到被算计。

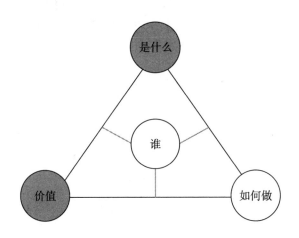

模式的起源

德国书商在 17 世纪第一次采用了订阅商业模式，主要是为了评估某些昂贵书籍（如多卷百科全书和一些参考书）的需求量到底有多大，预估需求量才能使销售收入覆盖生产成本。报纸和杂志出版商随即开始应用订阅商业模式，实际上，它们中的大多数至今仍在采用该模式。

模式的创新者

无论起源为何，订阅商业模式都催生了不少极富创意的应用。一个典型的例子就是基于云计算的 Salesforce 公司，该公司在云端提供多种随需应用的客户关系管理软件。Salesforce 公司在 10 年前就引入了订阅商业模式：用户按月付费以后就可以使用该公司所有的软件并享受在线升级服务。Salesforce 公司根据客户的需求，通过订阅包为客户提供个性化的软件组合，而不是昂贵的客户定制方案。此外，这些个性化组件一经发布，就能定期在线升级。Salesforce 公司利用这种商业模式在软件行业另辟蹊径，发展出与竞争对手极为不同的商业模式。传统的软件通常受限于个人软件授权，只有经过授权的软件才能使用该软件的副本。Salesforce 公司目前是全球成长速度最快的十家公司之一。与传统的一次性许可费不同，通过订阅商业模式产生的稳定收入，使 Salesforce 公司能够准确衡量和预见自己的财务状况，并制订出高效的商业计划。

基于订阅商业模式进行创新的公司如图 51–1 所示。

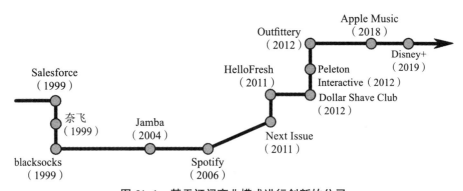

图 51–1　基于订阅商业模式进行创新的公司

瑞士的 Blacksocks 公司发现订阅商业模式极具潜力，于是利用名为"袜子订阅"（Sockscription）的网站运营公司业务，其网站口号为"没有更简单的方法来处理袜子所带来的伤感了"。消费者在定期付费以后，每年会在规定期限内收到 3~6 双新袜子。其他服装（诸如内衣和 T 恤衫）都能以这种形式订阅。创建于 1999 年的 Blacksocks 公司将订阅商业模式运用得非常好，现在已经将其商业模式推广到了 100 多个国家。Blacksocks 公司成功的关键因素之一是在简单的产品——黑袜子上大作情感文章。客户在收到袜子的同时，也能收到激励人心的妙语、信件和糖果。这种方式换来了较高的客户保有率和业务的稳定增长。将订阅商业模式应用于剃须刀行业的公司叫"Dollar Shave Club"：消费者每月仅花 1 美元就能收到邮寄给他们的新剃须刀。再也不会忘记买剃须刀刀片了！

订阅商业模式也是美国以客户为中心的高科技公司最新的流行商业模式。苹果的 Apple Music 和 Apple TV+、亚马逊的 Amazon Prime、迪士尼的 Disney+，以及奈飞等都采用了这种模式。订阅商业模式取代了曾经相当成功的一次性购买模式，例如 Apple iTunes。这些公司为客户提供了强大的锁定商业模式，同时让顾客通过每月付款来获得各平台上的媒体内容，为此公司不断地更新自己的产品，以留住生态系统中的顾客们。

应用订阅商业模式的时机和方式

若消费者需要定期消费你的产品或服务，那么订阅商业模式就是理想的选择。订阅商业模式需要给你的消费者提供一些附加价值，比如节省购买时间、持续可用性、降低购买产品的风险。你可以在各种各样的行业和商业环境中（比如说 B2B 和 B2C 企业）应用该模式，并会发现它非常有用。

需要思考的问题

- 哪些产品和服务是消费者定期需要使用的？
- 我们的哪些产品和服务适合订阅商业模式？
- 与直接出售产品和服务相比，我们能够通过订阅商业模式为消费者提供附加价值吗？

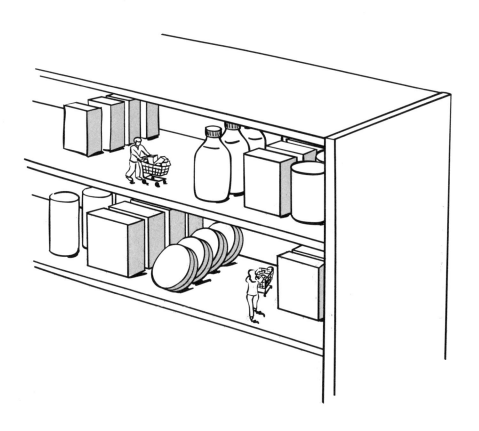

模式的形态

超市（Supermarket）商业模式是指一家公司在同一地点出售品类丰富的产品和配件（是什么）。有意识地提供广泛的产品种类满足了绝大多数消费者的欲望，并催生了巨大的需求（价值）。一般来说，产品低廉的价格对消费者具有较大吸引力，而就产品利用率和产品多元化来说，范围经济也能为企业带来很多好处（如何做和价值）。超市之所以受欢迎是因为消费者几乎能在同一地点买到他们想要或需要的所有产品（是什么）。

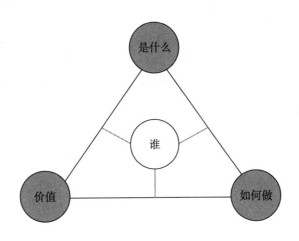

模式的起源

超市商业模式发源于零售行业。迈克尔·J.卡伦（Michael J. Cullen）是世界上第一家真正的超市——King Kullen 的创建者，被公认为该商业模式的创造者。King Kullen 公司成立于 1930 年，以"多囤货、低价格"为经营信条，为消费者提供物美价廉且品类齐全的食品，节省了消费者的时间和金钱。King Kullen 公司抓住很多机会向价格敏感人群推出产品和服务，由此带来交叉促销、供货和折扣。规模经济和范围经济产生了高效率。为发展自己的理论，卡伦考察了普通的百货公司，比如美国梅西百货公司和大西洋与太平洋茶叶公司（The Great Atlantic & Pacific Tea Company，A&P），这两家公司一直在扩张它们的零售领域。他意识到，应该把逐渐流行起来的自助服务理念运用到超市经营中。卡伦因此获得了巨大成功，在他 1936 年离世时，King Kullen 公司已开办了 17 家分店。

模式的创新者

如今，我们对超市中售卖的百货并不感到陌生，但"超市"的概念在其他行业也催生了一系列革命性商业模式。例如，证券零售商和投资银行美林证券发明了"金融超市"模式。在其伞形公司中，美林证券为私人和企业客户提供范围广泛的投资产品和服务。为增加交易量，美林证券的目的是尽可能多地吸引投资者。作为超市行业活跃的投资人，美林证券的创建者查尔斯·梅里尔（Charles Merrill）在其投资超市行业经验的启发下，将超市商业模式引入了金融行业。迄今为止，美林银行通过将超市商业模式引入金融领域的方式，让很多美国普通人都有机会参与精英投资，从某种意义上来讲，它将投资"民主化"了。美林证券在日报上频繁发布广告、提供培训服务、在全美建立分支机构，并在 20 世纪 70 年代引入了现金管理账户系统（Cash Management Account System）。

基于超市商业模式进行创新的公司如图 52-1 所示。

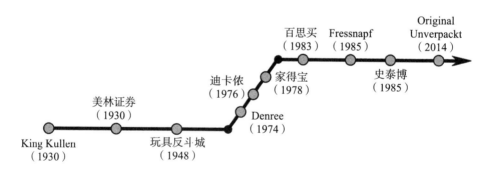

图 52-1　基于超市商业模式进行创新的公司

人们越来越关心可持续行为和环保包装，为此全球开始流行免包装的食品超市，柏林的 Original Unverpackt 公司就是其中之一。这些超市提供丰富各样的产品，但不同于传统的杂货店，这些超市会有意识地响应顾客控制塑料使用的行为。顾客会将自行包装好的食品拿去称重，然后到收银台付款。Original Unverpackt 公司的名字翻译过来就是"原始无包装"的意思，这也是首家众筹开设的此类超市，最初有 4000 名支持者共同出资超过 10 万欧元，其产品可以在线下单。部分商店也效仿了 Original Unverpackt 的做法，减少产品的包装。

应用超市商业模式的时机和方式

超市模式在任何规模经济和范围经济起作用的领域都可以被很好地应用。超市的概念意味着提供品类极为丰富的产品，这与专注于利基产品的精品店完全不同。

需要思考的问题

- 是否有足够的市场潜力来应用超市商业模式？
- 我们该如何设计能够高效运行的后台流程（包括信息技术），以充分利用规模经济和范围经济？
- 标准化如何使我们的流程更加稳定和更具备成本效益？

53

The Business
Model
Navigator

**以穷人为目标商业模式：锁定处于
收入金字塔底层的消费者**

模式的形态

以穷人为目标（Target the Poor）商业模式主要针对最低收入国家中处于收入分配金字塔最底层的人（谁），这些人能从负担得起的产品和服务中受益。年收入在 2000 美元或 2000 美元以下的人群都属于这个范围（根据购买力不同进行修正），具体数据根据分类方法不同而变化。尽管这类人群的购买力相对较低，但鉴于全世界约有一半的人口属于这个阶层，因而具有极大的潜力（价值）。

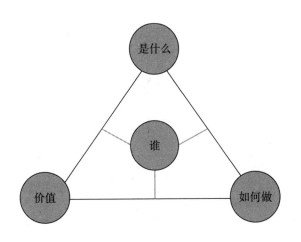

若想让一个商业模式与低收入人群相适应，通常需要做最大限度的调整和修订（是什么）。这意味着需要减少一系列的功能或是重新研发一款产品。在新兴经济体和基础设施简陋的低收入国家中，针对目标市场开展业务，全新的分销渠道和逻辑概念也许是必不可少的（如何做）。

模式的起源

以穷人为目标商业模式主要在 20 世纪 90 年代得到发展和运用。中国、印度、拉丁美洲和其他地区国家强劲的经济增长使这些国家的市场产生了巨大的需求。联合利华印度分公司——印度联合利华公司就是第一家靠锁定处于收入金字塔底层的消费者获得坚实基础的公司之一。20 世纪 90 年代末，该公司推出了一款专为印度市场研发的产品——车轮牌衣物洗涤剂。在河里手洗纺织物是印度一种常见的风俗，而该产品较低的原油／水介质比例特别适合这种洗涤方式。为了使印度更多的穷人买到这款产品，印度联合利华公司将产品生产、市场营销和分销分散化，并在街头小店售卖这款产品。另一种做法是名为 Shakti 的送货上门服务。这种商业模式让印度联合利华公司在 1995 年到 2000 年间增加了 25% 的收入，并增加了 40% 的市值。如今，车轮牌洗涤剂仍是印度最畅销的洗涤用品之一。

以穷人为目标商业模式如图 53-1 所示。

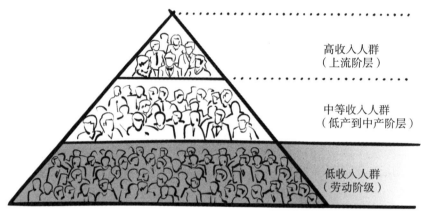

高收入人群
（上流阶层）

中等收入人群
（低产到中产阶层）

低收入人群
（劳动阶级）

图 53-1　以穷人为目标商业模式：针对收入金字塔底层的策略

模式的创新者

过去几十年里，以穷人为目标商业模式是多种商业模式创新的源头。由经济学博士穆罕曼德·尤努斯（Muhammad Yunus）创建的小额贷款机构格莱珉银行就是该商业模式的典型范例。2006 年，格莱珉银行及其创始人以"从社会底层推动经济和社会发展的努力"而获得诺贝尔和平奖。格莱珉银行向没有足够抵押物的贫困申请人提供相对容易偿还的小额贷款，通过还款附加条件和强调借款纪律建立强有力的信誉水准。格莱珉银行所奉行的信条是：穷人往往具有一些未被充分利用的技能，他们应该具备偿还贷款的能力。银行的贷款对象 98% 都是来自农村的女性。通常，村社可以作为贷款的担保者，增加社会压力也能督促借款人及时还款。格莱珉银行自 1983 年成立以来，已发放超过 80 亿美元的贷款，而违约率保持在 2% 以下。这在发达国家市场的银行贷款业务中都是不可想象的。

Tata Nano 小汽车也是应用以穷人为目标商业模式的成功案例。这款小汽车由印度汽车制造商 Tata 公司在 2009 年推出，并且以不可思议的 2500 美元的低价出售。这款车非常实用，很多性能都以节约成本为出发点。为节省成本，Tata Nano 小汽车不出售配件。小汽车的整个生产流程以廉价的印度劳动力为基础，并多次调整设计以减少用钢量。国际工程捐助和外包策略使整个生产更加经济有效。Tata 公司对廉价汽车的良好宣传效果使公司受益匪浅，为满足穷人行车需求而做出的努力给公司树立了积极向上的形象。

以穷人为目标商业模式除了可以针对个体，也可以针对公司，Square 公司就是其中的例子。Square 公司本身是一种商业模式的创新。该公司所服务的是资本和流动性都比较小的小规模企业。Square 公司发现，很多小型商人和企业因为没有网络不能使用信用卡，又或者是由于成本或基础设施等原因，均造成了部分收入流失。Square 公司开发了一款移动设备附属装置，可以读取磁条。再借助 Square 公司的软件，任何公司只要有移动设备就能够接受信用卡刷卡。Square 公司的价值主张甚至可以进一步拓宽，增加库存管理和分析的解决方案。公司当前的营收机制是每次刷卡金额的 2.6% 外加 10 美分费用。硬件和应用都是免费的，这意味着零售商不用承担任何隐藏成本。这个解决方案要求 Square 公司必须同金融服务机构建立起合作关系。Square 公司由 Twitter 创始人杰克·多西（Jack Dorsey）2009 年创立，2018 年创收已经超过 30 亿美元。

应用以穷人为目标商业模式的时机和方式

以穷人为目标商业模式以越来越多的低收入人群为目标受众。"金字塔底层"这个概念非常有趣，因为它能够为可持续商业发展带来诸多机会。如果你能成功地为减少全球贫困人口贡献一己之力的话，比如提供更便宜的医疗解决方案或饮用水过滤器，那么良好的公共关系肯定能为你带来很多好处。更重要的是，你也许可以为员工创造价值。最有趣的是，低收入客户群也因此被日益紧密地联系在了一起：在低收入经济体中的人们逐渐通过移动设备连接到互联网。其中大部分人都负担不起固定电话费用，所以移动设备对他们来说特别重要。实际上，他们中的很多人在能享用到自来水和可靠的电力之前，已经可以上网浏览网页。

需要思考的问题

- 我们所提供的产品和服务中，哪些在服务既有客户群的同时，还能提供给低收入者？
- 我们能适当调整低收入消费者暂时负担不起的服务，以适应他们的需求吗？
- 我们能通过移动设备接触到更多新的目标受众吗？

垃圾变现商业模式：垃圾变现金

模式的形态

垃圾变现（Trash to Cash）商业模式的核心理念是循环利用或再利用废旧材料，收集二手产品再转卖到世界上的其他地方或将其改造成新产品。由于利润计划以低价或零点采购价格为基础，所以对于采用该商业模式的企业来说，垃圾变现商业模式能降低其资源成本（如何做）。消费者购买再生产品时会给人留下一种很有道德优越感的深刻印象（是什么）。因此，垃圾变现商业模式对供应商和制造商来说是一种双赢的解决方案：前者以极低的成本或零成本提供垃圾处理服务（如何做），后者正好利用廉价资源或材料进行产品的再生产（价值）。

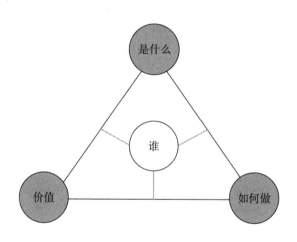

垃圾变现商业模式并不一定要重新处理"垃圾"原料，比如将未加工的资源卖给其他市场或区域。数十年来，这种方式在二手车市场已司空见惯，目前已被广泛用于其他二手商品市场。

出售重新加工过的垃圾及其副产品的另一个好处是可以帮助企业塑造环境友好的形象（是什么）。垃圾变现商业模式也涉及环境责任问题，使企业能够采取环保型发展策略。当我们的社会面对日益严重的环境和社会挑战时，负责任的行为对企业来说越来越重要。这样，垃圾变现商业模式所奉行的循环利用资源的理念足以构成企业真正的竞争优势。

模式的起源

原则上，垃圾变现模式并不是什么新理念，它大量借鉴了传统的原材料和废金属商人的做法。实际上，该模式的起源可以追溯到古希腊时代。考古发现，当时的希腊人甚至已经学会重新利用废旧材料以避免物资短缺。随着 20 世纪 70 年代能源价格的不断攀升，对废物及其副产物进行现代化的、具有商业性质的重新利用越来越受到人们的关注。持续至今，我们的社会也更具环保意识，并正在采取措施努力应对气候变化。

专业的废物回收公司——德国双重系统有限公司（Duales System Deutsch- land，DSD）是这个领域的先行者。这家德国公司主要处理垃圾和包装材料。它引入的绿点标识（Green Dot logo）表明该材料可以被回收进行循环利用。生产商经过公司授权以后即可使用这种印有该标识的生产包装材料。整个垃圾处理项目整合了包装生产商和产品生产商，使他们能够持续利用免费的废旧资源。广泛的物质循环利用，通过一个双重系统和市政废物收集系统来共同完成。参与这项计划的公司则从高效的废物处理和回收中获利。对德国双重系统有限公司来说，通过向其他公司授权使用绿点标识能够获得不菲的收入。日益增强的环保形象（包括更多潜在的客户和收入）、回收过程中获得的廉价原料和降低的废物处理成本，也能让使用绿点标识的公司受益匪浅。

应用垃圾变现商业模式的另一个公司是巴斯夫公司。该公司活跃于散装化学品、特种化学品、石油和天然气加工以及农业解决方案市场，为许多行业提供高科技原材料。源于相互关联和复杂的生产过程，该公司应用"垂直集成"来最大限度地提高其资源利用率。在这里，它们用技术有效地利用生产工厂的产出，并集成到其他工厂的工业流程中。该公司应用于全球各地的大型生产基地，将不同的活动相互连接起来，以减少生产残留物、工业热能和蒸汽的消耗——或者，从经济角度来说，用来减少成本。

垃圾变现商业模式如图 54-1 所示。

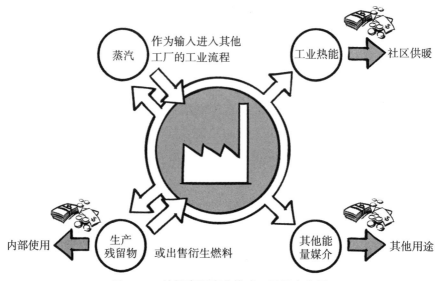

图 54–1　垃圾变现商业模式：巴斯夫公司

模式的创新者

全球运动服饰公司阿迪达斯正在其同海洋环保组织 Parley for the Oceans 的合作产品中应用该模式。阿迪达斯是该公益组织的创办成员之一，公司正在供应链伙伴们的帮助下，将从全球海岸区域收集的再生塑料转变成高性能的聚酯纤维，最终用在鞋子或短裤等运动产品上。公司 2018 年的目标是生产 500 万双 Ultraboost 系列高档跑鞋，该目标已经超额完成。单单这一产品就显示，顾客对融合资源可持续使用理念的创新概念的需求日增。正如阿迪达斯在其官网上所说的，他们将塑料"威胁变成了衣鞋"（threat into a thread）。

英国的 Greenwire 公司也是应用垃圾变现商业模式的行家，其专注于旧手机和旧笔记本电脑的翻新和转售。公司提供上门取货、质量检查、翻新和维修业务，将翻新的设备以低价转售给客户，尤其是发展中国家的消费者。客户被 Greenwire 公司便利和生态友好的废物处理方式和二手电器吸引，自愿为其提供低成本（甚至免费）的废旧物（Greenwire 公司可以收钱，也可以将此部分收入捐赠给他们所选的慈善机构）。Greenwire 公司完成了一项极具价值的环境服务：1 块手机电池所含的镉能污染 60 万升水，而目前仅有四分之一左右的手机被回收利用了。

创建于 1944 年的美国家具生产商 Emeco 擅长利用易回收的材质［如铝、木材、PET（从塑料瓶中回收的聚对苯二甲酸乙二醇酯等）、木质聚丙烯（从废木料中提取）等］生产名家设计的家具。令人称奇的是，为探索更好的垃圾变现商业模式，该公司与可口可乐公司合作以进行废物利用。Emeco 公司用 111 个回收的可口可乐瓶制作了一款塑料版"海军椅"。这样，该公司就通过其生产技术和市场营销展示其强有力的环保形象。通过应用垃圾变现商业模式，Emeco 公司在家具市场吸引了很多具有环保意识的消费者。它的产品不但物美价廉，还很时尚，深受消费者青睐，给公司带来不菲的收入。

应用垃圾变现商业模式的时机和方式

垃圾变现商业模式的核心理念是可持续发展。这个模式所提及的"垃圾"是指在某一个价值链中没有价值、却能在其他价值链中能够再利用的物质。如果你是一家制造出了垃圾等废旧物的生产商，这个模式可能会对你产生一定影响。

需要思考的问题

- 我们如何利用废物创造价值？
- 以可持续发展这个概念为基础，我们能否使企业形象更上一层楼？
- 什么样的机制能为合作伙伴创造价值？
- 哪些产业（通常是那些具有高利润率的产业）能创造有价值的垃圾？

双边市场商业模式：激发间接
网络效应

模式的形态

双边市场（Two Sided Market）商业模式是指通过中介或平台，促进两个互补的集团或群组之间良好互动，以谋求共同利益。例如，招聘网站将招聘者与求职者联系起来，同时，搜索引擎吸引了用户和广告商（谁）。双边市场模式的核心概念是"间接网络效应"：如果一个群体中有更多的人使用某个平台，那这个平台对另一个群体的吸引力就更大；反之亦然（是什么）。运营这种网络平台最主要的挑战在于如何通过以上方式引导这两组客户群，从而使间接网络效应最大化。做到这一点有助于将客户与企业绑定在一起（如何做）。这使得定位三个或更多的客户群也是有可能的，即我们以后会提到的多边市场（a multi-sided market）。谷歌搜索引擎构成了一个三边市场，即将互联网用户（搜索引擎使用者）、网站运营商和广告商联系在一起。不是所有参与者都必须付费：就搜索引擎而言，用户可以免费享受搜索服务，但广告商就得花钱在网站上做广告（价值）。

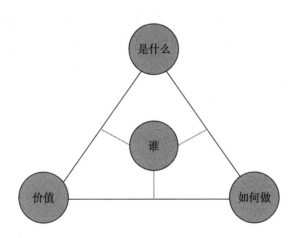

在双边市场生效之前，需要先弄清楚"先有鸡还是先有蛋"的问题。如果某个网络平台没有用户使用，那么不管哪一方都不会对该平台有兴趣。因此，要避免这种情况发生，就必须通过广泛的广告活动和特别优惠来快速引人注意，增加网络平台的曝光度（是什么和如何做）。

模式的起源

双边市场已出现很长一段时间了。600 多年前出现的证券交易所就是双边市场概念的运用之一。最具双边模式形态的证券交易所是由富有的凡德布尔斯家族（Van der Beurze family）于 15 世纪建立的。凡德布尔斯家族在比利时西北部城市布鲁日的 Flemish city 拥有一家旅馆，这个城市是当时欧洲著名的商港。具有影响力的商人们会定期造访，渐渐地，这个旅馆就变成了贸易和金融活动的中心，将买卖双方绑定在一起。如今，证券交易所仍是最有影响力、最必不可少的双边市场形态之一。

双边市场商业模式如图 55–1 所示。

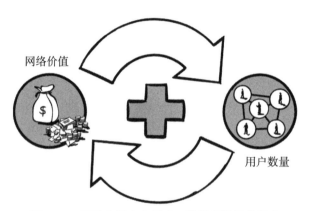

图 55–1　双边市场商业模式：激发间接网络效应

模式的创新者

双边市场商业模式用途极为广泛，目前已被应用于多种商业模式创新，例如信用卡业务：信用卡公司同时把信用卡用户和接受这种信用卡的零售商和其他商业联系在一起。成立于 1950 年的大来国际俱乐部（Diners Club）是世界上第一家信用卡公司，其客户在需要偿还债务之前，有平均 2 周的信用宽限期。大来信用卡用户无须支付还款利息（后来收取了利息），而只需缴纳 3 美元的年费即可。同时，每一笔交易成功完成以后，商家需要向信用卡公司支付 7% 的手续费。为扩大业务获得更好的业绩，大来国际俱乐部不得不面临一个不同于以往的艰难挑战（"鸡生蛋还是蛋生鸡"的问题又来了）。没有足够数量的信用卡申请人，商家就不会接受这种信用卡；同样地，如果没有足够多的商家（商店、餐厅、酒店等）支持这款信用卡，消费者就会对这款信用卡没兴趣。这种情况促使大来国际俱乐部积极开展营销活动，鼓励消费者接受大来信用卡，最开始主要针对经常在餐馆吃饭并有可能使用信用卡结算的销售人员。

电子商务网站，如 eBay、亚马逊或网售鞋王 Zappos 等，对买卖双方的互动都非常重视，它们也属于双边市场。高朋网（Groupon）的经纪人为消费者和供应商提供打折券（即优惠券），意味着消费者能从供应商获得更大的折扣，从而推动了"团购"的发展，买家获益于这些打折的产品和回扣，供应商则能吸引大量的消费者。它几乎涉及所有市场，高朋网每天都会推出一款预售的特价商品，感兴趣的消费者可以在网站注册以获得该商品。如果达到预订人数，那么所有人都能获得该特价商品。这种方式降低了商家的风险，商家按照产品成交价格的某个百分比给高朋网支付手续费。高朋网产生了巨大的间接网络效应：折扣产品吸引了为数众多的潜在消费者；反过来，数量巨大的消费者促使更多的商家在高朋网上出售产品。高朋网声称，2019 年年中，其活跃用户超过 4500 万人。

德高集团、Facebook 和《地铁报》采用的广告赞助模式同样属于联结广告商和用户的双边市场模式。广告商和用户由间接网络效应绑定在一起：传统的消费者散发广告，给广告商带来收益；消费者则享受到经过广告费交叉补贴后的适价商品。比如德高集团，与城市当局和公共交通运营商合作，免费或以较低价格提供街道公共设施，作为回报，德高集团拥有城市户外广告的独家代理权。广告商们为黄金地段和公交媒体的广告位置付费，同时整个城市则受益于免费或成本低廉的公共服务和广告创意设计。

Uber 和 Airbnb 也是立足于 P2P 商业模式的双边市场。这两家公司有时候分别被形容为最大的出租车公司和酒店，但它们实际上是在供应商和需要住宿或叫车的顾客之间牵线搭桥。交易通过平台来完成，而价值主张则由提供服务的个体来履行。数字化公司在全球急速扩张和发展，Uber 在2019 年的客人数达到近 1 亿人，Airbnb 自 2018 年创立以来也已经服务超过 4 亿客人。两家公司针对每笔交易收取 1% 的手续费，目前也是全球热度最高、最受人推崇的公司之一。

在 B2B 市场，XOM 物料公司（XOM Materials）是个出色的例子。XOM 公司的价值主张立足于通过透明度和匹配效率来解决商品贸易（例如钢铁）中的痛点：卖家可以在 XOM 上架物料，轻松地找到买家。例如，当他们有多余的物料，过去很难将这些物料出售（例如不方便进行估量），现在则可以接触到大量的买家。同样，当买家需要大批量的商品，而因为额外的原因（例如信贷限额）不能找单一卖家供货，那么 XOM 可以将买家的购买额度分给不同的供应商，争取以最低价格购买所需的物料。最近增长迅猛的 XOM 公司由最大的钢铁中介贸易公司克洛克纳股份有限公司（Klockner & Co.）投资成立，希望未来能借此发展。

应用双边市场商业模式的时机和方式

一个将各方联系起来的多边商业模式实际上对所有的企业都适用。传统的一对一模式已不足以让企业在市场上立于不败之地。你必须了解到企业的利益相关者是谁，以及他们是如何联系在一起的。在此理解的基础上，你可以构想适合自己企业的多边商业模式应该是什么形态。

需要思考的问题

- 我们行业中有哪些利益相关者？他们的关注点是什么？他们的影响力有多大？
- 如今这些利益相关者是如何联系起来的？
- 为什么有些参与者退出了这个行业？
- 在参与者之间流动的是哪些价值流（涉及产品、服务和资金）？
- 我们在这个价值网中的定位是什么？如果我们成为该网络中的枢纽，对大家的吸引力有多大？
- 我们能以创新的方式建立一个能将各方联结起来的多边商业模式，并为消费者创造额外价值吗？
- 我们如何能够在供需两端创造积极的、能自动实施的网络效应？

**极致奢侈商业模式：只有想不到，
没有做不到**

模式的形态

极致奢侈（Ultimate Luxury）商业模式锁定的是顶级富豪（谁）。应用该商业模式的公司通过提供最高品质的特权和服务获得竞争优势，与其目标市场的强大购买力相比较：独一无二的特性和自我实现对这些买家有着强烈的吸引力（价值）。尽管提供这些产品和服务需要付出巨额成本，但极大的利润空间仍能使企业盈利。因此，关键在于品牌化和雇用能干的、知识丰富的销售人员推介产品和服务，并为客户策划令人印象深刻的特别活动（如何做和是什么）。奢侈品市场在全球范围内获得了增长，尤其是在中国和俄罗斯。微观经济学中"虚荣效应"（the snob effect）表明：名贵的手表价格越高，卖得越好。为吸引富人，全面调整商业模式是非常有必要的。

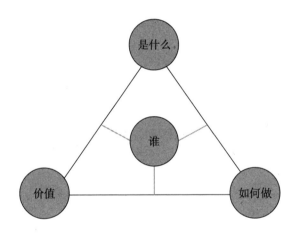

模式的起源

极致奢侈商业模式实际上在古代就出现了（尤指中世纪前）。古代的商人们为罗马贵族展示珍贵的纺织品或衣服、点缀着宝石的精美饰品，建筑师为他们建造出配备了豪华家具的宏伟壮观的宫殿和别墅。这一切让上层阶级感到非常体面，一种自我实现的成就感油然而生。在中世纪，许多商家设法成为正式的皇商，这样就能拥有在产品中使用皇家纹章（the royal coat of arms）的特权。富豪们就是现代版的皇室——虽然他们没有王国，但他们拥有同样的需求和渴望。

极致奢侈商业模式如图 56-1 所示。

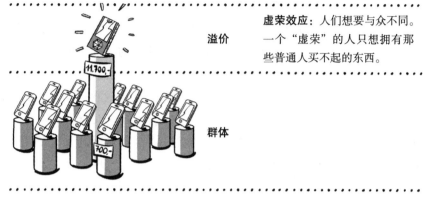

虚荣效应：人们想要与众不同。一个"虚荣"的人只想拥有那些普通人买不起的东西。

溢价

群体

图 56-1　极致奢侈商业模式：虚荣效应

模式的创新者

不少公司都在应用极致奢侈商业模式，由费鲁吉欧·兰博基尼（Ferruccio Lamborghini）在 1963 年创立的全球顶级跑车品牌兰博基尼也是其中之一。兰博基尼的大马力、高性能跑车以小产量和限量版进行生产，造价极其昂贵，但其富有的客户却热衷于购买豪车，因为兰博基尼与他们保持着密切的关系并提供全面的服务支持。兰博基尼成功实施了该战略并赚取了大量利润以支持其汽车的开发、生产和市场营销。兰博基尼跑车独一无二的性能和高端的产品形象大受高端人士欢迎，为公司带来了极高的利润。公司的标志是一头名为蝙蝠（Murciélago）的斗牛。在 1879 年的斗牛比赛中，被刺中 24 枪的"蝙蝠"仍然屹立不倒，这一惊人的壮举使它像英雄一样被免除了死刑。斗牛的标识代表了力量。兰博基尼公司初创时就以发动机的强大动力从众多竞争者中脱颖而出。第二年，兰博基尼推出 12 缸豪华旅行车 GT350，其性能在当时超越了所有的法拉利跑车，震惊了全世界的车迷。1966 年，兰博基尼引入了新车型 Miura，其 350 马力的发动机能达到每小时 300 千米的速度。兰博基尼所有的车型都以西班牙著名的斗牛品种命名（迪亚波罗、加利亚、蝙蝠），只有一款名为康塔什（Countach）的车型不是斗牛品种的名字，而是一种皮埃蒙特语的感叹词，意为"极品中的极品"。

卓美亚（Jumeirah）集团致力于发展顶级奢华的酒店。该集团旗下的酒店包括卓美亚海滩酒店、阿联酋中心酒店和闻名于世的号称最豪华的顶级酒店迪拜帆船酒店。帆船酒店321米的不可思议的高度和无法超越的帆船造型像磁石一样吸引着全球的富豪们。官方称这座公认为世界上最豪华的酒店是五星级的，但其卓越品质却早已超越了五星级酒店的标准（有人认为这是世界上唯一的一家七星级酒店）。帆船酒店令人炫目的超大豪华套房面积大约在169平方米到780平方米之间。想要暂时离开奢华酒店的住客可以乘坐酒店的直升机或劳斯莱斯去城里兜风。这些高品质服务的维护成本很高，但也能创造巨额利润。

连续创业的创业家埃隆·马斯克（Elon Musk）在2002年创立了SpaceX，希望能给太空旅行带来革命，最终让人们可以到其他星球上生活。这家成功的私人公司率先打破了政府研究机构在太空探险领域的垄断，通过将太空旅行商业化来撼动行业主流逻辑。在长期概念化的研究之后，该公司在实现其雄伟目标的道路上取得了暂时性的成功：除了定期成功发射火箭之外，2017年，SpaceX之前回收的轨道级火箭再次成功发射，创造了历史。公司仍然在努力，希望在2019年提供前往火星的太空旅行，每趟旅行估计成本在1亿到5亿美元之间。但这种极致奢侈商业模式从另一个角度来说取得了成功。要为私人顾客提供太空探险，太空飞行的成本必须有所降低，为此SpaceX优化间接成本、开展辅助性工作、进行技术开发，并且对火箭进行再利用，这些也让他们成了政府太空计划的供应商。

应用极致奢侈商业模式的时机和方式

你也许想要提高产品和服务的价格。但需要记住的是，奢侈品市场是很小的。新兴市场通常具备这样的潜力，因为你有机会在此迎合对奢侈品感兴趣的新的亿万富翁和百万富翁们。

需要思考的问题

- 我们能为已经拥有一切的人创造什么价值呢?
- 假如我们的目标受众非常少,我们该如何应对波动的需求?
- 我们需要什么样的雇员来实现客户极高的期望?

用户设计商业模式：用户成为独具
创造性的创业者

模式的形态

在用户设计（User Design）商业模式中，客户拥有消费者和设计者的双重身份（谁）。通过设计其他人喜欢的商品，这些客户能够积极参与到产品开发过程中。企业支持客户的设计活动并从他们的创造力中获利，同时消费者不需要投资任何基础设施（是什么）就实现了自己的创业理想。一般而言，在线平台能为消费者提供设计和营销产品的诸多必要的帮助，比如产品设计软件、生产服务和直接出售产品的在线商店（如何做）。企业都能从每一笔交易中收取一个固定费用，费用高低通常取决于所实现的收益（价值）。用户设计商业模式最关键的优势在于，如果企业能顺利帮助消费者开发创造力，就不用再投资于产品的研发了（如何做）。

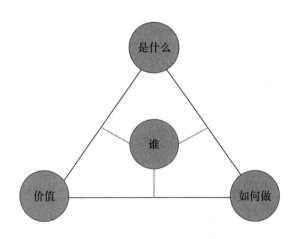

模式的起源

目前，用户设计商业模式还是一种新鲜事物，出现仅仅数年。这种模式主要得益于新技术的出现，比如 3D 打印技术、数控铣技术或激光切割技术。这些科技能使小批次产品的生产成为可能，并且产品的单位生产成本也能让人接受——这是用户设计产品的一个共同特点。大规模定制商业模式也为消费者开启了新的视野，即个性化产品生产以及模式推广的可能。最早的开创者之一是美国的 Threadless 公司——一个艺术家在线社区并拥有自己的电商网站。2000 年，杰克·尼克尔（Jake Nickell）

和雅各布·德哈特（Jacob DeHart）用 1000 美元一起创建了这家公司。Threadless 公司设计图案的创造、评估和选择都在线进行。每周，在社区提交的上千份设计稿都会由公众进行投票。7 天之后，工作人员查看投票数最高的设计稿。基于平均得分和社区反馈，每周会有 10 款设计稿最终被选出来印刷在衣服或其他产品上。这些产品在电子商城和位于芝加哥的实体店内都有出售。中标的艺术家则能获得 2000 美元的报酬和 500 美元的网购礼金券。设计稿每重印一次，它的设计师就会获得另外的 500 美元。

用户设计商业模式如图 57-1 所示。

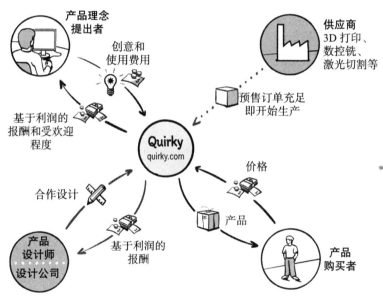

图 57-1　用户设计商业模式：Quirky 公司

模式的创新者

过去几年里，除了时尚业，用户设计商业模式在不同领域都得到了广泛应用。丹麦玩具制造商乐高公司应用该商业模式在玩具行业获得了巨大成功。乐高工厂提供在线玩具设计工具、生产所需的基础设施和销售平台。消费者利用这些灵活的生产技术实现自己的创意并将产品引入在线购物市场。这个平台鼓励和欢迎消费者的创意和想法，毫不担心出现失败的产品。因此，乐高通过充分满足消费者感知的客户设计定做产品大获成功。乐高公司计算出某个模型所需要拼插积木的数量，然后把它们直接快递到消费者家中。

2007 年，Ponoko 公司在新西兰创建。这是一家通过用户设计商业模式提供按需生产服务的公司。Ponoko 公司允许消费者创造任何他们想要的东西，并按照详细规格将之生产出来——从珠宝饰品、家具到厨房用具应有尽有——并在公司的在线商店出售这些产品。分散式生产和按需生产的系统使产品的设计和分销不需要进行后续投资。Ponoko 公司成立两年后，其在线商店已拥有 2 万多款各式各样的产品，从而成为应用这种商业模式最早也最成功的范例之一。

其他使用用户设计商业模式的例子还有鞋类和文身：可以在"梦幻鞋"（Dream Heels）网站上设计和出售鞋子；同样的方式也适用于"创造我的文身"（Create My Tattoo）。

应用用户设计商业模式的时机和方式

用户设计商业模式在产品相对简单但设计却极为吸引人的行业特别有前途。它迎合了社交网络中的人们日益增长的对于互动性的需求：他们希望能帮助别人产生创意、评论已有的想法或在此基础上提出更好的解决方案。应用用户设计商业模式能带给你许多全新的、独具创意的设计。另外，该模式能帮你建立一个对产品和解决方案非常感兴趣、参与度很高的消费者社区，加强你的品牌效应。

需要思考的问题

- 我们如何加强与消费者的合作与沟通？
- 如何通过整合消费者的创意和投入来提升解决方案的质量？
- 如何通过增加消费者 DIY 的工作量来提升消费者的价值感知？
- 我们能利用社交媒体来帮助用户参与到我们的设计过程中来吗？

白标商业模式：实施自己的品牌策略

模式的形态

白标产品是指生产出来以后没有特别的名称，而以不同公司的不同品牌在不同的市场出售（是什么）。白标产品的生产者只需负担产品的制造成本，这就是白标（White Label）商业模式最大的一个优势，因为企业不需要投资于品牌基础建设（如何做）。白标公司专注于优化生产流程，因此更有可能创造规模经济。因为产品没有贴牌，商家能够以任何方式进行营销。白标也能用来以不同的品牌销售公司的系列产品。这种方式在食品行业很常见，一种食品在某处生产出来，经过各式各样的包装之后被零售商冠以不同的品牌出售（如何做和是什么）。

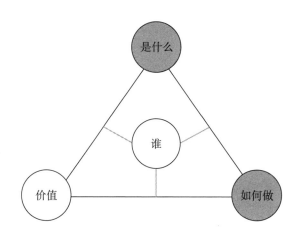

白标产品的销售收入可以补贴企业用于品牌产品推广的成本，这开辟了低收入消费者业务和可替代的分销渠道。另外，如果能接触到对产品质量有着不同期待的消费者，那生产效率将会大幅提升。满足这些消费者几乎不需要增加额外的投入，因为所有产品都是在一款产品的基础上衍生出来的。想让白标商业模式发挥作用，最重要的一点是消费者并没有意识到表面上看起来不同的产品实质上都是一样的。否则，消费者就不会选择更昂贵的品牌，其市场会被更便宜的替代产品所侵蚀和蚕食。

模式的起源

音乐产业率先发明了"白标"这个术语，并在 20 世纪下半叶广泛传播这个概念。艺术家在正式发行唱片或专辑之前常常会将未贴标签的录音样带送给无线电台或俱乐部。这些样带既没有唱片公司的名称也没有艺术家的名字，因此被称为"白标"。这样做有两个目的：一是为这个艺术家的作品争取更多新的听众；二是为了保证听众没有先入为主的偏见，以便唱片公司更准确地估算唱片的发行量。如果专辑反响不错，那唱片公司在正式发行唱片时会进行适当的包装和专业营销。随后，其他行业尤其是食品行业，也很好地运用了这个方法。食品行业有一个惯例：相对较小的利润通常能带来较大的销量，这种现象有利于白标商业模式的应用。

模式的创新者

富士康科技集团因生产大量电子产品和知名品牌的配件，或许可以称为世界上最大也是最重要的白标商业模式创新者。蜚声国际的苹果公司、戴尔公司、英特尔公司都是它的客户。不管一个控制台是微软的、任天堂的，还是索尼的，都有部分硬件来自富士康公司。令人惊讶的是，富士康公司还是中央处理器和电脑外壳的主要生产商。这些都使富士康公司成为一个典型的白标生产商。作为承包商，富士康公司集中全力生产电子设备，以这种方式获益于稳定而具有成本效益的生产，并能集中财力进行研发、营销和品牌化。这个原则让富士康公司成为业界的专业标杆。公司拥有 70 多万名员工，2018 年营收超过 1750 亿美元。

CEWE 在其照片印刷服务领域（例如照片书）也采用了白标商业模式，其产品都以批发商或超市的产品出现。这种商业模式成了公司发展的主要推动力，也让公司可以接触各种销售渠道，甚至是和直接竞争对手（例如 Rossmann 和 DM）打交道。白标模式让 CEWE 得以进入市场，以高质量产品而被大家所熟知，建立起品牌知名度，成为行业中的领导者。在此基础之上，CEWE 可以在白标商业模式之外，再应用成分品牌商业模式，进一步强化自身市场地位。

白标生产商在食品行业根基很深并且创新程度很高。Richelieu 食品公司是一家知名白标合同食品生产商，主要提供冷冻比萨饼和沙拉酱。公司的产品在不同的零售连锁店以各种各样的品牌进行定位和销售。Richelieu 食品公司为合同客户提供的定制化生产流程和包装选项使后者获得稳定的高品质产品，它们给这些产品贴上自己的标签，而不用为此另行投资生产和包装设备。随着折扣商店逐渐控制了市场力量，白标的概念也逐渐在食品零售业站稳了脚跟。白标产品和零售商品牌产品占据了食品行业销售量的三分之二。这些发展解释了白标生产商持续稳定增长的原因。

　　白标商业模式如图 58-1 所示。

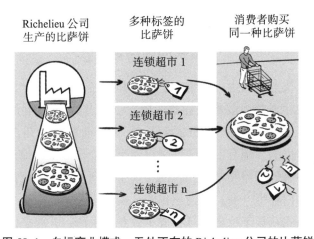

图 58-1　白标商业模式：无处不在的 Richelieu 公司的比萨饼

　　白标商业模式也同样出现在金融行业。因为缺乏规模经济，小型银行会将部分金融服务外包给更大型的机构，例如信用卡服务。合作机构会发行和处理白标信用卡并收取费用，但顾客对此操作并不知晓。小型银行可以将这些白标信用卡冠上自己的品牌，由此省去了建设成本高昂的基础设施。例如，悉尼的 Cuscal 就为全澳洲的信用合作社提供此类服务。

应用白标商业模式的时机和方式

　　如果你的客户属于价格敏感度较高的人群，或是你已经创建了一个知名品牌，也许你可以选择白标商业模式战略。这个商业模式在食品行业和服装行业已获得了巨大成功。那么，首先你或许需要引入一些少量的白标产品。

需要思考的问题

- 把高档品牌产品当作白标商品出售很可能与原来的销售模式产生冲突，我们能处理好这些冲突吗？
- 客户如何感知我们产品的价值？
- 我们会因为缺少自身的品牌建设战略而获得某种成本优势吗？
- 如果想要创造白标产品，我们能从现有的品牌产品中获得何种灵感和好处？

59

The Business
Model
Navigator

传感即服务商业模式：将传感器作为新的服务类型

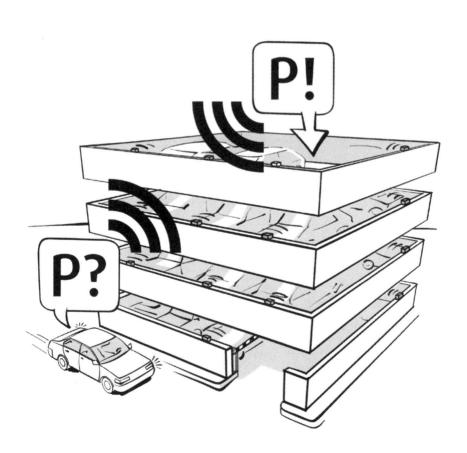

模式的形态

传感器成本下降，互联网随处可用，于是传感即服务（Sensor as a Service）商业模式得以出现。该商业模式将数字和现实世界连接在一起，正受到越来越多人的关注。在该商业模式中，公司依靠传感器收集的数据来提供服务（是什么）。顾客可以是外部的消费者，也可以是内部的事业部（谁）。所要求的数据本身来源于消费者自有的（例如智能手机、摄像头）、公司自有的或第三方所有的传感器（如何做）。出售传感器应用所带来的收入微薄，公司主要的收入源于提供服务，即收集和处理信息（价值）。所积累的数据也可以提供给物联网生态系统中的其他公司，创造另一个收入流。

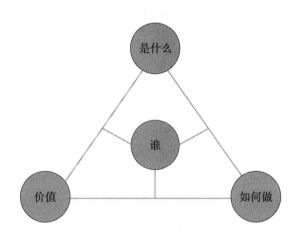

现实世界里的测量结果被收集、存储和处理，但这些数据不再只来源于某一个方面，而是源于多个数据源和价值主张。不同于数控产品（传统实体产品，但拥有众多基于传感器的新数字化服务功能），该商业模式的重点在于数据本身，那是主要的收益来源，也是进一步开展增值活动的基础。所测量出来的数据不再仅仅用于某一个方面，而是在公司的生态系统内进行交易，促成新的应用和服务机会。所涉及的价值传递构件可以被划分为三个概念层次：传感器和传感器所有者、传感器数据发布者以及服务提供商。

传感即服务商业模式与其他商业模式之间也存在相互关联。服务提供商立足于传感器提供服务，有众多机会去选择合适的创收思路，可以更加专注于采用计费购买商业模式、解决方案提供者商业模式或保证可用性商业模式，为其公司或顾客最大限度创造价值。传感即服务商业模式也与开放式创新商业模式接近，这些商业模式都要求公司与物联网生态系统里的其他成员进行密切的互动。除了服务之外，利用顾客数据并在各自网络内进行分享，这点接近于客户数据杠杆化商业模式。尽管传感即服务商业模式与上述模式在某些方面有相似之处，但彰显的是传感器改变游戏规则的重要角色。传感器将此类活动体系的价值主张提升到了下一个层次。正因为如此，我们认为该商业模式完全不同于其他商业模式。

模式的起源

这种立足于物联网的商业模式完全要依靠计算机技术和通信技术（例如 Wi-Fi、4G 和 LTE）的发展，因此还相当年轻。第一代传感即服务商业模式出现在 20 世纪末期的工业应用中。西门子和通用电气等公司率先在机器设备的预防性维护中应用了智能的传感器。早期，传感器产生的数据被用于预测关键工艺出现故障的概率。宝洁公司则在其供应链中大量配备 REID 传感器，为其传感即服务商业模式提供实时数据。在研究领域，麻省理工学院、斯坦福大学和埃尔加·弗莱施（Elgar Fleisch）领导的苏黎世联邦理工学院（ETH）和圣加仑大学（HSG）等大学实验室早早就开始推动现实世界和数字世界之间的融合。

模式的创新者

Streeline 公司是传感即服务商业模式的典型。该公司在市政和私人物业上安装传感器，监测无人使用的停车位，将所收集的数据卖给感兴趣的第三方。Streeline 公司的系统应用先进的机器学习专业技术，处理大量的历史数据和相关的实时停车行为。在将既有数据源（例如数据库）和传感器的数据处理后，最终发给顾客的数据可以非常准确，不受原始数据的缺陷的影响，并且能强化价值主张，相对于物联网之前的方法有所提升。公司由此可以针对两个顾客群体提供服务，一个是使用数据来提供服务的专业人士，另一个是通过移动应用来寻找停车位的消费者。

Google Nest 所针对的是希望通过智能家居解决方案来降低能耗的消费者和企业。Nest 是一个能自主学习的温控器，会参考传感器的数据和顾客移动设备的数据输入，根据顾客的需求设置日程安排。Nest 通过与电力供应商和政府合作来打造数据生态系统，在电力生产和消耗之间直接建立联系，优化双方的成本，提高电网的利用率，减少终端消费者的成本。Google Nest 会调整电力网络的消耗计划，其营收逻辑立足于传感即服务商业模式，兼容了 Nest 产品线中其他能收集数据的传感器（例如烟雾探测器），其日程安排服务采用的是订阅商业模式，可选的激励举措取决于合作电力供应商。

传感即服务商业模式如图 59-1 所示。

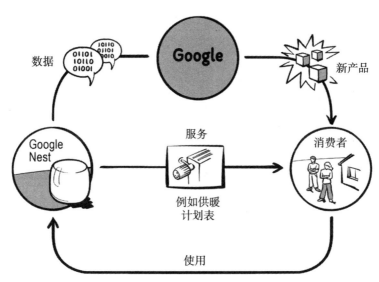

图 59-1　传感即服务商业模式：Google Nest

应用传感即服务商业模式的时机和方式

如果公司精通处理大量的数据，并且在现实世界里也有实操方面的专业技术，那么就可以考虑传感即服务商业模式。该商业模式也同样吸引了那些可接触大量数据点的公司。尽管最初该商业模式对 B2B 顾客的吸引力更大，但持续的数字化、日渐增强的生态系统思维，以及物联网世界的发展等多方面的因素让消费者可以在更多方面直接采用该商业模式。部分公司目前正利用其传感器在数据使用领域追求新价值主张，因此除 B2B 公司之外，该商业模式也同样适用于 B2C 公司。

需要思考的问题

- 我们的顾客在产品使用过程中是否会产生有意义的数据，帮助我们提升服务效率和质量，并且降低成本？
- 我们的产品能否被并入物联网？如果我们的产品在使用现场要安装传感器、联网和数据分析，需要进行哪些工作？
- 我们是否能开创售后市场，值得我们额外投入成本为产品配置传感器和增加联网功能？
- 我们收集的数据能更好地满足哪些潜在的需求？
- 我们可以通过内置传感器和软件来增强哪些服务？
- 哪些合作伙伴会对我们基于传感器数据的服务感兴趣？

The Business
Model
Navigator

60

虚拟化商业模式：飞入云端

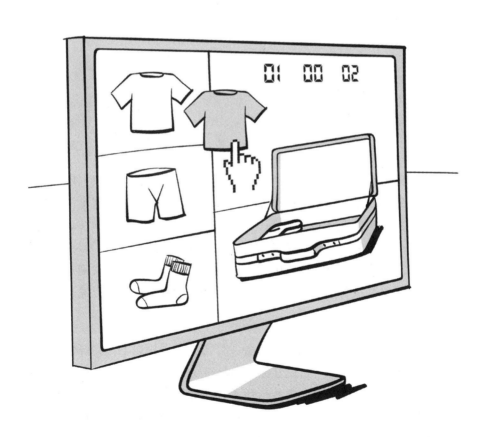

模式的形态

现实生活多方面的数字化让公司得以采用日渐流行的一种商业模式——虚拟化。该商业模式建立在服务器成本下降和随时可联网的基础之上。虚拟化是在虚拟的环境里模拟传统的实体流程（如何做），顾客由此能随时随地通过设备与价值创造流程进行互动（是什么）。将产品/服务放在无形的环境中（例如数字化环境）可以增加拓展服务的机会（例如存储升级、交叉销售），顾客也会为享受虚拟的服务而支付费用。

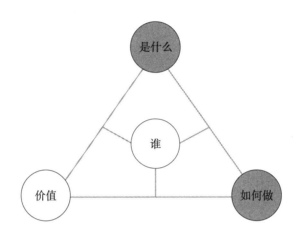

信息技术的使用与否并不会影响实体流程的虚拟化。让我们以购买书籍为例。在传统方式里，买卖双方要进行实实在在的买卖。这个流程虚拟化的方式之一就是通过纸质目录让买卖双方在买书过程中无须在现实世界里打交道；另一种虚拟化的方式就是通过网站（例如亚马逊）。在第一种方式里，整个过程是通过纸质机制来进行虚拟化；第二种方式则是通过以IT为基础的机制进行虚拟化。这个例子说明，流程虚拟化可以通过不同的机制进行。

顾客方拥有越来越多的各种设备，公司如果采用以IT为基础的机制，人们可以随处获取服务。价值让渡地点转变为数字空间，公司由此可以通过更新或升级来直接调整自己的价值主张。此外，因为该商业模式建立在用户对服务的持续访问和获取上，公司可以直接与顾客进行沟通，了解反馈意见和进行市场宣传。同其他数字化商业模式一样，虚拟化的服务可以轻松扩大规模，因为既有的价值体系只需要让对应的顾客群体访问。让你的应用可以突破原有计划在更多的系统上运行，提升稳定性，提高资源使用效率，这些通常对职场来说非常具有吸引力，比如云存储（以 Dropbox 为例）。

虚拟化商业模式如图 60-1 所示。

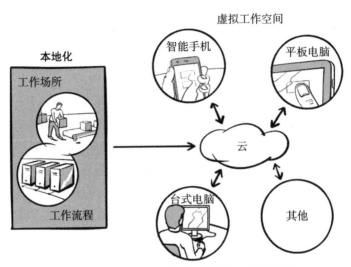

图 60-1　虚拟化商业模式：将服务上传到云端

虚拟化可以与多种不同的商业模式兼容，其中包括订阅商业模式、物物交换商业模式和租赁商业模式。此外，计费购买商业模式可通过不断发展的 IT 系统和追踪技术来得以实现。虚拟化让公司可以利用顾客虚拟的流程内容，采用后端收入流，例如交叉销售商业模式和隐性收入商业模式。综合合适的创收思路和吸引人的价值主张，该商业模式就可能与锁定商业模式结合。

模式的起源

在服务器、计算机和其他数字化机器尚未面世之前，在虚拟化领域最著名的尝试就是 18 世纪和 19 世纪的远程教育。当时，不同国家的不同创新教学实体通过虚拟化商业模式战胜了正规教育必须面对面进行的思想。查尔斯·塔桑提（Charles Toussaint）和古斯塔夫·朗根沙伊特（Gustaf Langenscheidt）等教育先驱借助不同的方式，推动了现在常见的函授教学。在函授教学中，讲课、学习安排、信件沟通、交作业、改作业和提问题等教学活动都虚拟化，这种虚拟化出现在计算机诞生前，但使用者享受到的价值主张与当今虚拟化商业模式一样，即随时随地可以进行（学习）流程。

模式的创新者

Dropbox 是一个知名品牌。公司在数字化物理存储领域采用了虚拟化商业模式，在手机和计算机与互联网相联时，成了最早提供云存储服务的公司之一，推动了数据分享。尽管 Dropbox 的商业模式中最著名的是其免费增值商业模式，但虚拟化商业模式奠定了公司价值主张的基础，让顾客可以随时随地访问公司服务，增加软件服务，并且增强数字化合作的可能性，这些让物理存储在很多情况下变得多余（或者甚至是效果不及虚拟存储）。

作为亚马逊云科技的一部分，Amazon Workspaces 将 Windows 或 Linux 的桌面和其所有功能都放在了云端，可在不同基础设施的情况下通过各种常见设备进行访问（台式电脑、手机、自己的设备）。该项服务针对的是职场人士，员工的工作站可以轻松配置公司的操作系统，并且根据个人软件要求或系统调整进行同步。不同的服务包 [例如特惠包（Value）、标准包（Standard）、性能包（Performance）等] 包括不同的服务内容，比如程序和服务器容量不同，顾客可以选择他们喜欢的支付方式（例如按小时、按月计费）。

在线服务商 DUFL 公司则将目光对准了旅行者，把个人衣物的存储和运输虚拟化。将自己的衣物存放在 DUFL 公司的私人衣柜后，用户可以通过 DUFL 公司的应用在线打包自己的行李箱。行李箱可以送去全球任何一个住宿点，DUFL 公司此后可以根据需要再去取行李箱，以进行衣物清洗和存储，为下一段旅程做准备。旅行者不管是度假还是出差，都可以轻装出发，让衣物在酒店等着自己。DUFL 公司现在也为运动员提供打包和运输服务，例如高尔夫选手或滑雪选手，这样不仅可以帮助他们将运输工作降到最小，还能规避航空公司和其他承运人对行李的一些限制。

应用虚拟化商业模式的时机和方式

当顾客通过多种设备访问和使用公司产品或服务、公司可以通过数字化手段为顾客增加价值，或者当物理距离成为障碍时，就可以考虑虚拟化商业模式。公司必须清楚价值传递流程将发生大幅变化，其中包括维护和产品拓展，这样的商业模式创新才可以带来可持续的创收。面对实现价值主张的机会和价值让渡挑战，公司可以首先对既有服务进行虚拟化，以对已有产品和服务进行补充。最开始在很大程度上类似于此前实体性质的产品和服务，这种做法可以给顾客时间慢慢进行转变，也能保证他们接受新的商业模式，此后再通过其他价值创造活动来进行强化。

需要思考的问题

- 我们向顾客提供的服务是否要求软件持续进行更新和调整?
- 我们的顾客是否（能）通过多种设备真正地使用我们的服务?
- 我们的服务是否适用于既有的基础设施，而且可以轻松地得到实施?
- 我们的服务是否有潜力与其他价值主张一样进行扩展，最终有力地锁定我们的顾客?

61

The Business
Model
Navigator

**物品自助服务商业模式：让消耗品
自动下订单**

模式的形态

物联网内兼容的设备越来越多，传感器的应用机会日渐增多，物品自助服务商业模式的可行案例也在增加。借助传感器和 IT 基础设施（如何做），物品可以自动下单。补货过程因此能完全自动化进行，提高了消费者处理该物品的速度，由此消费者可以将精力主要放在核心工作上，而耗时的工作则自动处理，外包给物品自助服务供应商（是什么）。不用积极购物也能随时有物品可用，而且基础设施都会给配备好，顾客因此被锁定，从而给公司带来经常性的收入（价值）。

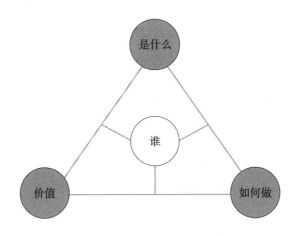

自助服务的概念不再仅仅针对顾客，现在物品也可以自助服务了。物品自助服务商业模式的价值主张将消耗品和服务融合在一起。在该商业模式中，传感器触发需求，再借助计算能力做出正确的决策，由此为顾客消除物料短缺的问题。例如，供暖系统可以在温度低至特定水平时立马下单要求补充燃料。随着环境数字化的不断加强，必要的网络和传感器基础设施都已就位，这种商业模式能适用于 B2B 和 B2C 两种情况。此前，物料短缺的解决方法或是买方积极进行采购，或是卖方定期去现场进行考察。而物品自助服务商业模式优化了此前的价值让渡过程，供需双方的流程都得到了改进。例如，顾客此前定期要进行的工作可以被取消（例如办公室中餐供应），减少了库存和不必要的运输成本，此前供需双方信息的不匹配就可能会产生这类成本。

这种商业模式无需中间人，这点与直销商业模式类似。消耗品自动补货的做法也让解决方案提供者商业模式得到了简化。物品自助服务商业模式让顾客在幕后参与了进来，这一点兼容计费购买商业模式和固定费用商业模式。所有这些商业模式在进行设计时，其标准就是在追求目标价值主张的同时创造强大的锁定效应

模式的起源

同与物联网领域相关的其他商业模式一样，物品自助服务商业模式最初出现在工业领域。这些领域需要自动下单流程，而且也有必要的基础设施。德国跨国公司伍尔特集团（Würth）是扣件、化工品、安全产品、工具和库存管理的知名供应商。该公司在 2013 年提出了 Würth iBin 的价值主张，拓宽了其早已经比较先进的供应基础设施。Würth iBin 在其供货箱上安装摄像头，可以为小部件独立下单。该摄像头能跟踪剩余部件的数量，智能模块会测量和计算剩余的比例。此后该模块会根据历史消耗情况自动触发与 ERP 系统连接的订单程序，整个过程无需人工干预。

物品自主服务商业模式如图 61-1 所示。

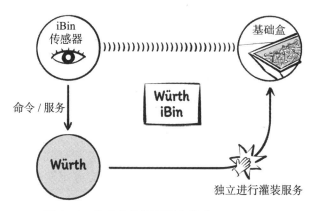

图 61-1　物品自助服务商业模式：Würth iBin

模式的创新者

FELFEL 公司将物品自助服务商业模式带入了消费市场。该公司提供可自动下单的办公室用冰箱，为公司和办公室提供可持续的健康食品，省去了顾客端的订货工作。FELFEL 的食品侦探（Food Scouts）其实就是放在顾客公共空间里的冰箱，外观类似于传统的自动售货机，但功能有所不同。顾客可以通过工卡使用机器，随时拿取冰箱里的饮料和食物。摄像头会跟踪消费情况，然后自动与相应的消费者进行连接，启动自动付款等服务。FELFEL 会跟踪消费情况，与所选择的合作伙伴（例如厨师）合作，给冰箱补货。FELFEL 也可以分析使用者的偏好，优化冰箱里的食品和饮料种类。此外，FELFEL 也提供了一个 APP，个人可通过该 APP 了解热量摄入和所消费的菜单的原料等个人统计数据，也可以就冰箱内商品的调整提出建议。FELFEL 公司声称，它们将通过提供零食和正餐来取代传统办公室里的餐厅和公司食堂。

惠普公司也利用物品自助服务商业模式拓宽了自身同打印机相关的商业模式。该服务名为 HP Instant Ink。在当前的墨盒即将用完时，兼容打印机可以自动下单新墨盒。这项服务有多种月付方式，打印价格取决于所打印的纸张数量，而并非墨水消耗量（包括墨水、送货和循环使用等）。

应用物品自助服务商业模式的时机和方式

物品自助服务商业模式带来了一些新产品和服务，例如消耗品的预测性补货，由此在职场环境里特别有用，因为时间宝贵，而且特定流程都是标准化的，只是仍然靠员工去执行。借助物品自助服务，公司可以在标准工作流程中避免物料短缺的情况。将传感器和内部制造计划连接起来，物品甚至可以根据波动调整订单，让顾客将注意力放在价值链的其他环节。在消费者这边，公司可以针对那些常常使用的消耗品采用物品自助服务商业模式，而且所选地方也有相应的设施，例如杂货店。该商业模式尤其适用于知名的供应商。它们本身已经有一定的品牌声誉，再通过传感器匹配供需端，从而进一步强化顾客的锁定效应。

- 顾客是否将我们的产品当作消耗品，并常常需要更换？

- 我们的服务是否兼容既有的基础设施，可以轻松地实施？

- 我们的服务是否有潜力进行拓展，与其他价值主张进行配合，增强对顾客的锁定效应？

- 我们既有的顾客基础是否能从物品自助服务商业模式中受益？

**物品即销售点商业模式：在消耗
物品的地点下单**

模式的形态

物联网的发展创造了越来越多的机会，物品即销售点商业模式也是物联网带来的另一种商业模式。消耗品的销售网点借助轻松易用的订购工具和联网应用软件搬到了消耗地点（如何做）。各设备相互连接后被用于最后的订购流程，而销售网点就靠近消耗地点。当销售网点远离竞争对手的产品，顾客对价格的敏感度就会降低。这种方式可以提升锁定效应，更好地留住顾客。

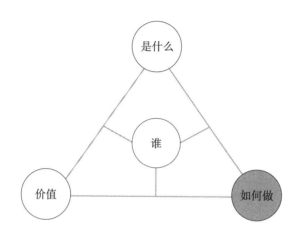

顾客用于下订单的物品内的传感器数量和综合使用方式决定了是否还能生成其他信息，这些信息可用于优化可购买的商品和互补性商品，例如在设备所在地的周边一定范围内采取针对该地区调整过的营销策略。对设备使用情况加以估量也可以让公司了解互补性商品的需求。让我们拿咖啡豆举例，互补性商品可以是咖啡机清洁片。在合适的时机放置合适的商品，可以提高潜在销售量，也同样可以被用于与第三方公司合作。

物品即销售点商业模式也可以和顾客数据驱动的商业模式搭配，比如隐性收入商业模式和客户数据杠杆化商业模式。参考开放式创新商业模式，如果综合不同源头的数据，可以将物品即销售点商业模式的潜力提升一个层次，针对各顾客在合适的情况下做出正确的决策。物品自助服务商业模式是一种立足于物联网的商业模式，可以自动下订单，物品即销售点商业模式也必须让顾客有一个触发装置，这样才能确认最后的采购情况。

这种商业模式的核心在于将采购地点搬到需求产生的地方。

模式的起源

最初，电子商务巨头亚马逊公司推出了 Amazon Dash 概念，让物品即销售点变成可能。亚马逊发售所谓的 Dash 设备，该设备针对特定产品（例如卫生纸），按下按钮后，该产品就可以通过亚马逊账号按照预先设定的数量下单。这个按钮似的设备可以根据所要订购的产品利用背胶随处放置，也就意味着可放置在消耗地点。只要扫描二维码，或者是按下按钮大声说出产品名称，用户就可以使用该设备的新版本编制购物清单。Dash 同亚马逊平台直接相联，因此各产品可以直接下单。Amazon Dash 是亚马逊首个物联网设备，但现在已经下架。亚马逊将这个概念整合到了其 Alexa 服务，或者是通过合作公司数字设备上的虚拟按钮来提供类似服务，因为一些法庭裁定实体 Dash 按钮违法，例如，在使用中亚马逊有权力更改价格或者甚至是发送给顾客另一种类似产品，这点被裁定是违法的。

物品即销售点商业模式如图 62-1 所示。

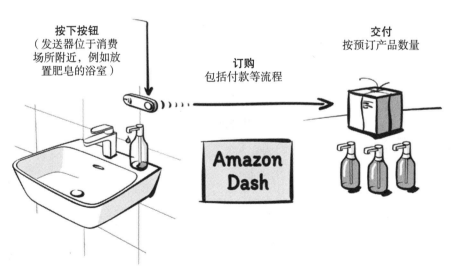

按下按钮
（发送器位于消费场所附近，例如放置肥皂的浴室）

订购
包括付款等流程

交付
按预订产品数量

Amazon Dash

图 62-1　物品即销售点商业模式：Amazon Dash

模式的创新者

物品即销售点商业模式还相当年轻，采用该商业模式的公司也不多，Ubitricity 就是其一。该公司在电动车的充电业务上采用了物品即销售点商业模式。公司在各社区提供充电站，用户可以通过移动充电电缆使用这些充电站给自己的爱车充电。这条智能电缆内置有移动电表，在电动车充电时可以准确计量，在充电点计算准确的电费。

新兴的智能眼镜也正给物品即销售点商业模式带来新概念。亚马逊、苹果、谷歌和 Facebook 等公司都在致力于让顾客在看到物品后当场通过智能眼镜进行购买。

应用物品即销售点商业模式的时机和方式

物品即销售点是让人们即时购物，非常适合于消耗品和消耗量存在波动的日常生活用品。物品自助服务商业模式特别适用于消耗量持续不变的物品，以及那些特定流程所必需的产品，而物品即销售点商业模式要给顾客机会选择不订购自己的产品。因此公司必须有额外的机制来说服消费者进行购买，可以是数字化广告、品牌价值或其他创造性地说服方式。公司必须参考 Amazon Dash 的例子，从法律方面加以考量。

需要思考的问题

- 需要增设哪种说服机制来促使顾客做出购买决定？
- 顾客是否会经常消费我们的产品？
- 我们是否有能力扮演中间人的角色，给顾客发送他们想当场订购的产品？
- 我们是否能管理好额外的售后服务带来的复杂情况？我们可以找谁来合作这项业务？
- 我们的产品是否足够吸引顾客当场购买？

产消合一商业模式：集生产者和
消费者于一体

模式的形态

采用产消合一商业模式的公司让顾客自己成了生产者。顾客被纳入了价值链，可以从生产的产品中获益（如何做），而公司可以减少对生产的投资并降低可变成本（价值）。公司对组织基础设施拥有掌控权，让价值主张得以实现。消费者自己参与了生产，产品的感知价值也得以提高（是什么）。

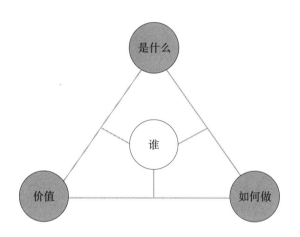

"prosumer"这个词也被用于指半职业化的消费者，他们乐于购买专为专业人员或企业设计的高端工具（例如照相机）。但"产消合一商业模式"一词源自阿尔文·托夫勒（Alvin Toffler）1980年的著作《第三次浪潮》（*The Third Wave*）。该书创造了几个适用于信息时代第三次社会浪潮的词语，其中"prosumer"一词指集生产者和消费者于一体的个人。

产消合一商业模式让消费者成为价值链中发挥作用的一分子，这点类似于让外部人员参与到自身价值创造过程中的其他商业模式，例如众包商业模式。从价值获取角度来说，产消合一商业模式也可以同计费购买商业模式或传感即服务商业模式等综合使用。

模式的起源

新的传感技术、更好的内置网络，以及整体科技的发展，这些都促使追踪技术得到了提高，也推动产消合一商业模式得到更多的采用。但该商业模式在多年前已经出现。20世纪30年代经济大萧条这类负面社会事件出现期间，自助合作运动（Self-Help Cooperative Movement）率先混淆了生产者与消费者之间的界限。面对当时的经济危机，城市内的失业工人找到农场主们，要求在农场工作以换取食物。他们既是生产者，也是消费者。他们只是在脑中将劳动成果转换成货币，现实中并不存在这种转换，这样的交易要更加高效，因为不需要第三方证券的参与（例如中央银行）。由于这种负面社会事件会带来货币贬值，人们并不喜欢第三方证券的参与。

模式的创新者

产消合一商业模式早已经在能源领域以多种形式出现。随着可再生能源生产的崛起，私人住宅也开始购买太阳能板和风力发电机组。政府最开始为了启动私人电力设施的安装，提供了经济补贴。能源生产公司为了优化基础设施的利用率，也在大力推广。此前的消费者可以将自己生产的电力并入到电网中，按照此前确定的电费来赚钱。因此，智能电网的概念开始越来越受到欢迎。在独立的电力社区里，只有本地电力生产（如太阳能、风力和木屑颗粒）无法弥补电力消耗缺口时，消费者才会扮演电力供应者和生产者的角色来填补缺口。有了智能电表和智能家电等各种物联网设备，智能电网可以独立运转，但也可以与国家电网同步，使电力在用电峰值时也能保持平稳，基础设施能够持续地保持适当的利用率。

产消合一商业模式如图63-1所示。

产消合一商业模式也在分布式账本技术领域得到了应用。这些计算机协议采用的是分布式账本的方式，参与者可以使用该系统，也要负责确认他人的交易。区块链技术的诞生可以归功于创始人，但持续的发展来自产消者，是他们既在使用和扩展区块链，也在各自的生态系统内提供额外的服务。

在社交平台上，产消合一商业模式也相当常见。YouTube 和 Facebook

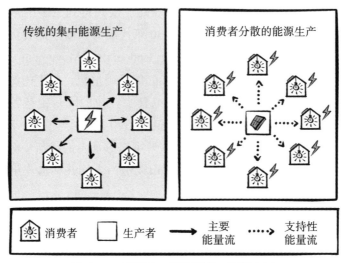

传统的集中能源生产   消费者分散的能源生产

消费者　　生产者　　主要能量流　　支持性能量流

图 63-1　产消合一商业模式：智能电网

这些平台有大量的用户都是专业的内容制作者，而不仅仅只是消费他人的内容。粉丝的数量就是他们的社交货币。作为产消者，他们可以在自己的视频前播放广告来赚钱。除了平台的产消合一商业模式之外，这些网络红人还可以在视频中放置合作伙伴的链接或接受委托为合作伙伴制作视频，创造新收入流。2018 年，福布斯的数据显示，YouTube 上收入最高的产消者是马克·费施巴赫（Mark Fischbach）。他的网名是 Markiplier，通过游戏视频每年收入约 1750 万美元。2019 年 11 月份，他的视频订阅者为 2450 万人。他为大量用户提供内容，YouTube 则可以针对这些人播放广告。《纽约时报》预计产消合一商业模式在 2018 年创收 160 亿~250 亿美元，该商业模式是 YouTube 重要的营销收入流之一。

应用产消合一商业模式的时机和方式

产消合一商业模式非常适合于社交平台，以及那些基础设施可以灵活调整以将顾客作为资源或供应方纳入其中的公司。尽管协调工作会因此变得复杂，但创造性地综合多种商业模式后，公司可以从中盈利，YouTube 就是个中案例。如果采用这种商业模式，公司必须均衡对产消者的激励举措与公司本身的价值获取，这样才能保证产消者的持续参与，推动公司的发展。

The Business Model Navigator

第三部分

商业模式创新实践

不管是最出色的商业模式还是最出色的战略，只有在得到实施后才能发挥作用。在过去 10 年里，我们在世界各地进行了众多主旨演讲，也在知名跨国公司、年轻的高科技初创公司、隐形的业内领导者、全球市场先锋，以及第五代中小型企业内组织了数百场研讨会。他们都有一个共同点，即讨论商业模式要比实施容易得多。阅读本书，发现商业模式创新的机会，仅仅是漫长马拉松的第一步。最大的区别在于：在马拉松比赛中，你知道自己要跑多少千米，而且你有着非常明确的目标。而在创新过程中，你不知道自己究竟处于何种位置，因为目标在不断变化，终点线似乎在慢慢消失。在软件开发项目中，项目经理会系统性地低估最后一公里：当他们通过自我评估认为自己已经取得 90% 的成果时，就会还需要 50% 的时间来真正地完成所有的工作。商业模式创新项目的挑战性甚至更强。行动胜过商业计划。即使是最好的战略也必须通过实践来检验，否则你所有的努力都会付之东流，正如托马斯·爱迪生所说："没有执行的愿景只是幻觉。"

通过商业模式创新导航，我们创造出了一种新方法来构建商业模式的创新过程并鼓励打破常规的思维方式，这是创建成功的商业模式的关键前提。有着充足的理论依据，这种方法已多次在实际环境中证明了其适用性。想要在企业内部成功创建商业模式，仅仅了解商业创新的重要性是不够的，重要的是学会实施一个有效的商业模式创新流程，这是最难也是最重要的环节。我们开发出许多工具以支持企业管理者达到这个目的。假设商业模式创新过程的方法论已成为企业管理者的迫切需要，那么剩下的工作就可以交给商业模式创新导航来完成。获得长远的、具有相对竞争优势的制胜方法已从单纯地提供优质产品和服务转移到商业模式上来了。企业需要为这种竞争做好准备。仅仅发现机遇是不够的，创新者和企业家必须抓住机遇并开始行动起来。了解过去有助于创造未来。

对使用这种新方法创新其商业模式的实践者来说，本书最后一部分所展示的管理启示将被证明是非常有价值的。请访问我们的网站 www.bmilab.com 查阅更多检查表、商业模式模型卡、测试卡片、模拟和案例研究。很多公司希望通过商业模式创新导航踏上自身公司革命的旅程。但请记住，具体实施和争取人们共同加入都非常重要。这一部分内容常常被大家所低估。

商业模式创新的 10 个建议

1. 获得高层管理者的支持：商业模式创新并不像在公园散步那么简单

- 强调新的商业模式能为公司带来的益处，提高高层人员对商业模式创新话题的认识。
- 介绍行业内外最成功的商业模式创新的实例，生动的案例往往是最重要的开阔眼界的工具。
- 持之以恒。对商业模式创新重要性的理解不可能一蹴而就。

2. 建立一个多元化的团队：单打独斗不可能开发出新的商业模式

- 商业模式创新需要跨职能的协作，尽最大努力整合具有不同背景和来自不同部门的员工。
- 确保所有人对商业模式的意义达成一致的理解——它定义了企业的业务"谁""是什么""如何做""价值"这四个方面。
- 整合外部资源。没有人能对你所处行业的正统产生真正的威胁。

3. 做好改革的准备，抱持开放的心态向他人学习。要记住未来已经来临，只是你还未察觉

- 偏执一点没有坏处，经常思考目前企业获得成功的主要原因是什么。
- 在企业内部鼓励"发现在别处"（proudly found elsewhere）的积极态度，避免"非此处发明"（not invented here）综合征。

- 持续监控和分析企业生态系统内的变化，有无任何迹象表明现行的商业模式在未来是不适用的？

4. 运用 60 种商业模式挑战企业和行业信奉的主导性行业逻辑

- 用结构化的方式遵循相似原则或对抗原则来运用商业模式。
- 既可尝试相似的模型，也可以用相似度不大的模式进行比对。
- 不断地尝试。最初，想要从行业外学到什么看起来似乎不大可能。现有的资深行业背景令个人很难克服主导性行业逻辑。　．
- 用触觉卡（haptic cards）和其他工具增加商业模式的创造性潜力。

5. 营造开放的企业文化：没有所谓的"权威"存在

- 在进行商业模式创新的早期构思阶段，尽量避免对任何想法和观点进行负面评价——将创意扼杀在摇篮中再简单不过了。
- 要意识到创新过程肯定会遇到失败和风险，要允许你的雇员自由畅想并能包容他们的失败。

6. 使用各种循环迭代法（iterative approach with many loops）验证假设

- 慎重决定何时在发散思维和收敛思维之间进行转换。在创造性和原则性之间把握平衡需要一定的经验。
- 不要期待在一开始就能产生最完美的创意。与其他过程一样，万事开头难，创新需要艰苦的努力、多次反复和漫长的过程。
- 尽快验证假设的正确性，不要等太久。

7. 不要对商业案例期待过高。一般来说，大多数案例在实施初期往往会出错

- 几乎所有商业计划在与客户第一次接触时都失败了，更何况是尚未成形的商业模式。
- 设想不同的场景并进行充分思考，以便应对即将出现的各种变化。
- 确定你的商业模式需要达到的目标非常具体。

8. 通过原型法减少风险：一张图片胜过 1000 个单词，一个原型胜过 1000 张图片

- 尝试将想法变成原型。
- 实施快速原型法以及时获得关于商业模式的反馈。
- 原型法可以是一次详尽的演示、客户反馈、面临最初市场准入规则的试点项目等。
- 利用从试点项目中获得的洞见再次调整商业模式。尽可能在早期经历快速失败，以便进一步完善该模式。

9. 为你新的商业模式提供必要的环境，使其顺利发展下去

- 确保为商业模式提供受保护的环境。
- 刚开始时，应给予你的团队最大限度的自由，随后再制定清晰的目标。
- 追求长期效应，而不是短期结果。
- 确保商业模式创新是一个持续不断的过程——一个新的商业模式不是一成不变的，它需要不断的质疑和挑战。

10. 积极灵活地管理变化的过程

- 面对即将来临的变化，你应该成为同事们的榜样并设置激励措施来增强他们的动机。
- 在企业内部促进对商业模式创新的理解。
- 确保变化的过程公平而透明。
- 发展组织内部所缺少的技能。
- 对商业模式创新抱有积极的心态。

The Business
Model
Navigator

60 种商业模式概述

章序号	模式名称	创新型商业模式的组成要素	公司案例	模式描述
04	附加商业模式	是什么价值	瑞安航空公司（1985） SAP 公司（1992） 日本世嘉株式会社（1998） 博世（1999） 特斯拉（2003）	核心产品的价格是非常有竞争力的，但也有许多额外因素会推动价格上涨。消费者最终所负担的费用可能比最初设想的要多。消费者受益于一个可变的报价，并可以适应他们的特殊需要
05	联盟商业模式	如何做价值	赛布罗迪卡（1994） 亚马逊（1995） Pinterest（2010） Wirecutter（2011）	重点在于支持他人成功销售产品，从而直接从成功的交易中获益。附属公司通常有一些按销售数量付费和按展示次数付费的系统。而公司本身也能获得渠道，接触到更加多样化的潜在客户群，而无须任何额外的积极销售或营销工作
06	合气道商业模式	是什么价值	Six Flags（1961） 斯沃琪（1983） 太阳剧团（1984） 任天堂公司（2006）	合气道是一种日本武术，该武术是借用进攻者的力量来对付进攻者的。作为一种商业模式，合气道允许一家公司提供一些与竞争形象和心态截然对立的东西。价值主张的新颖性吸引了那些更想要与主流社会不同的创意和观念的顾客

章序号	模式名称	创新型商业模式的组成要素	公司案例	模式描述
07	拍卖商业模式	是什么价值	eBay（1995） WineBid（1996） Priceline（1997） 谷歌（1998） Zopa（2005） MyHammer（2005） Elance（2006） Google AdWords（2003） Auctionmaxx（2012）	拍卖是把一个产品或服务出售给出价更高的投标人。最后的价格是在一个预定的时刻，或者是在没有更高的出价人的时刻达到的。这使得一家公司能够以顾客所能接受的最高价钱出售它公司的产品。客户则能借此机会影响产品的价格，按产品的价值支付
08	物物交换商业模式	是什么价值	宝洁（1970） 百事可乐（1972） 德国汉莎航空公司（1993） 木兰酒店（2007） Pay with a Tweet（2010）	物物交换是没有资金转移的一种交换货物的方法。在这一业务范围内，消费者为赞助机构提供一些有价值的东西。交换的货物不一定要有直接关联，而且很可能每一方给出的价钱都会不同
09	取款机商业模式	如何做价值	美国运通（1891） 戴尔（1984） 亚马逊（1994） PayPal（1998） Blacksocks（1999） Myfab（2008） 高朋团购（2008）	根据自动取款机的概念，客户在公司支付相关费用之前预先支付出售的产品，从而增加了资金的流动性，流动起来的资金可以用于分期偿还债务，或者投资到其他领域
10	交叉销售商业模式	是什么如何做价值	壳牌（1930） 宜家家居（1956） 奇堡咖啡（1973） 阿尔迪（Aldi，1986） SANIFAIR（2003） Zalando（2008）	在这种模式下，其他公司的服务或产品也加入到公司的产品中，从而利用了现有的关键技能和资源。特别是在零售行业，企业可以很容易地提供更多的产品和供给品，这些产品和它们的主要关注点没有关联。这样，更多潜在的客户需求就可以得到满足，而且可以在相对较少地改变现有的基础设施和资产的情况下，产生更多的收益

章序号	模式名称	创新型商业模式的组成要素	公司案例	模式描述
11	众筹商业模式	如何做价值	海狮合唱团（1997） 卡萨瓦影业（1998） Diaspora（2010） Brainpool（2011） 索诺汽车公司（2016） Modern Dayfarer（2018）	一个产品、一个项目或整个初创公司都是由投资者出资的，这些投资者希望支持潜在的创意，特别是通过互联网来进行支持。如果关键部分已经实现，创意就可以实现，投资者们也能收到特殊的收益，而且通常是和他们所提供的金额成正比的
12	众包商业模式	如何做价值	Threadless（2000） 宝洁（2001） InnoCentive（2001） 思科（2007） Myfab（2008） 麦当劳（2014） Airbnb（2015）	许多匿名的人同时针对某项任务或某个问题来提出解决方案，通常通过互联网来进行。参与者会收到一个小的奖励，或者如果他们的解决方案能够被生产或销售选中的话，他们将有机会赢取奖品。顾客的互动和包容性可以培养他们之间积极的关系，随之为公司增加销售和收入
13	客户忠诚度商业模式	是什么价值	Sperry & Hutchinson（1897） 美国航空（1981） Safeway（1995） Payback（2000） 星巴克（2010）	通过提供高于实际产品和服务本身的价值来保留客户，确保他们的忠诚度，例如通过一些以激励为基础的项目。目标是通过创建一种情感联系，或简单地奖励些特殊优惠，来提高忠诚度。这样客户就会自愿与公司绑定，从而保证了公司未来的收入
14	数字化商业模式	是什么如何做	WXYC 公司（1994） Hotmail（1996） 琼斯国际大学（1996） CEWE（1997） SurveyMonke（1998） Napster（1999） 维基百科（2001） Facebook（2004） Dropbox（2007） 亚马逊 Kindle（2007） Netflix 公司（2008） Next Issue Media（2011）	这种模式依赖于把现有的产品或服务转化为他们自己的数字版本的能力，从而为有形的产品提供优势，如更容易、更快速的配送。理想情况下，一个产品或服务的数字化不应该减少客户的感知价值

章序号	模式名称	创新型商业模式的组成要素	公司案例	模式描述
15	直销商业模式	是什么 如何做 价值	Vorwerk（1930） 特百惠（1946） 安利（1959） 戴尔（1984） 雀巢奈斯派索（1986） First Direct（1989） 雀巢胶囊茶机（2010） Dollar Shave Club（2012） 雀巢惠氏（2012）	直销是一种方案，它指的是一个公司的产品不经过中间商来销售，而是直接通过生产商或服务提供商就可以获得。这样，该公司省去了零售的费用或其他任何与中间人相关的额外费用。节省下来的这些钱可以用在客户身上。该模式有助于建立一个统一的分销模式，而且与客户的直接接触增强了与客户的关系
16	电子商务商业模式	是什么 如何做 价值	戴尔（1984） 美捷步（1999） 亚马逊（1995） Flyeralarm（2002） Blacksocks（1999） Dollar Shave Club（2012） WineBid（1996） 阿里巴巴（1999） Asos（2000） Zopa（2005） Otoo（2018）	传统的产品或服务都只通过在线渠道来交付，因此消除了运营实体商店所需的基础设施的费用。消费者获得了更大的可用性和便利，同时公司能够把销售和配送与其他内部流程进行整合
17	体验式销售商业模式	是什么 如何做 价值	哈利—戴维森（1903） 宜家家居（1956） 乔氏超市（1958） 星巴克（1971） 斯沃琪（1983） 雀巢奈斯派索（1986） 红牛（1987） 巴诺书店（1993） 雀巢胶囊茶机（2010） NIO（2014） Amazon Go（2018）	产品或服务的价值通过其本身所提供的用户体验得以增加。这为更高的客户需求提供了机会，相应的价格也会有所上升。用户体验需要相应地进行调整，例如恰当的宣传或额外的商店装修等途径

章序号	模式名称	创新型商业模式的组成要素	公司案例	模式描述
18	固定费用商业模式	是什么价值	瑞士联邦铁路（1898） Buckaroo 自 助 餐 厅（1946） 桑道斯度假村（1981） 奈飞（1999） Next Issue Media（2011） Playstation Now（2014） Apple Arcade（2019）	在该模式中，无论一个产品的实际使用情况如何，都只收单一的固定费用。使用者从简单的成本结构中受益，而公司则从持续的收益流中获益
19	分式产权商业模式	是什么如何做价值谁	Hapimag（1963） NetJets（1964） 移动汽车共享（1997） écurie25（2005） HomeBuy（2009） Crowdhouse（2015） Masterworks（2017）	分式产权商业模式描述的是一群所有者分享某一资产类别。通常情况下，资产是资本密集型的。顾客由此可以成为资产的所有人，且无需个人承担所有的成本。
20	特许经营商业模式	是什么如何价值	胜家缝纫机（1860） 麦当劳（1948） 万豪国际集团（1967） 星巴克（1971） 赛百味（1974） Fressnapf（1992） 自然之家（1992） 迈克健身（1997） BackWerk（2001）	特许权拥有者拥有品牌、产品和企业标识，并把它们授权给独立的加盟商，这些加盟商承担在当地经营此品牌的风险。特许权拥有者的收入来自加盟商的部分收入和订单。对加盟商来说，它们所获得的益处来知名品牌的营销、专业技能和支持
21	免费增值商业模式	是什么价值	Hotmail（1996） SurveyMonkey（1998） LinkedIn（2003） Skype（2003） Spotify（2006） Dropbox（2007） Sega（2012） Youtube Premium（2018）	免费提供一个产品的基础版本，希望最终能让客户相信并购买高级版本。免费提供的服务尽最大可能为公司吸引用户，但是收入是由一部分（通常较少）高级用户所带来的，这些用户也承担了免费产品的成本

续前表

章序号	模式名称	创新型商业模式的组成要素	公司案例	模式描述
22	从推动到拉动商业模式	是什么 如何做	丰田（1975） Zara（1975） 戴尔（1984） Geberit（2000） 亚马逊 Kindle（2007）	这个模式阐述了一个去中心化的策略，使公司的生产环节更加灵活，从而更聚焦以顾客为中心。为了快速并灵活应对顾客的需求，价值链的任何一部分都会受到影响——包括生产，甚至研发
23	保证可用性商业模式	是什么 如何做 价值	NetJets（1964） PHH（1986） IBM（1995） 喜利得（2000） MachineryLink（2000） ABB 涡轮增压系统（2010）	在这一模式中，产品或服务的可用性是有保证的，故障时间几乎为零。顾客可以根据自身要求使用产品 / 服务，故障时间内导致的损失被降至最低。公司使用自身的专业知识和规模经济来降低操作成本，保证可用性
24	隐性收入商业模式	是什么 如何做 价值 谁	德高集团（1964） 德国电视广播电台（1984） 地铁日报（1995） 谷歌（1998） Facebook（2004） Spotify（2006） Zattoo（2007） Instagram（2010） Snapchat（2011） TikTok（2017）	在此模式下，"企业的收入完全要靠用户"这个逻辑被彻底抛弃。相反，收入主要源于第三方，第三方出资提供免费或低价产品来吸引用户。这一模式非常常见的应用是通过广告赞助：被吸引的消费者对广告商来说有价值的，因此广告商资助服务。这个理念促进了收入和消费者分离的理念的发展
25	成分品牌商业模式	是什么 如何做	杜邦特氟龙（1964） W.L. Gore & Associates（1976） 英特尔（1991） CarZeiss（1995） Shimano（1995） 博世（2000） 宜家（2019）	这是指选择特定供应商的成分、零部件和品牌，再将其纳入或使用到另外的产品中。该产品会使用其他的品牌，并且在广告中也会宣传成分产品，共同为顾客创造价值。与成分品牌的积极联系被投射到产品中，增加了它的吸引力

章序号	模式名称	创新型商业模式的组成要素	公司案例	模式描述
26	集成者商业模式	价值如何做	卡内基钢铁（1870） 福特（1908） Zara（1975） 比亚迪汽车（1995） 腾讯（1998） 埃克森美孚（1999）	以集成者商业模式运营的公司控制着价值增值过程中的大部分步骤，包括在价值创造方面的所有资源和能力。效率提高、规模经济和对供应商依赖的减少带来了成本的下降，并增强了价值创造的稳定性
27	单一业务商业模式	是什么如何做	Dennemeyer（1962） DHL（1969） Wipro（1980） TRUSTe（1997） PayPal（1998） 亚马逊网站服务（2002） 支付宝（2004） Apple Pay（2014）	单一业务商业模式是一家专业的公司仅限于为不同的价值链提供一种价值增值步骤的模式。此步骤通常是在多个独立的市场和行业内提供的。该公司受益于规模经济，往往能够促进更加有效的生产。此外，其已建立的特殊专长可能带来更高的质量提升
28	客户数据杠杆化商业模式	如何做价值	亚马逊（1995） 谷歌（1998） Payback（2000） Facebook（2004） PatientsLikeMe（2004） 23andMe（2006） Twitter（2006）， Verizon（2011） ADA Health（2016）	通过收集客户数据，并以有益的方式处理它，以供内部使用，或传输给感兴趣的第三方。公司收入源自直接销售数据给他人或利用数据为公司自身的目的服务（如增加广告的效果）
29	许可证经营商业模式	是什么如何做价值	Anheuser-Busch（1870） IBM（1920） DIC2（1973） ARM（1989） 德国二元回收体系（1991） Max Havelaar（1992） 国际足联（2006） 欧足联（2008）	在这个模式中，首要目标是研发出可授权其他制造商的知识产权。所以这个模式重点不是让知识以产品的形式得到实现和利用，而是要将这些无形资产变为金钱。许可证经营商业模式令企业能够专心进行研发活动，并向第三方提供它们觉得宝贵的知识，避免知识被闲置

章序号	模式名称	创新型商业模式的组成要素	公司案例	模式描述
30	锁定商业模式	如何做价值	吉列（1904） 乐高（1949） 微软（1975） 苹果（1976） 惠普（1984） 雀巢奈斯派索（1986） 雀巢胶囊茶机（2010） 雀巢惠氏（2012）	在这个模式中，消费者对供应商提供的产品和服务具有较高的忠诚度，因为变更供应商的成本非常高，保护了公司避免顾客流失。技术机制和产品之间的相互依赖性都影响着锁定商业模式
31	长尾商业模式	是什么如何做价值	格莱珉银行（1983） 亚马逊（1995） eBay（1995） 奈飞（1999） 苹果 iPod/iTunes（2003） YouTube（2005）	长尾商业模式是指主要的财务收入来自利基产品的"长尾效应"，而非专注于广受欢迎的轰动产品。利基产品既不会产生大量需求，也没有高利润。如果能足量提供多种类的利基产品，小销量的积聚最终也能带来巨额利润
32	附加值商业模式	是什么如何做价值	保时捷（1931） FestoDidactic（1970） 西门子管理咨询部门（1996） 巴斯夫集团（1998） 亚马逊云科技（2002） 森海塞尔声音学会（2009）	企业拥有的知识和其他可用资产不仅被用来生产自有品牌的产品，还提供给其他企业加以利用。这样，除了企业的核心价值主张创造的直接收入以外，闲置资源也能创造出更多的价值
33	大规模定制商业模式	什么如何做价值	戴尔（1984） 李维斯（1990） 阿迪达斯个性化服务项目（2000） Nike By You（2000） PersonalNOVEL（2003） Factory121（2006） mymuesli（2007） MyUnique Bag（2010）	过去，通过大规模生产制造个性化定制产品几乎是不可能的，直到模块化产品和生产系统的出现才改变了这一切，该系统能让个性化定制变得高效便利。因此，大规模生产能够满足消费者的个性化需求，且产品的价格具有很大的竞争优势

章序号	模式名称	创新型商业模式的组成要素	公司案例	模式描述
34	平价服务商业模式	是什么 如何做 价值 谁	福特（1908） Aldi（1913） 麦当劳（1948） 美国西南航空（1971） 亚拉文眼科医疗体系（1976） 雅高酒店（1985） McFIT（1997） Dow Corning（2002） 小米（2010）	平价服务商业模式的价值创造专注于传递产品或服务必要的核心价值主张。产品或服务因成本的节约而价格低廉，从而吸引了大批购买力和购买意愿相对较低的消费者群体
35	开放式创新商业模式	如何做 价值	Valve（1998） ABRIL Moda（2008） Holcim（2010） Trumpf（2015）	在开放式创新商业模式下，在商业生态系统中与合作伙伴联手成为价值创造中的核心资源。运用开放式创新模式的企业积极寻求与供应商、消费者和互补者多种独特的合作方式，以此开辟和拓展他们的商业领域
36	开源创新商业模式	是什么 如何做 价值	IBM（1955） 火狐开源项目（1992） Red Hat（1993） mondo （2000） 维基百科（2001） Local Motors（2008） Hyperledger（2015） Ethereum（2015）	在开源软件工程中，一个软件产品的源代码不是专属于某人的专利，而是任何人都能自由使用。一般来说，这种形式可以应用到任何产品的任何技术细节中。其他人可以对产品开发做出贡献，也能作为单独用户使用它。经济收益主要来源于产品附带的服务，比如咨询和技术支持
37	指挥家商业模式	如何做 价值	Richelien Foods（1862） 宝洁（1970） 利丰（1971） 耐克（1978） Airtel（1995）	在这个模式中，企业只专注于价值链中的核心竞争力，而将价值链的其他部分外包出去，并积极协调各项合作事宜。这种方式能降低成本并获益于供应商的规模经济效应。专注发展核心竞争力也有利于企业提升业绩

章序号	模式名称	创新型商业模式的组成要素	公司案例	模式描述
38	计费购买商业模式	是什么价值	Hot Choice（1988） 谷歌（1998） Ally Financial（2004） Car2Go（2008） Homie（2016）	在这个模式中，产品或服务的实际使用量被精确计量，也就是说，消费者以真实发生的有效消费为基础来付费。通过这种方式，企业能吸引那些倾向于弹性消费的客户，尽管有时价格可能会高一些
39	按需付费商业模式	是什么价值	One World Everybody Eats（2003） NoiseTrade（2006） 电台司令（2007） Humble Bunle（2010） Panera Bread Bakery（2010）	在这个模式中，消费者能以任何他们认可的价位消费某种商品，有时甚至可以免费消费。有时，企业可能会设置一个最低限价或是一个建议售价作为消费者付款的指导价格。能够自行定价是该模式吸引消费者的最大特点，卖家则受益于数目庞大的客户群。社会规范和道德准则的存在促使这种方式很少被滥用，因此该模式适合吸引新客户
40	P2P商业模式	是什么如何做价值	eBay（1995） Craigslist（1996） Napster（1999） Couchsurfing（2003） LinkedIn（2003） Skype（2003） Zopa（2005） SlideShare（2006） Twitter（2006） Dropbox（2007） Airbnb（2008） TaskRabbit（2008） Uber（2009） RelayRides（2010） Gidsy（2011）	这个模式是基于属于相似组织中的个体之间的合作。组织企业负责提供一个交汇界面，通常是在线数据库或沟通服务，以此将诸多个体连接起来。一些交易的实例有：个人物品的租赁、某些产品和服务的供应或一些重要信息和经验的分享

章序号	模式名称	创新型商业模式的组成要素	公司案例	模式描述
41	绩效契约商业模式	是什么 如何做 价值	劳斯莱斯（1980） Smartville（1997） 巴斯夫（1998） 施乐（2002）	产品的价值并不取决于它的实物价值，而是基于其以某种服务的形式传递出来的效能和有价值的结果。特殊的专业知识和规模经济带来了更低的生产和维护成本，消费者因此享受到更低的价格。该模式的极端版本有多种操作方式，其产品依然是由公司所有并负责操作
42	剃刀和刀片商业模式	是什么 如何做 价值	标准石油（1870） Vorwerk（1883） 吉列（1904） 惠普（1984） 雀巢奈斯派索（1986） 索尼 PlayStation（1994） 苹果 iPod/iTunes（2003） 亚马逊 Kindle（2007） 雀巢胶囊茶机（2010） 雀巢惠氏（2012）	基础产品很便宜，或者是免费提供的，但在使用基础产品时必须有易耗品，不过易耗品通常比较昂贵且以高额利润出售。便宜的基础产品降低了消费者的购买门槛，同时附属产品的销售能够极大地弥补低价销售基础产品的损失。一般情况下，这些产品通过技术处理紧密绑定在一起，强化了不可替代的效果
43	租赁商业模式	是什么 价值	Saunders System（1916） 施乐（1959） 百视通（1985） Rent a Bike（1987） 移动汽车共享（1997） MachineryLink（2000） CWS-boco（2001） Luxusbabe（2006） SolarCity（2006） FlexPetz（2007） Car2Go（2008） SolarCity（2016）	在这个模式中，消费者选择租用一款产品而不是购买它。这种方式大大减少了消费者的初始投资，从而让某款产品的使用更加便利。企业按照租用时间长短收取费用，所有的产品都能产生高额利润。买卖双方都获益于产品的高效使用，因为产品没有闲置不必要的占用资金的情况就会大大减少

章序号	模式名称	创新型商业模式的组成要素	公司案例	模式描述
44	收入共享商业模式	是什么价值	CDnow（1994） HubPages（2006） 苹果手机应用商店（2008） 高朋网（2008）	这个模式是指与利益相关者分享收入，比如合作者甚至竞争者。在这个商业模式中，优势资产被整合后形成共生关系，额外的利润由参与到价值创造的合作伙伴们共享。不断增加的客户群为其中一方带来收益，而另一方也能从中分一杯羹
45	逆向工程商业模式	是什么如何做价值	拜耳制药（1897） 百利金（1994） 宝马华晨（2003） 火箭 (2007) Denner（2010） 小米（2010）	这个模式是指拆解分析竞争者的某款产品，并利用获得的信息生成一种相似的产品或替代品。由于企业无须大规模地进行研发投资，因此这种产品能以比原版产品更低的价格出售
46	逆向创新商业模式	是什么如何做	罗技科技（1981） 海尔（1999） 诺基亚（2003） 雷诺（2004） 通用电气（2007）	为新兴市场研发出来的功能简单、价格实惠的产品也能在工业国家的市场上销售。"逆向"这个词是指与传统的产品生产过程完全相反，传统路径都是在工业国家开发出新产品以后，再根据具体情况改版，然后转售到新兴市场，满足其消费者的需求
47	罗宾汉式商业模式	是什么价值谁	亚拉文眼科医疗体系（1976） One Laptop per Child（2005） 汤姆布鞋（2006） Warby Parker（2008） Lemonaid（2008）	同样的产品或服务，出售给富有消费者的价格远远高于"贫困人群"，巨额利润主要来自大量的富有客户群。虽然将产品或服务出售给穷人无利可图，但却能产生其他生产商无法企及的规模经济。此外，还能为企业塑造积极正面的形象

章序号	模式名称	创新型商业模式的组成要素	公司案例	模式描述
48	自助服务商业模式	是什么 如何做 价值	麦当劳（1948） 宜家（1956） Migros（1965） 雅高酒店（1985） 移动汽车共享（1997） BackWerk（2001） Car2Go（2008）	产品或服务价值创造的某些环节由消费者来完成，以此换取较低的价格。这种方式特别适合无法为消费者增加多少感知价值却增加了生产成本的环节。消费者付出了努力，也受益于高效和时间的节省。有时效率可能会更高，因为在某些情况下，消费者能够比企业更快、更高效地实施价值增值步骤
49	店中店商业模式	是什么 如何做 价值	蒂姆·霍顿斯（1964） DHL（1969） 奇堡（1987） 德国邮政（1995） 博世（2000） MinuteClinic（2000） Zalando（2008）	企业寻找一个合作伙伴而不是自己开新的分店，后者可以很好地整合自己的产品并从中获益，这样做的结果是，企业在另一家店里经营自己的小店，而双方都能从中受益（一个双赢的解决方案）。场地出租商能吸引更多的消费者，并获得稳定的场租收入，而租用场地的企业也能以更低的价格获得更多的资源，比如空间、黄金地段或人工
50	解决方案提供者商业模式	是什么 如何做 价值	兰陶尔（1954） 海德堡（1980） 利乐（1993） GeekSquad（1994） CWS-boco（2001） 苹果 iPod/iTunes（2003） 亚马逊云科技（2006） 3M Services（2010）	一站式服务提供商以某个合同为基础，为消费者提供某一领域内几乎所有的产品和服务。为消费者提供专业知识是为了提高效率和效能。作为一个解决方案提供商，一家企业能够通过延展其服务范围以增加产品附加价值的方式来防止收入流失。此外，与消费者的密切接触既能使企业对消费者的习惯和需求更具洞察力，也有助于完善产品和服务

章序号	模式名称	创新型商业模式的组成要素	公司案例	模式描述
51	订阅商业模式	是什么价值	Blacksocks（1999） 奈飞（1999） Salesforce（1999） Jamba（2004） Amazon Prime（2005） Spotify（2006） Next Issue Media（2011） Dollar Shave Club（2012） Apple Music（2015） Disney+（2019）	消费者付固定的费用购买产品或服务，一般是月费或者年费。消费者主要受益于较低的使用成本和一般服务的可用性，企业则获益于更加稳定的收入流
52	超市商业模式	是什么如何做价值	King Kullen（1930） 美林证券（1930） 玩具反斗城（1948） 家得宝（1978） 百思买（1983） Fressnapf（1985） 史泰博公司（1986） Original Unvepacket（2014）	一家企业在同一个地点出售种类繁多的产品和配套产品。一般来说，在这种模式下，产品的分类非常庞杂但价格较低。越来越多的消费者被多种多样的产品吸引，而企业也能从规模经济中获得竞争优势
53	以穷人为目标商业模式	是什么如何做价值谁	格莱珉银行（1983） Arvind（1995） 印度电信（1995） 联合利华印度（2000） TataNano（2009） Square（2009） 沃尔玛（2012）	在这个模式中，产品或服务的目标市场是位于收入金字塔底层的大部分人而不是居于顶端的少数人。购买力较低的消费者因此能买得起大部分产品。虽然企业从每一笔交易获得的利润很少，但因为消费者基数庞大也能产生巨额销售量
54	垃圾变现商业模式	是什么如何做价值	德国二元回收体系（1991） Freitag 实验室（1993） Greenwire（2001） Emeco（2010） H&M（2012） Adidas x Parlety（2015）	使用过的产品被收集起来转售到其他市场或者被制造成新的产品。利润主要来源于再生产品极低的价格。企业通过这种方式极大地降低了资源成本，而供应商也免费或以极低的相关成本提供用以再生产的废料。这个模式也实现了消费者潜在的环境意识

章序号	模式名称	创新型商业模式的组成要素	公司案例	模式描述
55	双边市场商业模式	是什么 如何做 价值	大来国际俱乐部（1950） 德高集团（1964） Sat.1（1984） 亚马逊（1995） eBay（1995） 《地铁报》（1995） Priceline（1997） 谷歌（1998） Facebook（2004） MyHammer（2005） Elance（2006） Zattoo 公司（2007） 高朋网（2008） Airbnb（2008） Uber（2009） XOM Materials（2017）	一个双边市场使不同群体的消费者更容易进行互动。使用该平台的群体或每个群体中的用户越多，这个平台的价值就越大。市场的双方往往来自各不相干的群体，例如一方是企业，一方是私有利益团体
56	极致奢侈商业模式	是什么 如何做 价值 谁	兰博基尼（1962） 卓美亚（1994） Mir Corporation（2000） The World（2002） SpaceX（2002） Abbot Downing（2011）	这个模式描述了企业的一种战略，将业务集中于位于社会金字塔顶端的极少数富有人群，其产品和服务与别家的区分度很高，几乎是独一无二的。卓越的品质和独享特权成为吸引富豪们的主要亮点。这类产品和服务非常昂贵，利润率也很高，足以弥补为达到不凡品质而进行的必要投资
57	用户设计商业模式	是什么 如何做 价值	Spreadshirt（2001） Lulu（2002） 乐高工厂（2005） 亚马逊 Kindle（2007） Ponoko（2007） 苹果手机应用商店（2008） Create my Tattoo（2009） Quirky（2009）	在这个模式中，消费者既是生产者也是消费者。例如，一个在线平台可以为消费者提供必要的支持，方便他们设计和销售产品，比如产品设计软件、生产服务或是供他们销售产品的在线商店。这样，企业的功能被精简为支持消费者设计和出售产品的过程，并从他们的创作活动中获益。消费者则获益于实现创业家理想的机会，并且无须建设生产相关的基础设施。企业的财务收入则来自实际的产品销售

章序号	模式名称	创新型商业模式的组成要素	公司案例	模式描述
58	白标商业模式	是什么 如何	富士康（1974） Richelieu（1994） CEWE（1997） Printing In A Box（2005）	白标生产商同意其他企业用它们的品牌分销自己的产品，看起来就像是这些企业自己制造出来的一样。同样的产品或服务被不同的商家用不同的品牌营销。通过这种方式，各种不同的客户细分需求都能被同一款产品或服务所满足
59	传感即服务商业模式	是什么 如何做 谁 价值	宝洁（1997） Streetline（2005） Google Nest（2011）	传感器的使用让公司针对实体产品增加服务，或者是提供全新的独立服务。公司主要收入不来自传感器，而是对传感器数据的分析。实时信息可以进一步提升价值主张
60	虚拟化商业模式	如何做 是什么	亚马逊云科技（2006） Dropbox（2007） DUFL（2015）	该商业模式是在虚拟的环境中模拟传统的实体流程，例如虚拟工作空间。顾客由此能随时随地使用任何设备进行该流程，也要为虚拟服务付费
61	物品自助服务商业模式	如何做 是什么 价值	Würth iBin（2013） FELFEL（2013） HP Instant Ink（2013）	通过传感器的使用和被纳入 IT 架构，物品可以自助下单。这让补货流程变得完全自动化，提高了人们与该物品进行交互的速度。顾客被锁定，公司的经常性收入因此增加
62	物品即销售点商业模式	如何做	Ubitricity（2008） 谷歌眼镜（2013） Amazon Echo Frames（2019）	易耗品的销售点被搬到了消费地点。顾客的忠诚度增强，客户留存率提高。当销售点搬离竞争产品的销售地点，顾客对价格的敏感度就会下降
63	产消合一商业模式	如何做 是什么 谁	Facebook（2004） YouTube（2005） Instagram（2010）	公司让顾客自己成为生产者。顾客被整合入价值链，也可以通过自己的产品获利，公司因此可以降低生产投资成本和可变成本。鉴于顾客参与了生产，对产品的感知价值也会增强

词汇表

为了保证商业模式创新项目的效力，所有参与者必须达成一致意见。大家必须充分了解商业模式所涉及的核心概念和构成。以下是书中重要术语的简要释义，以供读者参考。

- **类比思维**（analogical thinking）：是指用看似不相关的知识解决特定问题。这样做通常能产生全新的解决方案。

- **蓝海战略**（blue oceans）：是指优先选择进入暂无竞争性的市场。虽然目前并没有这样的市场存在，但该战略具有极大的吸引力并具有开发消费者需求的潜力。

- **书面头脑风暴法**（brainwriting）：一组类似于头脑风暴的创新手段，但区别在于使用者首先需要独立思考，写下他们的想法。

- **商业生态系统**（business ecosystem）：是指价值创造过程中一切相关的人（消费者、合作者和竞争者），以及他们之间的关系和影响力，例如技术、潮流以及监管法规的改变。一家企业既被其所处的生态环境影响，反过来又积极地影响其所在的生态环境。

- **商业模式**（business model）：一个商业模式定义了何为目标客户，提供什么样的产品和服务以及如何生产它们，利润又是如何产生的。这四个维度是：谁—是什么—如何做—价值，共同定义了何为商业模式。

- **商业模式创新**（business model innovation）：要使一个真正具有创新性的商业模式发挥作用，其四个维度（谁—是什么—如何做—价值）中至少得有两个维度需要重新配置。一个成功的商业模式能为公司创造价值和获取价值。

- **商业模式创新导航**（business Model Navigator）：商业模式创新导航是创建于圣加仑大学的一种综合性的商业模式创新工具，其核心方法是对现存于各行各业的商业模式进行创新性模仿。商业模式创新导航是在数百家企业和实操案例的实证研究的基础上发展而来的。

- **对抗原则**（confrontation principle）：按照对抗原则构建新的商业模式时，需要故意运用极端的方式和决策。在这个过程中，其他行业中的商业模式环境能够催生出一家企业能够应用的商业模式。

- **聚合思维**（convergent thinking）：是指将多种有可能的解决方案聚合到少数可行性较强的、正确的选择上。

- **物联经济**（economy of things，EoT）：物联网发展的下一层次，相互连通的物品开始进行交互和交易，其核心技术可以是包括区块链在内的分布式账本技术。

- **设计思维**（design thinking）：是由斯坦福大学发展出来的设计思维，其设计理念理解—创造—传递。基于此理念，设计思维是开发一系列高度创新产品的过程。

- **颠覆性创新**（disruptive innovation）：是指一种根本性的变革，彻底淘汰现存的技术、产品和服务。

- **发散思维**（divergent thinking）：尽可能探索出最广泛、最多的解决方案。

- **行业主导逻辑**（dominant industry logic）：每个行业都遵循着其竞争环境和已有的价值链所定义的某些特定规则。

- **入市渠道**（go-to-market approach）：用来将产品和服务提供给你的客户的渠道。

- **隐形冠军**（hidden champion）：是指在某个利基市场具有全球主导型的小企业，但在该领域以外却不太知名。

- **工业 4.0**（industrie 4.0）：生产和供应链网络相互连通，也被称为是工业物联网、智能工厂或信息物理融合系统。

- **物联网**（internet of things，IoT）：通过传感器、连通性和数据分析，让日常物品相互连通。

- **网络效应**（network effects）：现已证实，当一个网络的用户开始增长时，该网络的价值也会随之增长。如此一来，该网络将越来越具有吸引力，其用户也会呈指数级增长。

- **新经济**（new economy）：新经济领域主要涉及以互联网为基础的服务。这些服务的价值并非来源于其稀缺性，而是源于其与生俱来的广泛传播潜力。

- **非我发明综合征**（NIH syndrome）：这个术语描述了这样一种现象：某些行业乃至整个行业的公司都拒绝接受产生于其他地方的知识。

- **旧经济**（old economy）：是指传统经济领域中，产品的价格主要由其稀缺性决定。

- **正统观点**（orthodoxy）：一些共享的信仰影响着我们行为所依据的各种假设。
- **模式应用**（pattern adaptation）：将有趣的商业模式应用到自己的商业模式中，全新的观点由此应运而生了。
- **波特五力模型**（Porter's Five Forces）：是一种市场分析工具，主要用来详细分析某个行业，然后利用研究所得来改进企业的市场定位以获得某些竞争优势。考察的标准是同一行业内的竞争者、消费者、替代产品、供应商和竞争强度。
- **产消者**（prosumer）：（个人）生产者，同时也是（部分）所生产产品的消费者。
- **红海市场**（red oceans）：是指已经存在的，相对来说吸引力不大、竞争比较激烈但利润较低的市场。
- **创收机制**（revenue-generating mechanism）：是指一系列使一个商业模式始终保持良好财务状况的理论基础，包括了成本结构和收入来源的描述。这个维度被用来回答对所有企业来说最核心的问题：我们如何产生利润？
- **相似原则**（similarity principle）：这是一种由内而外应用商业模式的方法。应用的第一步是在与自身关系最紧密的行业内寻找其商业模式，然后再考察更广泛的行业，最后再把这些模式应用到自己的商业模式中。
- **社交媒体**（social media）：网络用户可以通过在线平台，利用数字化技术交换信息，或合作完成共同的目标。
- **社交网络**（social network）：通过在线平台将大量个人用户联系起来。
- **转移成本**（switching costs）：当消费者转而选择一个新的产品或服务提供者和供应商时可能产生的成本。
- **TRIZ**：是俄语"teoriya resheniya izobretatelskikh zadatch"四个单词首字母缩写，意为"发明问题解决理论"。一份对于约 4 万多个专利的研究显示，出现于不同行业中的技术冲突能够用少数几个基本原则就能解决。这项研究诞生了几乎是最著名的也是最直观的、解决技术问题的 TRIZ 工具。它推动了 40 种创新原则的产生。
- **价值链**（value chain）：这个概念描述了一家企业的所有活动和过程，以及其中所涉及的资源和资质。
- **价值主张**（value proposition）：是指一家企业为消费者创造价值的所有产品和服务。

更多资源

与行业伙伴的合作告诉我们，执行是商业模式创新过程中最具挑战性的一步。为全力支持大家，我们发展出了一系列工具，包括用来处理整个公司商业模式创新导航方法的交互式软件（interactive software）、如何开办工作坊的在线课程、在工作坊使用的商业模型卡、发布我们最新研究成果的官网以及我们组织的各种研讨会。所有的服务、信息和产品都能从我们的官网 www.bmilab.com 获得。

商业模式创新导航商业模型卡

商业模型卡描绘了 60 种创新的商业模式。一些行业合作伙伴曾经向我们提出要求，希望能拿到几份商业模型卡，促使我们最终开发出了一套专业版的商业模式创新导航商业模型卡。通过与斯坦福大学设计学院的合作，这套专业商业模型卡受到广泛欢迎，为模式创新过程注入新的创造力，但理所当然的是，书中介绍的 60 种商业模式也可以被用作相同的目的。

商业模式创新导航测试卡片

商业模式创新的测试可以帮助公司系统性地减少企业的不确定性，提高成功的概率。除了大家都认可的商业模型卡之外，我们还开发了 22 张商业模式测试卡片，旨在帮助大家将商业模式的创意变为现实。测试卡片提供了不同的测试形式，并且加以了解释，也列举了曾成功使用该测试形式的公司。请访问 www.bmilab.com 对测试卡片做更多了解。

附带项目

在设计和实施商业模式创新的过程中，寻求一些外部支持将会非常有用。BMI 实验室就是专门为此而设立的。此外，我们的合作伙伴创新咨询公司——BGW 公司也能提供相应的帮助。同时，你可以在四种不同形式的工作坊获得帮助。

- **定制的企业工作坊**。这种工作坊主要用来讨论"商业模式创新导航"中提及的各种方法。我们将与你一起就你所在的行业和企业进行具体讨论，碰撞出一些关于新商业模式的创意火花。
- **深潜项目**。一系列正在进行中的项目，主要目标是开发出一个或两个具体的创新型商业模式。
- **跨行业工作坊**。在这个独一无二的工作坊中，你可以与其他公司合作，共同创造新的商业模式。

  （建议和实施：我们的团队同样也能在你的整个商业模式创新过程中提供相关服务，包括商业模式的开发、选择和实施。）

- **主旨演讲和普通演讲**。可要求由作者或 BMI 实验室进行的关于商业模式、商业模式创新、科技、战略和文化的主旨演讲和普通演讲。